한국사는 없다

국사학계의 통설에 대한 새로운 반론

이희근 지음

도서출판 사람과 사람

한국사는 없다

국사학계의 기존 통설에서 벗어나
묵묵히 우리 역사를 연구해온 이들을 위하여

책머리에

국사학계의 통설에 대한 새로운 반론

우리나라에 근대역사학이 도입되어 본격적인 한국사 연구가 진행된 지 무려 1백여 년이나 되었다. 물론 일제시대까지는 일본인 학자들이 우리 역사 연구를 실질적으로 이끌어 왔다는 점을 인정하더라도, 적어도 해방 이후 지금까지는 우리 학계가 연구를 주도해 왔다. 그 결과, 국사학계에서는 그 세월 만큼이나 많은 연구성과를 축적해 왔다.

그런데 그 동안 우리 학계의 한국사 연구 성과는 제대로 역사적 실체에 접근해 왔는지에 대해서 근본적인 의문을 제기할 수밖에 없다. 가령, 현재 전 세계로부터 비난의 화살이 집중되고 있는 일본의 후소샤판 중학교 역사교과서 왜곡 문제, 그 중에서도 첫 번째로 등장하는 임나일본부설任那日本府說에 대해 보자. 이 설은 일본 학계에서조차도 거의 폐기처분된 상태이다. 그 대신, 일본 학계에서는 임나일본부가 가야 지역에 있던 왜국계 주민의 자치기관이라는 견해를 비롯하여 가야와 왜의 외교교섭을 맡은 기관, 왜가 설치한 상업적 목적의 교역기관 등 다양한 주장이 제시되고 있다.

언뜻 보면, 일본은 4세기 중엽에 가야지역을 군사 정벌하여 '임나일본부'라는 통치기관을 설치하고 6세기 중엽까지 한반도 남부를 경영했다는 당초의 주장에서 상당히 후퇴한 모습을 보여준다. 그러나 '통치했다'는 단어를 쓰지 않았을 뿐, 한반도 남부에 대한 정치·군사적 영향력을 행사했다는 점을 내세운다는 점에서 본질은 전혀 달라진 것이 아니다.
 임나일본부설에 대한 우리 학계의 반론은 어떤 수준인가. 임나일본부는 왜의 가야 통치기관이 아닌 '백제군사령부'라는 학설이 거의 유일하다. 하지만 이 설은 결정적인 근거도 제시하지 않는 채 제기된 추론적인 수준에 불과해 우리 학계에서조차 거의 받아들이지 않고 있다. 오히려 일본 학계의 변형된 학설을 추종하는 경향이다. 또한 재일한국인 학자 이진희에 의해 촉발된 광개토왕비문 조작설에 관한 국제적인 논쟁에 있어서도 우리 국사학계는 제대로 된 견해를 제시하지 못하고 있다. 다만 우리 학계는 대체로 중국학자 왕건군의 설을 받아들이고 있는 실정이다.
 그럼 우리 학계 내에서 쟁점이 되어 왔던 주제에 대한 연구 수준은 어떠한가. 이 역시 유사한 실정에 처해 있다 하겠다. 가령 근대역사학이 도입된 이래, 국사학계의 최대 쟁점이 되어온 고조선을 둘러싼 연구 수준을 보자.
 우리 역사의 출발점은 고조선, 엄밀히 말해 단군조선이며 그 시조는 단군이라는 현재의 고조선상은 허구에 불과하다. 그것은 한민족 전체가 아니라 평양 일대에 정착한 고조선계 일부 주민의 전승기록에 불과한「고기」,「본기」등의 기사를 토대로 만들어졌기 때문이다. 이들 기록은『삼국유사』,『제왕운기』등에 인용되어 있다. 실제로 고려 후기 이전까지 소중화주의 지식인들은 우리 역사의 출발점을 단군조선이 아니라 기자조선으로 인식했다는 사실이 이를 입증해주고 있는 것이다.

어떻게 한민족 전체가 공유한 것도 아닌 평양이라는 한 지역 일부 주민의 전승기록에 불과한 기록들을 토대로 만들어진 현재의 고조선상이 역사적 실체에 부합될 수 있는가.

또한 누구나 해방 이후 우리 학계의 최대 연구성과를 꼽으라면 조선 후기사회에서 근대지향성을 밝힌 업적을 들 것이다. 실학과 관련된 논문과 글들만도 1천 편이 넘을 정도이니까.

그 연구 결과 역시 얼마나 역사적 사실과 부합될까. 현재 우리 학계의 통설은 조선 후기가 봉건해체기로 이때 신분제는 이미 해체되었고, 근대지향적 학문인 실학이 발전했다는 것이다. 하지만 이 시기에 신분제는 결코 해체되지 않았으며, 실학은 근대적인 학문이 아니라 오히려 조선왕조체제를 유지시키기 위한 보수적인 개혁론에 불과하다는 사실이 역사적 실체에 부합되는 것이다.

한편, 1980년대 이후 민중사학이 크게 유행했는데, 민중사학이 핵심 과제로 삼은 주제는 1894년 농민봉기일 것이다. 민중사학 진영의 연구성과로 이 봉기의 성격은 반봉건 근대적인 운동으로 규정되었고, 물론 이 설이 우리 학계의 통설로 자리잡고 있다. 그리고 미륵신앙은 기존 질서를 근본적으로 개혁하려는 변혁사상인 메시아니즘이라는 통설도 그 연장선상에 있다.

하지만 필자의 연구 결과는 1894년 농민봉기는 조선왕조 체제 내의 개혁운동에 지나지 않고, 역사상 미륵신앙 역시 메시아니즘이 결코 아니었다.

이렇듯 이 책에서는 우리 학계 내, 혹은 한일 양국을 비롯한 국제학계의 최대 쟁점이 되었던 주제들에 대해 전면적으로 검토하고 필자의 견해를 밝혔다. 물론 전근대사회에는 지역차별이 존재하지 않았다는 문제, 훈요십조는 조작되지 않았다는 문제 등은 학계 차원에서는 비중있게 다루어진 주제는 아니지만, 현재 지역감정 문제는 우리 사회가 해결해야 할 최대 현안이기 때문에 필자 나름의 견해를 제시했다.

이 책을 쓰면서 학계의 기존 통설에서 벗어나서 묵묵히 우리 역사를 연구해 왔던 학자들의 연구 성과에 힘입은 바가 컸음을 밝혀둔다. 끝으로 이 책이 전하는 메시지가 부디 우리 역사를 새롭게 바라보는 계기가 되기를 바라며, 그리고 우리 역사의 실체에 접근하는 데에도 도움이 되었으면 한다.

[차례]

| 12 | 고조선의 역사상은 허구

| 34 | 기자동래설은 중화주의자들이 조작했다

| 58 | 임나일본부는 가야의 왜 통제기관

| 76 | 광개토왕비문의 왜는 한반도 남부 세력

| 100 | 한일 기마민족설은 역사적 상상력의 산물

| 118 | 신라는 삼국을 통일할 뜻도 능력도 없었다

| 136 | 훈요십조는 조작되지 않았다

| 158 | 전근대시대엔 지역차별이 없었다

| 180 | 미륵사상은 체제변혁사상이 아니다

| 202 | 실학은 조선왕조체제 유지 위한 보수개혁사상

| 224 | 조선 후기에 신분제는 해체되지 않았다

| 246 | 동학농민봉기는 반봉건 근대적 운동이 아니다

| 265 | 참고문헌

고조선의 역사상은 허구

서울 대종교 총본사 천진전에 걸려 있는 단군 영정

현행 국정 중·고등학교용 국사 교과서나 한국사 관련 통사류를 보면, 우리 역사에 처음 등장하는 국가는 고조선이며 그 시조는 단군으로 기술되어 있다. 그리고 이 땅에서 전개된 모든 역대 왕조들은 한결같이 이 고조선을 계승한 것으로 되어 있다.

한국인이라면 누구나 우리 민족의 시조가 누구냐는 물음을 받았을 때, 주저 없이 단군이라 답한다. 또 고조선이란 단어보다 단군조선이란 명칭을 더 선호한다. 일부에서는 단군신화를 역사적 사실로 받아들여야 한다고 주장하기도 한다.

고려 말에 시작된 단군조선상

단군과 고조선에 관해 최초로 기록한 문헌은 13세기 후반에 편찬된 고승 일연一然의 『삼국유사三國遺事』와, 문신 이승휴李承休의 『제왕운기帝王韻紀』이다.

정확하게 말하면, 『삼국유사』는 일연이 만년에 인각사에서 저술했다는 점에서 1280년대에 저술된 것으로 파악되며, 『제왕운기』 역시 이승휴의 자서自序에 '지원至元 24년'(1287)으로 적혀 있어 『삼국유사』와 거의 비슷한 시기에 편찬된 것으로 보인다. 따라서 단군에 대한 우리의 역사인식은 고조선 멸망 이후 무려 1천5백 년이 지난 고려시대 후기에 편찬된 기록을 토대로 이루어진 셈이다.

문제는 이 두 문헌 이전의 역사서에서 한국사의 출발점을 단군과 관계없이 기술하고 있다는 점이다. 결론부터 말하면, 『삼국유사』와 『제왕운기』가 편찬된 13세기 이전의 우리 선조들은 고조선을 한국사의 출발점으로 인식하지 않았다.

삼국유사 5권2책. 목판본. 1·2권의 기이편에 고조선부터 후삼국까지의 단편적인 역사를 57항목으로 서술하고 있다.

제왕운기 2권1책. 상권은 중국 역사, 하권은 우리 역사를 '동국군왕개국연대'와 '본조군왕세계연대'로 나누어 기록했다.

오히려 단군신화는 한민족 전체가 아닌, 평양 일대에서 전해온 일개 지역의 전승설화에 불과한 것으로 치부하고 있었다. 그렇다면 일연이나 이승휴는 왜 평양 지역에서 전승했던 단군신화를 역사서에 기록하여 단군을 민족의 시조로, 고조선을 국사의 출발점으로 내세웠을까.

삼국유사와 제왕운기의 차이

먼저 『삼국유사』에 나타난 관련 기록을 살펴보자. 기이편紀異篇 고조선조를 보면 「고기古記」를 인용하고 있다. 그 내용을 간추리면 대략 다음과 같다.

> **고기·본기** 『삼국유사』, 『제왕운기』 외에 『세종실록』 지리지, 『동국통감』, 권람의 『응제시주』 등에 「고기」 및 「단군고기」 등의 기사가 인용되어 있다.

천신 환인의 아들 환웅이 하늘에서 태백산 신단수 아래로 내려와 신시神市를 건설하고, 풍백·우사·운사를 거느리고 신정神政을 펼쳤다. 곰과 호랑이가 환웅에게 인간이 되게 해달라고 기원했는데, 환웅의 지시를 충실히 따른 곰이 웅녀로 변신하는데 성공했다. 환웅과 웅녀가 혼인하여 단군왕검을 낳았다.

단군왕검은 중국의 요堯 임금 50년이 되는 경인년庚寅年에 평양성에서 조선을 건국했고, 그 후 도읍을 백악산 아사달로 옮겼다. 재위 1500년경 중국에서 기자箕子가 옴에 따라 또 다시 장당경으로 천도했다. 단군은 후에 아사달로 들어가 산신이 되었는데, 인간의 수명으로는 1천9백8세였다. 단군은 서하 하백의 딸과 혼인하여 부루를 낳았다. 고구려 시조 주몽도 단군의 아들이다.

『제왕운기』는 「본기本紀」를 인용하여 대략 다음과 같은 내용을 적고 있다.

상제 환인의 아들 웅이 하늘에서 태백산 신단수 아래로 내려왔는데, 그가 바로 단웅천왕이다. 그는 손녀를 인간으로 변신시켜 단수신과 혼인하게 했고 그 자식이 단군이다. 단군은 중국의 요 임금 원년인 무진년戊辰年에 조선을 건국하고 왕이 되었다. 그는 1038년 뒤인 은나라 무정武丁 8년 아사달에 들어가 산신이 되었다. 단군은 비서갑 하백의 딸과 결혼하여 부루를 낳았다. 시라, 고례, 남옥저, 북옥저, 동부여, 북부여, 예, 맥, 비류국은 모두 단군의 후예이다.

'시라'는 신라, '고례'는 고구려를 가리킨다.

두 기록은 기본적으로 거의 비슷한 내용을 전하고 있지만, 세부적인 짜임새에서 몇 가지 차이점을 드러내고 있다.

우선 단군을 표기하는데 있어 『삼국유사』는 '제단 단壇' 자로 단군을 기록하고 있고, 『제왕운기』는 '박달나무 단檀' 자를 사용하여 그 의미를 다르게 나타내고 있다. 내용에서도 『삼국유사』는 곰이 변한 웅녀와 환웅 사이에 단군이 출생한 것으로 되어 있는데 비해, 『제왕운기』에는 환웅이 손녀에게 약을 먹여 사람으로 변하게 한 뒤, 단수신과 혼인시켜 낳은 아들이 단군이라 기록하고 있다. 단군의 어머니가 한쪽은 곰이 화신한 여인이고, 다른 한쪽은 신이 화신한 여인이다.

그러나 이야기의 중요한 골격에서는 대부분 일치한다. 한국사가 고조선에서 출발하며 그 시조가 단군이라는 점, 단군은 신성한 존재로서 중국사에서 이상적인 제왕으로 꼽고 있는 요 임금과 같은 시기에 개국을 했다는 점이다. 그리고 고조선 이후 등장한 이 땅의 역대 왕조

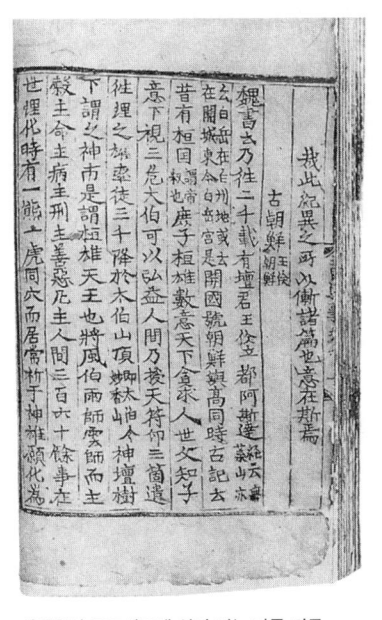

삼국유사 고조선조에 실려 있는 단군 기록

한국사는 없다 | 15

는 모두 고조선을 계승했다는 사실이다. 특히 이 점은 『삼국유사』보다 『제왕운기』가 더욱 강조하고 있음을 알 수 있다. 그렇다면 『삼국유사』나 『제왕운기』가 편찬되기 이전에도 고조선을 우리 역사의 출발점으로 여겼을까. 안타깝게도 그렇지가 않다. 오히려 오늘날 우리가 부정하고 싶은 기자동래설을 따르고 있음을 보여준다.

우리의 시조는 기자?

고려시대 역사서인 『고려사高麗史』 문종 9년(1055) 7월조를 보면, 거란에 보낸 국서 내용 중 "우리나라는 기자지국箕子之國을 계승했다"는 기사가 있다. 또 1146년(인종 23)에 편찬된 『삼국사기』 연표상의 기사에는 "해동에 국가가 있은 지는 오래 되었는데, 기자가 주나라 왕실로부터 봉작을 받으면서 시작되었다"라고 기록하고 있다.

당시 외국인의 시각은 어떠할까. 중국인 역시 고려가 기자조선을 계승한 것으로 파악하고 있었다. 『고려사』 태조 16년 3월조에 실려 있는 당나라의 태조 책봉조서를 보면 "권지고려국왕사權知高麗國王事 왕건은… 주몽이 건국한 전통을 계승하여 그곳의 임금이 되었고 기자가 번신藩臣으로 있던 옛 사실을 본받아 나의 교화를 넓히고 있다"라는 대목이 등장한다. 1122년(인종 6) 사신으로 와서 한 달 가량 개경에 머물렀던 송나라의 서긍徐兢도 자신의 저서 『선화봉사고려도경宣和奉使高麗圖經』에서 고려의 선조를 기자로 기록하고 있다.

이렇듯 13세기 말에 편찬된 『삼국유사』나 『제왕운기』와

고려사 문종 1년(1451) 김종서, 정인지 등에 의해 편찬된 총 139권의 역사서. 이로써 태조 원년(1392) 정도전, 정총 등의 고려국사 편찬으로 시작된 고려시대 전왕조사 정리 노력이 57년만에 마무리되었다.

선화봉사고려도경 흔히 줄여서 『고려도경』이라 부른다. 전 40권. 글로써 설명하고 그림을 덧붙이는 형식이다. 건국, 성읍, 궁전, 관복, 인물, 병기 등 29류 3백여 항목으로 세분되어 있다.

달리, 12세기까지만 해도 한국사의 출발점은 고조선이 아닌 기자조선이고 우리 민족의 시조 또한 단군이 아닌 기자로 인식하고 있었다.

사실 고조선 이후 등장하는 고대 왕조들은 고조선에서 비롯되었다는 계승의식을 지니고 있을 필요가 없었다. 고구려와 신라 왕실은 자신들의 기원을 하늘에서 찾아 천손天孫임을 자처하는 독자적인 건국신화를 가졌고, 백제 왕실 역시 부여·고구려에서 그 기원을 찾았기 때문이다. 따라서 독자적인 기원신화를 가진 이들 국가의 지배층으로서는 자신의 나라가 고조선에서 비롯한다는 계승의식이 존재할 수 없었다. 고려 역시 고구려의 후예를 표방했기에 마찬가지였다.

단군은 평양 주민들의 조상

13세기 이전의 우리 선조들에게 단군은 어떤 존재로 인식되고 있었을까. 현존하는 최고最古의 역사서『삼국사기』의 고구려본기 동천왕 21년조(247)에는 단군과 관련하여 다음과 같은 기록이 있다.

"봄 2월, 왕은 환도성이 병란을 겪어 다시 도읍할 수 없다 하여 평양성을 쌓고 백성과 종묘사직을 옮겼다. 평양은 본래 선인왕검의 집이다. 혹은 왕의 도읍터인 왕검이라고도 한다."

여기서 선인왕검이란 단군을 지칭하는 것이다. 말하자면 단군은 평양 지역과 특별한 관계를 맺고 있는 인물이 된다. 이 점을 구체적으로 보여주는 기록은 1325년(충숙왕 12)에 쓰여진 '조연수묘지趙延壽墓誌'이다. 조연수는 첨의찬성사란

삼국사기 1145년(인종 23)에 편찬된 삼국시대의 정사. 50권 10책. 본기는 모두 28권으로 신라·통일신라 12권, 고구려 10권, 백제 6권이다.

조연수 고려 후기의 문신. 1278(충렬왕 4)~1325(충숙왕 12). 고려가 원나라의 정치적 간섭을 받을 때, 뛰어난 몽고어 실력으로 자의도첨의사사에까지 올랐던 조인규의 아들. 충숙왕의 미움을 사서 섬으로 유배되었다가 원제元帝의 명으로 사면되었으나 1년 뒤 사망했다.

고위직에 올랐다가 1324년 충숙왕과 심양왕과의 알력이 심했을 때 심양왕의 편을 들어 유배된 고려 후기의 문신이다. 그의 '묘지'에는 단군이 평양의 조상임을 분명히 밝히는 다음과 같은 대목이 있다.

"평양의 선조는 선인왕검인데, 지금까지 남은 사람도 당당한 사공司空일세. 평양 군자는 삼한 이전에 있었는데, 천년 이상 살았다니, 어찌 이처럼 오래 살고 또 신선이 되었는가. 땅을 나누어 다스려 그 후예가 끊이지 않고 이어졌네."

또 『제왕운기』를 보면 "아사달에 입산하여 산신이 되었으니"라는 구절의 주註에 '지금의 구월산. 딴 이름은 궁홀 또는 삼위. 사당이 지금도 있음'이라 적혀 있다.

여기서 사당이란 『고려사』를 비롯한 조선시대의 각종 문헌에 보이는 삼성사三聖祠를 가리키는 것으로, '단인·단웅·단군의 삼신을 모신 신묘神廟'를 말한다. 이로 이루어, 단군을 모신 사당은 『제왕운기』가 편찬된 13세기 훨씬 오래 전부터 있었음을 알 수 있다. 또 구월산에는 새나 사슴들조차 함부로 드나들 수 없고 비를 빌면 영험이 있었다는 이야기가 전해지는 성당리가 있었던 점으로 미루어, 당시 사람들에겐 신성한 장소로 여겨졌던 것으로 보인다.

이러한 사실을 종합해 볼 때, 단군은 한민족 전체가 아닌, 단지 한 지역에 불과한 평양 지역의 시조로서, 그리고 황해도 구월산 일대에서 신앙의 대상으로 받들어졌음을 알 수 있다.

『삼국유사』나 『제왕운기』에 인용된 「고기」「본기」 등은 우리 민족 전체가 아닌, 평양 일대에 거주하던 고조선계 일부 주민들 사이에 전해 내려오던 전승을 기록한 자료였을

삼성사 본래 삼성당으로 불리어오다가 1472년(성종 3)에 삼성사로 고쳐 불렸다. 1916년 대종교 제1대 교주 나철이 이곳에서 마지막으로 제천의식을 올리고 스스로 숨을 거두어 일제의 탄압에 항거하자, 일본 관헌은 민심의 동요를 막기 위해 삼성사를 헐어버렸다.

개연성이 높다. 실제로 '조연수묘지'에서 확인할 수 있듯이 14세기까지만 해도 평양 일대에는 단군의 후손임을 자처하는 주민들이 거주하고 있었기 때문이다.

결국 13세기 이전에 단군이란 존재는 우리 민족의 시조가 아닌 평양 일대의 시조였고, 따라서 단군이 개국한 고조선 역시 한국사의 출발점으로 여기지 않았다. 13세기 말에 이르러서야 비로소 한국사의 출발점이 고조선이며 그 시조가 단군이란 견해가 나타난 것이다.

그렇다고 해서 이러한 인식이 당시 보편화된 것은 아니었던 것 같다. 『삼국유사』나 『제왕운기』보다 40년 가까이 늦게 제작된 '조연수묘지'에서 단군을 국조國祖가 아닌 평양의 조상으로 규정했다는 점이 그 단적인 사례이다.

평양 일대 주민들의 전승을 기록한 「고기」 「본기」 등을 토대로 하여, 일연이나 이승휴가 고조선과 그 시조 단군을 내

단군은 한민족 전체가 아닌
평양 일대의 지역시조였다. 사진은 평양성의 칠성문

세운 근거는 무엇이었을까. 그것은 다름 아닌 기자동래설箕子東來說을 신봉했기 때문이었다. 그 시절, 중국 중화주의자들뿐만 아니라 우리나라 소중화주의자들도 기자동래설을 신봉했고 사실로 받아들였다.

기자동래설 신봉한 소중화주의자들

기자동래설이란 중국의 은殷 왕조가 서기전 11세기경 주나라의 무왕에 의해 멸망하자, 은나라 사람 기자가 동쪽으로 망명했고, 이에 무왕이 그를 조선의 왕으로 봉했다는 전설이다. 물론 이 주장은 후대에 조작되었다.

기자동래설을 최초로 언급한 『상서대전尚書大全』을 복생伏生이 편찬한 시기는 전한前漢 때로서, 그보다 앞선 시대의 어떠한 기록에도 기자가 동쪽으로 갔다고 적은 기록이 없다. 다만 기자를 가리켜, 덕과 학문을 지닌 어진 인물로만 묘사하고 있을 뿐이다. 이에 대한 자세한 내용은 뒤이어 언급할 기자동래설에서 살펴보기로 한다.

아무튼 고려시대에는 기자에 대한 인식이 널리 퍼졌고 기자동래설을 틀림없는 사실로 받아들이는 게 주류를 이루고 있었다. 더욱이 1102년(숙종 7)에는 우리나라의 교화와 예의가 기자로부터 시작되었으므로 기자사당을 세워야 한다는 예부禮部의 건의가 받아들여져 평양에 기자사당이 세워졌고, 국가 차원에서 제사를 지내기 시작했음을 『고려사』 예지禮志 잡사조雜祀條는 밝히고 있다. 그러다가 1145년경 고려 왕조의 역사관을 대변하는 『삼국사기』에서 기자가 주 왕실의 봉함을 받은 뒤부터 우리나라가 시작되었다고 선언

전한 진나라에 이어 유방이 창시한 중국의 통일왕조(서기전 202~서기 220년). 왕망이 세운 신나라(8~22)에 의해 잠시 중단된 적이 있어, 그 이전에 장안을 수도로 했던 전한과 낙양에 재건된 후한으로 구분한다.

하기에 이르렀다. 국가 차원에서 한국사의 출발점은 기자조선이며 그 시조인 기자가 우리 민족의 시조임을 공식화한 것이다.

다시 말하면, 12세기 중반에 이르러, 기자에 대한 인식은 단순히 기자 개인에 대한 숭앙이란 차원을 넘어서서 이 땅에 문명을 개화한 군주, 그리고 기자조선을 한국사의 기원으로 삼는 역사인식이 정립된 것이다. 소중화의식이 국가적으로 자리 잡은 셈이었다.

물론 『삼국유사』와 『제왕운기』에서 고조선을 우리 역사의 시원으로 제시하고 단군을 국조로 서술한 일연과 이승휴 역시 소중화주의자였다. 예컨대, 이승휴는 『제왕운기』 동국군왕개국연대편 東國郡王開局年代篇 첫머리에서 "요동에 별천지가 있사오니 중국 왕조와 두연히 구분되며… 경전착정 耕田鑿井의 어진 고장, 예의 집, 중국인들이 이름지어 소중화라" 라고 자랑스럽게 노래하여 우리나라가 소중화임을 스스로 고백하고 있다.

『삼국유사』를 편찬한 일연 역시 예외가 아니었다. 흔히 일연을 가리켜 『삼국사기』를 편찬한 김부식과 달리 자주적인 인물로 파악하는 경향이 있는데, 따지고 보면 그 역시 소중화주의자에 불과하다.

『삼국유사』 서술방식을 보면, 고조선-부여-고구려로 이어지는 우리 민족의 국가활동보다 기자조선-위만조선-한사군-삼한으로 연결되는 중국계의 국가활동에 보다 많은 비중을 두고 있다. 특히 마한은 기자조선의 후예가, 진한은 진나라의 유민이 세운 것으로 기술하는 등 삼한의 주도 세력을 중국계로 파악하고 있음은 그의 소중화주의적 면모를 여

'경천착정'이란 논을 갈고 우물을 판다는 뜻으로, 국민들이 생업을 즐기며 평화로이 지냄을 가리킴.

『삼국유사』는 고조선조에서 단군조선과 기자조선을 함께 기록하고 있다. 반면에 『제왕운기』는 전전조선이라는 항목에서 단군에 의한 조선을 기술하고, 후後조선 항목에서 기자에 의한 조선을 언급하여 후속하는 위만조선과 함께 3조선으로 구분하고 있다.

실히 드러내주는 대목이다. 게다가 그는 특정 사실을 기술할 때 중국측 기록을 1차 사료로 삼고, 국내 자료는 이를 보완 설명하는 주석으로 처리하는 입장을 취하고 있다.

이처럼 소중화의식에 젖은 일연이나 이승휴와 같은 인물이 기자동래설을 신봉하는 분위기 속에서 평양 지역 일부 주민들의 전승 기록을 근거로 삼아 새로운 고조선상을 창출해낸 까닭은 무엇일까. 그것은 무엇보다도 그 시대적 배경과 밀접하게 관련되어 있다.

당시 고려는 국내적으로 1백여 년에 걸친 무신집권기에 종지부를 찍고 몽고 세력의 후원으로 왕정을 복구했지만, 그 대신 몽고의 내정간섭을 받지 않으면 안 될 운명이었다.

원나라의 요구에 따라 두 차례 일본 정벌에 동원되면서 함선과 군수물자, 병력까지 동원해야 했고, 왕실은 원나라의 공주를 왕비로 받아들여 이른바 원나라의 부마국이 될 수밖에 없었다. 각종 명목의 엄청난 공물을 강요당했으며, 심지어 수천 명의 고려 처녀들을 '공녀貢女'라는 이름 아래 징발당하기도 했다. 철령과 자비령 이북의 땅도 빼앗겼다. 한마디로 원의 식민지나 다름없었다. 결코 평소와 같은 정상적인 사대관계가 아니었다.

이러한 상황에서, 지식인이 잘못된 사대관계를 바로잡을 필요성을 절감했을 것은 당연한 일이었다. 그리고 그것은 일차적으로 자국 역사를 재구성하려는 의도로 나타났다. 원

공녀 1275(충렬왕 1)~1355년(공민왕 4)까지 80여년간 원나라 왕실에 바친 고려 여자의 수는 수천 명이 넘었다. 때문에 고려 사회에서는 조혼 풍습이 생겼다.

강화도 마니산 정상의 참성단

과의 관계를 정상적인 사대관계로 하되, 그 속에서 독자적인 지위를 유지할 정당성을 확보하기 위한 역사적 근거를 역사의식에서 찾았던 것이다.

결국 일연과 이승휴 등이 우리나라 역시 중국의 요 임금과 같은 시기부터 존재했던, 오랜 역사적 전통을 지닌 자랑스런 나라였다고 전한 「고기」「본기」 등의 기사에 주목한 것은 극히 자연스런 일이었다. 더욱이 중국의 이상적 제왕인 요순堯舜의 관계처럼 단군이 기자에게 선양禪讓했다는 대목이 포함되어 있다는 점에서 더욱 눈길을 끌었을 것이다.

일연이 단군조선 등장시킨 까닭

여기서 잠시 이들 문헌에 나타난 단군과 기자와의 선양 대목을 살펴보자. 먼저 『제왕운기』는 「본기」를 인용하여 다음과 같이 적고 있다.

"(단군은) 요제堯帝와 같은 해 무진년에 나라를 세워 순을 지나 하나라까지 왕위에 계셨도다. 은나라 무정 8년 을미년에 아사달에 입산하여 산신이 되었으니, 나라를 누리기를 1028년. 그 조화 석제釋帝이신 환인의 유전한 일. 그 뒤 164년 어진 사람 나타나 군君과 신臣을 마련하다."

이 글에서 '어진 사람'이란 기자를 가리키는 말로 해석되는데, 이처럼 『제왕운기』가 구체적으로 그 이름을 밝히지 않은데 반해 『삼국유사』는 「고기」를 인용하여 보다 명확하게 그 이름을 적고 있다.

"단군왕검은 당요唐堯 즉위 50년 경인에 평양성에 도읍하고 처음으로 조선이라 칭했다. 또 도읍을 백악산 아사달로 옮겼는데, 이곳을 궁홀산弓忽山 또는 금미달今彌達이라고 한다. 1천5백 년 동안 나라를 다스렸고 주나라 무왕이 즉위한 기묘년에 기자를 조선의 임금으로 봉하니 단군은 장당경으로 옮겼다가 뒤에 아사달에 돌아와 숨어서 산신이 되니 나이가 1천9백8세였다."

그런가 하면 일연과 이승휴는 고조선 이후 등장한 나라들이 모두 단군과 고조선에서 비롯되었다고 기록하고 있다. 가령, 일연은 『삼국유사』 고구려조에서 부루와 주몽을 단군의 아들로 기록하여 고조선이 부여와 고구려로 계승되었다는 역사체계를 세우고 있다. 이승휴의 『제왕운기』는 한걸음 더 나아가, 시라, 고례, 남북옥저, 동북부여, 예, 맥이 모두 단군 자손이라고 적고 있다. 심지어 그는 부여, 비류국沸流國을 포함하여 삼한 70여 국의 군장들이 모두 단군의 후예라고 단정짓고 있다.

바로 이 점에서, 단군 관련 기사가 실려 있는 고기古記류가 고조선계 일부 주민들의 전승을 기록한 것에 불과하다는 점이 다시 한번 반증된다고 볼 수 있다. 『삼국유사』가 인용하고 있는 「고기」를 따르더라도 부루와 주몽은 단군과 1천여 년 이상의 시차가 있고, 또 단군조선과 부여, 고구려 사이에는 기자·위만조선이라는 나라들이 존재했기에 부여나 고구려가 단군조선을 직접 계승하지도 않았기 때문이다.

결국 일연은 부여, 고구려에 흡수된 고조선계 일부 유민들이 자신들의 우월성을 과시하기 위해 의식적으로 부루나 주몽을 단군의 후손으로 만들어 버린 전승 기록을 토대로 삼아 부여와 고구려가 고조선을 계승했다는 역사체계를 만들었다는 이야기가 된다.

『삼국유사』 기이편 고구려조에는 '단군이 서하 하백의 딸과 관계하여 아들을 낳아 부루라 이름하였다' 라고 기록되어 있다. 또 광개토대왕비에도 '나는 황천의 아들이요 어머니는 하백의 딸이다 我是皇天之子 母河伯女' 라는 구절이 있다.

삼한 중국의 『삼국지』 위서 동이전과 『후한서』 동이전, 『진서』 사이전四夷傳에 따르면, 마한은 54개국, 진한과 변한은 각각 12개국으로 구성되었다. 그러나 이들 소국은 큰 것은 1만여 가家로부터 작은 것은 6백~7백개에 이르는 등 그 규모가 다양하지만 평균 2~3천 정도의 인구를 가진 정치집단으로 추정된다. 그 대부분 일정한 맹주국을 주축으로 지역별 소국연맹체의 구성원으로 편제되고 있었다.

일연 속명은 김견명金見明. 처음 법명은 목암(1206~1289). 경북 경산 출신. 1283년 국존으로 추대되었으며, 78세에 경북 군위 화산에 인각사를 중건하고 삼국유사를 마무리했다. 위 사진은 인각사의 보각국사탑.

이승휴 고려 말의 문신(1224~1300). 28세에 문과에 급제했으나 벼슬에 뜻이 없어 두타산에 들어가 학문을 닦다가 서장관으로 발탁되어 원나라에 다녀왔다. 이때 위력한 문장으로 문명을 떨쳤다. 『제왕운기』는 한동안 벼슬을 떠나 삼척 구동에 은거할 때 저술했다. 아래 사진은 천은사 전경.

이제 일연과 이승휴 등이 「고기」와 「본기」 등을 인용하여 새로운 역사상을 창출해 낸 배경은 분명하다. 고려 왕조가 원과의 관계를 정상적인 사대관계로 바로잡고 나름대로 독자적인 체제를 유지할 만큼 정당성을 확보하고 있는 나라임을 보여주자는 것이리라.

실제로 이승휴는 1274년(원종 15) 원종의 부음訃音을 전하고자 서장관으로 발탁되어 원나라에 갔을 때, 당시 원나라에 있던 세자(충렬왕)가 호복胡服을 입고 장례를 치를 것을 염려하여 상복을 고려식으로 하도록 권유하는 한편, 원 세조를 설득하여 고려가 독자적 체제를 유지하는 것을 허락받는데 성공하기도 했다.

『고려사』 이승휴전에는 "너희(고려) 역대 임금이 제정한 제도는 하나라도 빠뜨려 잃지 말 것이며 옛 것에 따라 그대로 시행하라"는 세조의 조칙이 실려 있다. 이 조칙은 훗날 원의 내정간섭이 심해지거나 아예 고려 사직을 없애려는 책동이 있을 적마다 그에 대항하는 논리의 핵심적 근거로 등장하곤 했었다.

그러나 이들의 노력은 오늘날 우리가 이해하고 있는 민족적 자주의식의 강렬한 발로, 또는 자국의 역사전통에 대한 순수한 자부의식에서 비롯된 것은 결코 아니었다. 왜냐하면, 당시에는 중국에서 일찍부터 성인으로 추앙받던 기자가 조선에 와서 백성을 교화하여 문명국가로 만들었다는 내용을 오히려 자랑으로 받아들이는 분위기가 팽배했기 때문이었다. 중국과 우리나라가 기자이래 문화적으로 한 집안을 이루었기 때문에 서로 다른 나라가 아닐 뿐더러 우리의 문화수준 역시 결코 중국에 뒤지지 않는다는 소중화의식을 밑바탕에 깔고 있었던 것이다. 한마디로, 단군을 민족적 독자성과 유구성의 표상으로, 기자는 문명화의 상징으로 인식하고 있었던 것이다. 바로 그 문명화가 다름아닌 소중화라는 데에 문제의 핵심이 있는 것이다.

조선시대에 와서 대접받는 단군

『삼국유사』나 『제왕운기』에 의해 성립된 고조선상은 조선시대에 들어와 점점 확고해지는 양상을 띠었다.

『태조실록』의 태조 원년 8월 경신조에 따르면, 조정에서는 개국 직후 단군이 '동방에서 처음으로 천명을 받은 임금'이므로 사전祀典에 등재하여 국가 차원에서 정식으로 제사를 모셔야 한다는 논의가 있었다. 국가적 차원에서 단군의 고조선을 우리 역사의 출발점으로 공인하자는 주장이었다. 그러나 이 견해는 1412년(태종 12)에 와서야 받아들여졌고, 단군의 도읍지로 여긴 평양에서 처음으로 제사가 거행되었다. 그동안 평양이란 한 지역의 시조로 간주되어 제외되었던 단군이 비로소 국가 제사의 반열에 오른 것이다. 하지만 그 격에 있어서는 기자보다 낮았다.

오른쪽 사진은
서울 사직단군전의 단군 조상

조선시대 세종 11년에 세워진 평양의 단군사당. 1729년 숭령전이란 액판을 하사받았다.

기자사 평양 기림리 기자릉 옆에 있었다. 1102년(숙종 7) 정당문학 정문鄭文의 건의로 건립되었다. 1430년(세종 12) 변계량이 지은 비문을 세웠다.

이미 세워져 있던 기자사箕子祠에 뒤늦게 합사合祀되면서 그 위치를 배동서향配東西向으로 자리 잡아 좌북남향坐北南向의 기자보다 낮춘 것이다. 예로부터 임금이 남쪽을 향해 정치하는 것을 정正의 근본으로 삼았다는 점을 고려할 때, 한 단계 격을 낮춘 셈이었다.

또 기자사에는 제전祭田이 따로 있어서 매월 초하루와 보름에 두 번 제사를 지냈지만 단군에는 제전이 없었다. 일 년에 두 차례(봄, 가을) 제사를 지낼 뿐이었다. 그 뒤, 1429년(세종 11)에 와서 별도로 단군사檀君祠가 세워지고, 1455년(세조 1)에 위판을 '조선시조단군지위朝鮮始祖檀君之位'라고 고쳤으며, 1459년에는 세조가 왕세자를 거느리고 친히 제사를 올렸지만 여전히 일년에 두 차례만 있을 뿐이었다.

단군조선이 조선조에 들어와 국가에서 편찬한 역사서에

삼국사절요 단군조선으로부터 삼국시대 말까지 우리나라 역사를 편년체로 서술하여 민족사 체계를 잡은 역사서. 『삼국유사』 기이조에 실린 신화나 전설 등을 싣고 있으나 단군신화는 인용하지 않고 있다.

동몽선습 서당에 처음 입학한 학동을 위한 책. 1책. 목판본. 인간이 짐승과 다른 점은 오륜五倫을 가졌기 때문이며 국가의 흥망도 인륜에 좌우된다고 하면서, 단군에서부터 조선왕조까지의 우리나라 역사를 약술하고 있다.

기록되어 정식화된 것은 왕조가 세워진 지 90년 가까이 지난 뒤였다. 1476년(성종 6) 노사신·서거정 등은 『삼국사절요三國史節要』를 편찬하면서, 단군이 직접 하늘에서 내려와 조선을 개국했으며 기자가 오기 전에 아사달산에 들어가 산신이 되었다는 내용을 포함시켰다. 이어 고대사와 고대문화를 훨씬 더 풍부하게 수용한 『동국통감東國通鑑』이 1484년(성종 15)에 완성됨으로써 고조선이 우리 역사의 시작이란 역사상이 비로소 확고하게 자리잡았다.

이들 책은 국가 차원의 사서라는 점에서 당시 사대부에게 큰 영향을 주었다. 가령, 명종 때 유학자 박세무가 편찬한 어린이용 교재인 『동몽선습童蒙先習』에는 단군을 한국사의 출발점으로 하여 조선왕조까지의 역사를 약술하고 있다.

이렇듯 관찬사서官撰史書를 통해, 단군조선을 기점으로 기자조선에서 위만조선으로 이어지는 상고사 체계를 정립시켰다고 해서 단군을 기자보다 소중하게 추앙한 것은 아니었다. 『동국통감』을 보면, 기자를 고려 무신정권에 반기를 들었던 김보당金甫當과 조위총趙位寵, 신라와 백제의 충신인 박제상朴堤上과 계백, 경순왕자 등과 함께 칭송 대상으로 삼으면서도 단군은 제외시키고 있다. 또 단군조선은 극히 간략하게 다루면서 기자조선과 그 후계자로 인식한 마한에 비중을 두어 한국사 체계를 서술하고 있다.

국가 제사에서도 마찬가지였다 기자의 신위를 '조선후朝鮮候'에서 '후조선시조'로 격상할 때, 단군 역시 1430년 '조선'에서 '조선단군'으로, 그리고 1456년 '조선시조단군'으로 격상시켰지만, 이것은 어디까지나 기자의 중시에 뒤따른 변동일 뿐이었다. 물론 국호를 '기자의 고국故國'이라 하여 조선으로 정했다는 점을 염두에 두면 이러한 풍토는 충분히 이해할 만한 조치이기도 했다.

태조 이성계를 도와 조선의 국가체제를 정비한 정도전은 1394년(태조 3)에 편찬한 『조선경국전朝鮮經國典』에서, 기자조선의 계승자라는 의미에서 그렇게 정했음을 뚜렷이 밝히고 있는 것이다. 그는 기자가 주 왕실에 의해 조선후에 봉해진 것, 기자가 홍범洪範과 팔조법금八條法禁을 보급하는 등 그 문화적 업적이 뛰어났다는 것을 부각시켰다.

팔조법금 『한서』 지리지에 3개조만이 전한다. 1. 사람을 죽인 자는 사형에 처한다. 2. 남에게 상해를 입힌 자는 곡물로서 배상한다. 3. 남의 물건을 훔친 자는 노비로 삼으며 속죄하고자 하는 자는 1인당 50만전을 내야 한다. 이때 50만전은 중국 한나라 때의 사형수에 대한 속전법과 같다.

오늘날 또다시 답습한 소중화 논리

이처럼 국사체계에서 단군조선을 서자 취급시 하는 풍토는 16세기 이후 성리학을 제외한 모든 사상을 이단으로 배격하는 사림파가 대두되면서 더욱 심화되었고, 상대적으로 기자 숭배는 극단화되기 시작했다.

특히 기자가 시詩, 서書, 예藝, 악樂 등을 가리켜 중국의 문물과 삼강오륜을 알게 했고, 팔조법금으로 교화하여 신의와 예절을 숭상하게 했으며, 덕으로 다스림을 추구했다는 등 절의絶義와 인현仁賢의 인물로 부각되었다. 그 결과, 기자는 명분과 의리의 구현자, 조선 도학道學의 시조, 왕도정치를 구현한 성현으로 받아들여졌다.

조선 후기 실학자들이 들고 나온 이른바 '삼한(마한) 정통론'도 그 연장선상에서 제기된 것이었다. 그들은 기자의 후예인 준왕準王

이 연나라 위만衛滿에게 격파되어 한韓 지역으로 망명, 한왕韓王이 되었으나 준왕 이후 절멸됨에 따라 마한인이 스스로 자립하여 진왕이 되었다는 『후한서』 『삼국지』 등의 기록을 근거로 삼한정통론을 주창했다. 이 이론은 비록 준왕 이후 기자조선의 명맥이 끊겼지만, 마한이 준왕에 이어 왕조를 이어나갔기 때문에 기자조선에서 마한으로 그 정통이 계승되었다는 한국사 체계였다.

이렇듯 강렬했던 기자에 대한 숭앙심과 기자조선의 정통성 강조는 대한제국 때부터 흔들리기 시작했다. 그리고 일제시대에 이르러서는 완전히 바뀌고 말았다. 즉, 기자동래설과 기자조선이란 존재에 대해 본격적인 부정과 재검토가 시도된 것이다. 그 결과, 중국인인 기자는 아예 무시되고 단군이 국조로서, 민족의 상징으로 탄생했다.

물론 이것은 민족주의 역사가들의 연구 결과로 이루어진 업적이었다. 그들은 우리 민족이 일제 식민통치를 받게 된 원인을 민족정신의 쇠퇴에서 찾았다. 그리고 사대주의에 의

북한이 평양 강동군 대박산에 조성한 단군릉

해 민족의 독자성이 침식당한 데서 비롯된 것으로 인식하고, 외래 문물의 영향이 적었던 상고시대의 문화와 역사를 탐구하는데 치중했던 것이다.

민족주의 역사가들이 구성한 고조선상은 만주와 한반도를 아우르는 광대한 영역을 차지한 웅대한 제국 그 자체였다. 수도는 만주에 있었고 한사군의 위치도 남만주 지역이었음을 강조했다. 나아가, 고조선의 웅대함은 바로 고유한 민족문화와 대륙을 호령하던 웅건한 기상을 지닌 민족정신에서 비롯되었다고 했다. 이러한 고조선상은 오늘에도 일부 역사학자와 재야학자들에 의해 그대로 계승되고 있다.

그러나 민족주의 사가들에 의한 고조선상의 복원 작업 역시 고려시대 이후 소중화주의자들의 논리를 그대로 따르고 있다는 점에서 근본적인 한계를 안고 있다. 민족주의 입장에서 당연히 배척해야 할 단군이 우리 민족의 시조이며 단군조선이 한국사의 출발점이라는 소중화주의자들의 논리를 그대로 답습하고 있기 때문이다.

임진왜란 때 일본에 끌려간 24성姓의 도공들이 구주지방의 가고시마鹿兒島에 옥산신사玉山神社를 세웠다. 여기에는 하늘에서 떨어진 단군바위를 모셨다고 한다.
오른쪽 사진은 옥산신사.

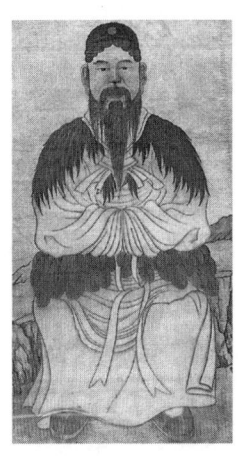

광복 때 이시영이 만주로부터 가져왔다는 단군영정. 전북 이리의 천진전에 있다.

그렇다면 오늘날 주류 역사학자들의 주장은 어떠할까.

일단 한국사가 고조선에서 시작되며, 그 시조가 단군이라는 대전제에 대해서는 이견이 없다. 하지만 고조선의 건국 시기가 서기전 2333년이냐 기원전 10세기 무렵이냐, 그리고 그 중심지가 요하 지역이냐 현재의 평양이냐를 놓고 격론을 벌이고 있는 수준이다.

한마디로 자신들의 학문적 견해의 정당성을 실증사학에서 찾으면서도 『삼국유사』와 『제왕운기』 등이 전하는 고조선 관련 기사의 성격 등 본질적인 문제는 간과한 채, 고조선의 건국 시기나 중심지라는 현상적 주제에만 천착하고 있는 실정이다. 그 결과, 오늘날 주류 학계의 연구성과로 성립된 고조선상 역시 사실史實을 토대로 이루어졌다기보다 소중화주의자들의 역사의식의 산물에 불과한 것이다.

지금까지 살펴본 것처럼, 고려 중기까지만 해도 단군은 평양 지역 일대의 시조에 불과했고 단군신화는 평양 지역에 거주하는 일부 고조선 유민들의 전승설화였다. 그리고 고려 후기에 이르러 비로소 단군이 민족의 시조이며 그가 건국한 고조선이 한국사의 시원이라는 지금의 고조선상이 성립되었지만, 그 기저에는 소중화의식이 자리잡고 있었던 것이다. 결국 단군조선을 둘러싼 학문적 논쟁은 그야말로 역사의 아이러니 속으로 빠져든 셈이다.

기자동래설은 중화주의자들이 조작했다

소중화주의의 표상인 만동묘
충북 괴산에 터만 남아 있다

서기를 단기로 환산하려면 어떻게 할까. 말할 나위도 없이 '2333'이란 숫자를 더하면 된다. 단군이 서기전 2333년에 고조선을 세웠다고 학교에서 배웠기 때문이다.

우리 역사교과서가 고조선의 건국연대를 서기전 2333년이라고 본 것은 1484년에 편찬된 『동국통감』의 기록을 따랐기 때문이다. 서거정·정효항 등이 왕명을 받들어 저술한 이 책은 단군이 나라를 세운 해가 이른바 중국 요 임금이 즉위한 지 25년이 되는 무진년戊辰年이라고 적고 있다.

『삼국유사』가 '당고唐高 즉위 50년 경인년'에 건국했다고 기록하면서 "당고 즉위 원년은 무진戊辰인즉, 50년은 정사丁巳요 경인이 아니다"라는 견해를 주석에서 밝히고, 『제왕운기』가 "제고帝高와 같은 무진년에 즉위했다"는 견해를 제시하고 있는 것과 달리, 『동국통감』은 무진년을 '당요 25년'으로 삼고 있다.

고조선 건국은 서기전 10세기 전후

중국의 요 임금은 실존 인물이 아니라 전설적인 존재이다. 때문에 중국 역사학계에서는 그가 즉위했다는 해를 절대연대로 인정하지 않고 있다. 마찬가지로 국내 주류 역사학자들 역시 대부분 요 임금의 즉위 연대를 토대로 산정한 『동국통감』의 고조선 건국연대를 받아들이지 않고 있다.

현재 우리 학계는 고조선의 건국 시기를 대략 서기전 10세기 무렵으로 파악하고 있다. 국가의 성립에는 '농업경제와 청동기문화의 성숙'이란 객관적 조건이 있어야 하는데, 한반도와 남만주 지역에서 청동기문화가 확산되는 시기, 특히 청동기의 본격적인 사용 시기를 비파형동검琵琶形銅儉 문화단계로 파악하고, 그 시기가 바로 서기전 10세기 전후라는 것이다. 그리고 바로 이 무렵에 한반도와 남만주 지역에서 국가가 형성되었고 고조선이 건국했다는 설이 우리 학계의 통설이다.

그러나 한 국가의 형성 시기를 문헌자료가 아닌 고고학적 발굴자료를 근거로 삼아 규정하는 경우는 세계적으로 유례가 드물다. 고조선에 관한 문헌자료가 절대 부족한 것은 사실이지만, 그렇다고 해서 고고학적 발굴 성과만으로 국가 기원을 논할 수 있을까.

더욱이 학계의 통설을 받아들일 경우, 단군조선은 한국사에서 설 땅을 잃어버린다. 중국측 사료인『사기史記』나 우리 역사서인『삼국유사』등에서 주나라 무왕이 즉위하던 해에 기자를 조선에 봉했다고 적고 있는데, 그 시기가 대략 서기전 11세기이기 때문이다.

또 우리 조상들이 오랫동안 사실로 믿어 왔을 뿐더러 아직도 학계 일부에서 인정하는 기자동래설箕子東來說 과도 정면으로 충돌한다. 물론 고조선의 건국 시기가 서기전 10세기 무렵이라는 학계의 통설은 기자동래설을 부정한다는 전제에서 출발한다. 그렇다고 해서 기자동래설을 부정하는 뚜렷한 근거를 제시하고 있는 것도 아니다.

기자조선 바라보는 국사학계의 한계

국내에서 기자동래설을 부정하는 가설이 처음 등장한 것은 일제 때였다. 최남선崔南善은 단군조선을 계승한 나라는

사기 중국 전한시대에 사마천이 저술한 역사서. 상고시대로부터 전한의 무제(서기전 159~87)에 이르기까지의 일을 기록한 통사. 부친의 유언에 따라 서기전 104년경부터 시작하여 14년만에 초고를 완성했다. 이후 중국 역대 왕조에서 관찬한 정사의 표준이 되었다.

비파형동검 청동기시대 무기의 하나. 검신의 아랫부분이 둥글게 배가 불러 비파 형태를 이루어서 붙여진 이름. 주로 중국 동북지방과 한반도 서부지방에서 출토된다. 손에 쥐어지는 부분은 속이 빈나팔형으로 생겨 검의 경부를 삽입·결합하게 되어 있다는 점이 중국식 검과 오르도스검과 뚜렷이 구별된다.

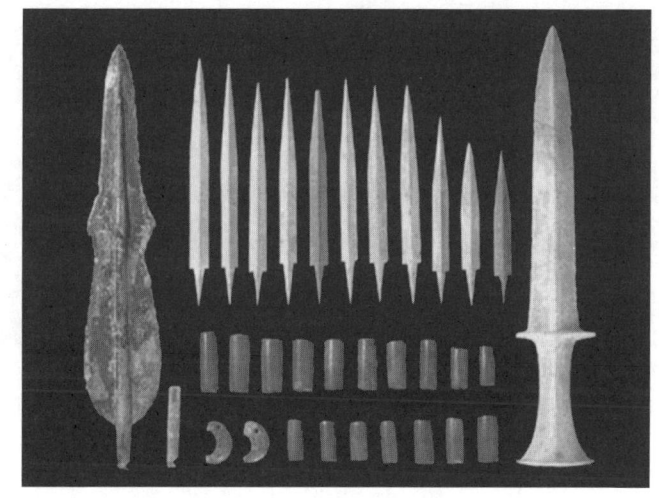

기자조선이 아니라 '개아지조선'이란 견해를 제기했다. '개'의 음이 '기箕'와 비슷하여 중국인이 이를 기자에 끌어붙여 기자동래설을 낳은 것이라고 했다. 또 정인보鄭寅普는 '기箕'는 '검'을 한자로 표현한 것이며 '검'은 임금을 뜻하니 기자조선이 아니라 '검조선'이라 했다. 안재홍安在鴻은 고대에 수장首長의 칭호가 '크치'였으며 기자조선은 '크지조선'을 한자로 표현한 것이라 했다. 이러한 견해들은 우리나라와 중국의 고대 음운에 대한 구체적인 논거를 제시하지 않고 있다는 점에서 소박한 추측에 불과하다.

그런가하면, 이병도李丙燾는 기자조선을 '한씨조선韓氏朝鮮'으로 바꿔야 한다고 주장했다. 그는 기자의 후손이라는 준왕이 위만에게 정권을 빼앗기고 한지역으로 가서 한왕이라 자칭했다는 중국의『삼국지三國志』동이전東夷傳의 기록에 주목하면서, 준왕이 한왕이라 칭한 것은 그의 성이 한씨였기 때문이라고 했다. 즉, 준왕은 기준箕準이 아니라 한준

삼국지 중국 위魏·촉蜀·오吳 삼국의 정사. 진나라의 진수陳壽(233~297)가 편찬했다. 위지 30권, 촉지 15권, 오지 20권으로 총 65권.

평양 인현서원에서 모사한 기자도. 맨 왼쪽의 두 인물이 기자와 무왕이다.

韓準이니 기자동래설은 부정된다는 것이다.

하지만 준왕이 한왕이 된 후, 그가 군장을 뜻하는 그 지역의 언어인 '한汗' '칸汗' 또는 '가한可汗'으로 불렸고, 그것이 한자 '韓'으로 표기되었을 가능성이 농후하기 때문에 기자동래설을 부정하는 결정적 근거는 될 수 없다.

최근에는 우리 학계에서만 통용되는 고고학 자료를 근거로 기자조선 대신 '예맥조선'이란 명칭을 사용하는 것이 바람직하다는 견해도 제시되었다. 기자조선 시대에 해당하는 무문토기無文土器와 청동기문화의 담당자는 예맥족이며, 그 문화에는 중국적인 요소가 없다는 점을 근거로 제시하고 있다.

예맥 한국 고대의 종족 명칭. 예·맥의 상호관계 및 그 종족적 계통에 관해 예·맥 동종설同種說과 예·맥 이종설異種說로 엇갈려 다양한 견해가 제시되고 있다. 대체로 서기전 2세기 이후 중국 문헌에서는 맥이나 예를 예맥이라고 했다.

이렇게 본다면 지금까지 기자동래설을 부정하는 가설들은 하나같이 기자조선을 대치할 만한 새로운 용어를 만드는 데 골몰했을 뿐이란 인상을 준다. 그 어느 것 하나 뚜렷한 근거를 제시하지 못한 채 추론 수준에 머물고 있다.

물론 이들 견해는 일제시대 때, 일부 외국학자가 시도한 '중국인의 식민지국가 건설'이란 악의적인 한국사 왜곡에서 벗어나려는 노력의 하나였다는 점에서 그 의의가 없지는 않다. 그렇다고 민족의식만으로 사실은 도외시한 채 역사상을 만들어낼 수는 없지 않을까.

기자동래설의 허구성

기자동래설은 은나라 사람 기자가 동으로 와서 조선의 지배자가 되었다는 전설이다. 이러한 내용을 전하는 최초의 문헌은 중국 전한시대에 편찬된 복생의 『상서대전』이다. 그 내용을 요약하면 다음과 같다.

기자가 은나라의 마지막 왕인 제신帝辛에 의해 감옥에 갇혀 있었는데, 은나라를 멸망시킨 주나라 무왕이 그를 석방했다. 이에 기자는 은나라의 신하로서 고국을 멸망시킨 주나라 무왕에 의해 석방된 것을 차마 감수할 수 없어서 조선으로 망명했다. 이 소식을 들은 무왕이 그를 조선의 제후로 봉했고, 기자는 주 왕실로부터 봉함을 받았으므로 무왕 13년 조근朝覲을 왔다. 이 때 무왕이 그에게 천하를 다스리는 대법大法인 홍범을 물었다는 것이다. 여기서 '조근'이란 신하가 임금을 알현한다는 신하의 예를 가리킨다.

문제는 기자동래설이 『상서대전』을 비롯한 한漢나라 이후 편찬된 문헌에서만 확인될 뿐 그 이전, 즉 선진先秦시대에 편찬된 기록에는 전혀 나타나지 않는다는 점이다. 예컨대, 진시황의 분서焚書 이전의 중국 고서古書로서 대나무조각을 엮어서 만든 『죽서기년竹書紀年』에는 기자가 은나라의 마지막 왕인 제신에 의해 감옥에 갇혔으며, 은나라가 멸망한 뒤 주나라 무왕 16년에 기자가 주 왕실에 조근했다고만

은 19세기 말, 허난성 안양현 샤오툰촌에서 갑골문자를 새겨 넣은 귀갑龜甲과 우골牛骨이 발굴되면서 중국 최고最古의 역사적 왕조였음이 판명되었다. 수도 이름을 따라 '상商'이라고도 한다. 서기전 1122년경 주나라 무왕에게 멸망되었다.

죽서기년 중국 고대에서부터 하·은·주나라를 거쳐 위魏의 양왕襄王에 이르기까지 편년체로 엮은 연대기. 281년 양왕의 무덤에서 출토되었다. 2권. 양梁의 심약주본沈約注本 2권은 위서이다.

상서 처음에는 '서書'라 하다가 한대에는 '상서', 송나라 이후에는 '서경書經'이라 불렀다. 20권 58편.

좌전 공자의 『춘추春秋』를 해석한 책. 춘추좌씨전春秋左氏傳의 약칭. 30권. 좌씨와 곡량穀梁, 공양公羊을 합해 삼전三傳이라 칭한다.

기록하고 있다. 또 공자가 중국 요순 때부터 주나라 때까지의 정사를 기록한 『상서尙書』에도 기자가 주나라 무왕 때 감옥에서 풀려났는데, 무왕은 은나라를 멸망시키고 주를 세운 뒤 13년에 기자를 찾아가 홍범을 배웠다고 기록하면서 홍범구주의 내용을 기술하고 있다.

우리가 잘 아는 『논어』에도 기자의 인물 됨됨이와 행적에 관한 내용이 담겨 있다. 여기서 기자는 미자微子, 비간比干과 더불어 은나라 말기 3인의 현인 중 한 사람으로 그려지고 있다. 은나라의 마지막 왕인 주왕의 포악한 정치가 계속되자 주왕의 숙부인 비간은 이를 간하다가 심장이 찢겨 죽음을 당했고, 기자는 거짓으로 미친 척하면서 종이 되었으며, 미자 역시 왕의 곁을 떠났다고 기록되어 있다. 이밖에 『주역周易』과 『좌전左傳』 등에도 기자와 관련된 기록이 나타난다.

그런데 이러한 선진시대의 문헌기록에서는 기자를 가리켜 덕과 학문을 지닌 어진 인물로만 기술되어 있을 뿐 조선과의 관계, 특히 그가 조선 땅으로 가서 그 지배자가 되었다는 기자동래설은 전혀 보이지 않는다.

그렇다면 앞선 시대의 문헌기록에 전혀 보이지 않다가 후대의 문헌에 등장한다는 것은 무슨 뜻일까. 말할 나위도 없이 그것은 후대에 첨가되었다는 의미이며, 따라서 기자동래설이 후세에 조작되었을 가능성을 짐작하게 해준다. 아니, 결론부터 말하면 기자는 실제로 조선에 온 적이 없다. 중국 각지에서 출토되는 '기후箕侯' '기箕' 라

한서에 실려 있는 기자조선에 대한 기록

는 명문이 새겨진 청동기가 그것을 단적으로 증명한다.

기자산둥설 확인시켜준 발굴물들

1973년 중국 대릉하大凌河 연안 지역인 요령성遼寧省 객좌현喀左縣에서 '기후'의 명문이 새겨진 방정方鼎을 포함하여 청동예기 6점이 출토되었다. 그리고 10킬로미터 정도 떨어진 세 군데에서 추가로 많은 청동예기들이 발굴되었다. 발굴물을 연대 측정해본 결과, 기자의 생존시대와 일치하는 은나라 말기의 것이었다.

동북지방에 이르는 중요 통로인 대릉하 연안에서 기후의 명문이 새겨진 청동예기가 발견되었다는 것은 무엇을 의미할까. 기자가 고국 은나라가 멸망하자 족속이든 유민이든 일행을 이끌고 어디론가 피신했는데, 그 곳이 바로 대릉하 연안 지역이라는 해석을 가능케 한다.

그런데 이곳에서는 그들의 무덤이 발견되지 않았다. 청동기 유물이 발견된 곳은 무덤이 아니었다. 지하에 구덩이를 파고 임시로 청동예기 등을 저장해 두는 저장소인 교장갱窖藏坑이었다. 말하자면 이곳은 그들 일행이 정착한 지역이 아니라 잠시 머물렀던 곳이다.

그들이 오랫동안 정착한 곳은 오히려 산둥성山東省 지역으로 보인다. 1951년 산둥성 황현黃縣 남부촌南埠村에서 출토된 8점의 기기箕器, 1969년에 역시 산둥성 옌타이시烟臺市 남쪽 교외지역에서 출토된 기후정箕侯鼎 등은 모두 교장갱이 아니라 무덤에서 출토되었기 때문이다. 그리고 이 유물들은 서주西周 후기에서 춘추시대에 걸쳐 제작된 것으로

대릉하 중국 따칭大靑산맥에서 발원. 동북지방의 요령성에서 판뉴강牧牛河과 합류하고 남쪽으로 흘러 요동만遼東灣에 이른다.

서주 중국 주나라가 서기전 770년 도읍을 성주로 동천東遷하기 전까지의 이름. 그 이후는 동주東周라 부른다.

밝혀져, 기자 집단은 이 기간에 산둥성 지역에서 줄곧 영주했음을 보여준다.

그렇다면 왜 고고학적 발굴 결과와 달리 '기자산둥설'이 아닌 기자동래설이 기록으로 남겨진 것일까. 두 가지의 관점에서 파악할 수 있다. 하나는 기자 집단이 잠시 동북지방에 망명한 적이 있다는 점이고, 다른 하나는 그것을 조선땅과 연결지은 또 다른 의도가 있지 않을까 하는 점이다.

'산둥설'이 '동래설'로 둔갑한 까닭

먼저 기자가 동북지방에 일시적으로나마 망명하여 거주했다는 점부터 살펴보자.

주나라 무왕이 은나라를 멸망시킨 후 대릉하 서쪽에 위치한 연나라의 제후로 봉한 인물은 소공 석召公奭이었다. 그는 주나라 무왕의 아우로서, 훗날 형제인 주공周公과 더불어 어린 조카 성왕을 도와 주나라의 기초를 닦은 인물이기도 하다. 그런데 『사기』 주본기周本紀에는 그가 형인 무왕의 명에 따라 기자를 풀어주었음을 기록하고 있다.

아마도 이런 인연 때문에 기자는 자신의 망명지를 소공 석이 제후로 있는 연나라로 택하지 않았을까 생각된다. 그리고 이때부터 중국 동북지방에서는 기자가 망명했다는 전설이 전해져 내려왔을 것이다. 실제로 기자 집단의 주력이 산둥성으로 이주한 뒤에도 그 일부는 여전히 동북지방에 잔류했을 가능성이 높다. 그리하여 이 지역 주민들 가운데는 기자의 후손임을 자처하는 집단이 존재했을 것이다. 결국 이런 이야기들이 훗날 한대 이후의 각종 문헌에서 기자를

소공석 소공은 칭호임. 산둥반도의 이족夷族을 정벌하여 동방경략의 대업을 완성했다. 『상서』 등에는 왕의 후견인이란 뜻의 '대보大保'로 기록되었다.

연 춘추전국시대에 지금의 하북·동북지방 남부를 영토로 북경에 도읍한 나라. 소공 석으로부터 34대 8백여년을 지낸 뒤 진시황에 멸망함.

조선과 관련하여 기록하지 않았을까 싶다.

사실 기자가 조선으로 망명했다고 적힌 서기전 11세기 당시 중국에서는 고조선이 위치한 동북지방에 대한 정보가 전혀 없었다. 중국의 문헌 가운데 조선에 관한 정보가 담겨 있는 최초의 책은 춘추시대 제나라의 재상 관중管仲이 지었다는 『관자管子』와 작자 미상의 지리책 『산해경山海經』인데, 흔히들 이 책들이 서기전 403~221년의 전국시대 저작물이라고 알고 있지만 그것들은 서기전 206년에서 서기 220년에 이르는 한대에 와서 편집되었다는 점을 간과해서는 안 된다. 다시 말해서, 이들 문헌에 담긴 조선에 관한 정보는 한대의 인식이 많이 반영되었다고 볼 수 있다.

설사 이들 책의 편찬 시기를 고지식하게 해석한다 해도 전국시대밖에 안된다. 기자 집단이 역사무대에 등장한 시기가 서기전 11세기 무렵이라고 하면, 그보다 무려 7백여 년이 지난 뒤에 와서 기자에 대한 이야기를 기록에 남긴 셈이다. 결국 중국인들은 동북지방에서 전해지는 기자의 망명 전승을 처음 접하고 이를 근거로 기자동래설을 기정사실화 했다고 볼 수 있다.

이번에는 한나라 사람들이 왜 기자동래설의 무대를 산동성이 아닌 조선땅과 연결시켜 기록으로 남겼는지에 대해 알아보자.

중국을 통일한 한나라 무제는 동방 점령을 목적으로 요동지방 진출을 시작했다. 이에 당시 동북지방에서 패권을 장악하고 있던 위만조선과 충돌할 수밖에 없었고 서기전 108년에 와서 위만조선을 굴복시켰다. 그리고 점령 지역을 통치하기 위해 4개의 지방행정구역으로 분할시켰다. 이른바

관자 부민富民, 입법, 포교를 서술하고 패도覇道정치를 역설했다. 처음에는 86편이었으나 원나라 이후 76편으로 되었다.

산해경 중국 최고의 지리서. 원래 23권이었으나 전한시대 유수劉秀가 교정한 18편만 전한다. 산천, 신기神祇, 산물產物과 제사에 관한 것을 기록했다.

위만조선 위만조선(서기전 194~108)이 한 무제의 침략을 받게 된 직접적인 원인은 주위의 예濊나 삼한 등의 조공로 및 무역로를 차단했기 때문으로 추정된다.

한사군 한사군이란 역사술어를 처음 사용한 것은 일제의 관학사학자들이었고, 우리 역사의 타율성을 강조하기 위한 의도였다. 한사군은 낙랑을 제외하면 존속기간이 25년 정도에 불과하다.

후한서 중국 후한 196년간의 정사. 남조 송나라의 범엽范曄이 지은 것을 양나라 유소劉昭가 보충하여 완성했다. 120권.

오른쪽 사진은 이승휴가 제왕운기를 저술한 강원도 삼척 천은사 경내의 이승휴 사당

'한사군'이다. 하지만 토착세력의 저항이 만만치 않으면서 실질적인 통치를 사실상 포기하지 않을 수 없었다. 즉, 서기전 82년에 진번眞番과 임둔臨屯의 두 군을 폐지하고 그 일부 지역을 낙랑·현도에 통합시킨데 이어, 서기전 75년에는 현도군의 치소治所를 고구려현에서 혼하渾河 상류로 옮기는 등 유명무실해졌다. 설치 30여 년에 낙랑군만이 그 명맥을 유지한 셈이었다.

『후한서』 동이열전에 적힌 다음과 같은 기록을 보면, 당시 그 세력이 얼마나 미미했고 이름만 유지하고 있었는가를 알 수 있다.

"무제가 조선을 멸망시키고 옥저땅으로 현도군을 삼았다. 뒤에 이맥夷貊의 침략을 받아 군을 고구려의 서북쪽으로 옮기고 옥저를 현으로 고쳐 낙랑군의 동부도위에 속하게 하였다. (후한) 광무제 때에 이르러서는 도위의 관직을 없앴다. 이후부터 그들의 우두머리를 봉하여 옥저후沃沮侯로 삼았다."

말하자면, 후한 초기에 이르러서는 중앙 관리를 파견조차 하지 못했고, 그 지역 수장들에게 통치를 일임하는 조치를 취할 수밖에 없었던 것이다. 이때부터 중원왕조는 무력에 의존하여 동북지방을 지배할 수 없다는 사실을 깨닫고 사대명분론에 입각한 이념적 통치방식을 모색하기 시작했을 것이다. 그것이 바로 은나라 멸망 이후 기자의 막연한 행적에 착안한 기자동래설이었던 것이다. 즉, 주나라 무왕이 기자를 조선에 봉했고 기자가 주나라 왕실에 신하의 예를 갖추었으므로 조선은 영원히 중원왕조에 사대의 예를 철저히 수행해야 한다는 논리였다.

물론 이런 논리의 밑바탕에는 중국인 특유의 중화의식이 자리잡고 있었다. 흔히 중국인들은 주변의 민족이나 국가의 기원을 기술할 때, 이를 중국 전설상 인물의 후예로 간주해 왔었다.

중국 중화주의자들의 속셈

역사적으로 보더라도 중국인들은 기자의 후예인 조선이 중원왕조에 대해 철저하게 사대의 예를 갖추었음을 강조해 왔다. 예컨대, 『삼국지』 동이전에서 주석으로 인용된 3세기의 『위략魏略』에는 "주나라가 쇠약해지고 연나라가 스스로 높여 왕이라 칭하고 동쪽으로 침략하자, 옛 기자의 후예인 조선후朝鮮侯도 스스로 왕호를 칭하고 군사를 일으켜 연나라에 대항해 싸우며 주나라 왕실을 받들려 했다"고 적은 기

위략 『삼국지』는 정사 중의 명저로 손꼽히지만 찬술한 내용이 간결하고 인용한 사료도 누락된 것이 많았다. 이에 429년 배송지裵松之가 주註를 달았는데, 이때 본문의 말뜻을 주해하기보다 누락된 사실을 수록하는데 치중했다. 이 주에는 어환의 『위략』, 하후담의 『위서』 등 140여 종의 인용문이 기재되어 있다.

우리의 역사인식은 중화주의자들이 만들어 낸 허상을 좇고 있다. 성균관 명륜당

록이 있다.

더욱 놀라운 사실은 처음에는 일관성을 유지하지 않는 등 다소 원시적인 구성이었는데, 세월이 흐를수록 점점 세련되게 다듬어지고 구체적인 모습을 갖추어 간다는 점이다.

가령, 기자동래설은 『사기』 송미자세가宋微子世家와 『한서』 지리지에 실려 있지만, 정작 조선의 상황을 다룬 '조선전'에서는 일체 언급하지 않고 있다. 이때까지만 해도 기자동래설이 일반화되지 못했던 것이다.

또 전한 때 역사학자 사마천이 편찬한 『사기』에는 주나라 무왕이 기자를 조선후에 봉했다고만 기록하고 있으나, 후한 때 편찬된 『한서』에는 기자가 동쪽으로 간 이후 조선에서의 행적에 대해 보다 자세하게 전하고 있다.

"은나라의 도道가 쇠퇴하자 기자는 조선으로 가서 그 지역의 백성을 예의로써 교화하고 농사, 양잠, 길쌈 등을 가르쳤다. 그리하여 낙랑군의 조선 백성은 원래 법금 8조만으로도 순후한 생활을 했다."

그러다가 한나라가 낙랑군을 설치한 후, 중국 관리와 상인들의 영향으로 풍속이 점차 각박해져서 지금은 법금이 60여 조항으로 증가했다는 것이다.

이러한 양상은 진나라의 진수가 저술한 『삼국지』 동이전에 와서, 기자 이후 그 자손이 40여대에 걸쳐 조선을 다스렸다고 하는 등 기자 후손의 사적까지 기록할 정도로 구체화되었다. 또 4세기경 남조 유송劉宋의 범엽이 지은 『후한서』 동이열전에서는 공자가 가서 살고 싶어할 정도로 문명화된 나라로 기술하고 있다.

"옛날 기자가 쇠망하는 은나라의 운수를 피해 조선땅에

한서 중국 전한시대 229년간 정사를 후한시대 반고斑固가 저술한 기전체紀傳體의 역사서. 120권. '전한서' 또는 '서한서'라고도 한다.

피난했다. … (기자로 인해) 동이東夷 전체가 유근柔謹으로 풍화風化되어 삼방三方의 풍속과는 다르게 된 것이니, 진실로 정교政敎가 창달되면 도의가 있게 마련인 것이다. 공자가 분연히 구이九夷에 가서 살려 했더니 어떤 이가 그곳이 더러운 곳이 아닌가 하므로, 공자는 군자가 살고 있으니 어찌 그곳이 더럽겠는가 라고 한 것도 특히 그런 까닭이 있어서일 것이다."

여기서 '삼방'이란 중국에서 자기 나라를 중국 또는 중화라 하고 그 사방에 있는 나라를 일컫는 사이四夷 가운데 셋을 말하는데, 서쪽의 서융西戎, 남쪽의 남만南蠻, 북쪽의 북적北狄이 그것이다. 그리고 '구이'란 동쪽의 아홉 오랑캐를 가리키는 말로서, 전체적으로 기자가 다스린 조선을 미화시키고 있음을 알 수 있다.

그런가 하면, 조선과 관련된 서술에서도 기자와 연관지으려는 흔적이 역력하다. 즉, 『사기』나 『한서』는 위만조선 이전의 조선 상황을 전하면서 그냥 '조선'이란 표현으로 간략하게 기술하지만, 한나라 이후에 편찬된 사서에서는 한결같이 기자와 관련시켜 서술하고 있는 것이다.

가령, 『사기』와 『한서』 조선전에는 연나라가 조선을 침략하여 복속시켰다거나 위만이 조선을 복속시켰다는 등 간단하게 기록되어 있지만, 『후한서』 동이열전은 "일찍이 (주나라) 무왕이 기자를 조선에 봉하니… 그 뒤 40여대가 지나 조선후 준에 이르러 스스로 왕이라 칭했다" 라고 하여, 조선을 기자와 관련시켜 서술하고 있다. 또 『후한서』 지리지에는 조선의 순후한 풍습은 기자가 팔조법금으로써 교화시킨 결과라고 단정짓고 있다.

일연이 삼국유사를 저술했던 경북 군위 화산의 인각사

결국 역사적으로 조작된 사건들이 모두 그러하듯이, 기자 동래설에 관한 중국의 기록 역시 예외가 아니었다. 처음에는 다소 어수룩하고 불완전했지만 세월이 흐를수록 그 내용이 한층 세련되고 풍부해지는 쪽으로 윤색되면서 마침내 완결된 구조를 갖추는 양상을 보였다.

중국 뒤쫓는 이 땅의 소중화주의자들

문제는 이러한 중국 중화주의자들의 왜곡되고 조작된 기자동래설을 우리 선조들이 무비판적으로 받아들였고, 특히 고려시대 이후 소중화주의자들에 의해 우리 역사의 기본적인 뼈대로 자리잡고 있었다는 사실이다.

고려시대 때, 중국의 기자 관련 사실을 얼마나 액면 그대로 받아들이고 신봉했는가는 김부식이 편찬한 『삼국사기』

한국사는 없다 | 49

잡지雜志 제사조祭祀條의 기록이 단적으로 보여준다.

그는 중국의 『신당서新唐書』를 인용하여 고구려 습속에 음사淫祀가 많다고 하면서 '영성신靈星神, 일신日神, 기자신, 가한신可汗神 등을 섬긴다'고 적고 있다. 그러나 똑같은 내용을 기록한 『구당서舊唐書』 동이열전 고구려조에는 섬기는 신의 순서가 '영성신, 일신, 가한신, 기자신'으로 되어 있다. 즉, 김부식은 기자신을 가한신의 앞에 둔 자료를 선택한 셈이다.

어느 쪽의 주장이 옳을까. 말할 나위도 없이 가한신이 기자신의 앞에 있어야 한다. 1122년(고려 인종 6) 고려에 사신으로 온 송나라 서긍의 저서 『선화봉사고려도경』 건국조를 보면, '가한'은 군장의 칭호라 했다. 다시 말하면, 가한신은 고구려의 시조신이고 기자신은 평양의 지역신이다. 고구려에서 천신인 영성신과 일신 다음으로 지역신인 기자신보다 국가의 시조신인 가한신을 더 존중했을 것은 너무나 당연한 일이다. 더욱이 기자신은 고구려가 평양으로 천도한 뒤, 기자의 후손임을 자처하던 평양의 유력 세력을 포섭할 목적으로 뒤늦게 국가 제사에 포함된 대상이다.

결국 김부식이 『삼국사기』에서 정보를 있는 그대로 수록한 것으로 평가되는 『구당서』 기록을 인용해야 할 터인데, 사대 등 명분론에 입각하여 편찬된 『신당서』를 인용했다는 것은 소중화의식에 깊이 물들어 있음을 단적으로 드러내는 것이 아닐 수 없다. 기자가 주나라 왕실의 봉함을 받은 뒤부터 우리 역사가 시작되었다고 한 것도 같은 맥락일 것이다.

이렇듯 소중화주의자들의 기자조선 인식은 어디서 비롯된 것일까. 그것은 분명 기자가 예의와 농상農桑을 가르치

구당서·신당서 중국 당나라의 정사. 후진後晉 때 재상 유구 등이 착수하여 945년 장소원이 완성한 200권을 『구당서』, 그리고 1060년경 송나라 인종의 명을 받아 다시 구양수, 송기 등이 편찬·출간한 225권을 『신당서』라 한다.

영성신 10월 동맹東盟에 이 신에 제사를 지낸 기록이 있다. 조선시대에도 입추 뒤의 진일辰日에 제사를 지냈다.

고 팔조법금을 실시하여 공자가 살고 싶어할 만큼의 문명국가를 만들었다는 중국 중화주의자들의 기록을 자랑스럽게 여겼기 때문일 것이다. 중국과 우리나라는 기자이래 문화적으로 한 집안을 이루었으므로 결코 다른 나라가 아니다. 그러므로 우리의 문화 수준은 중국에 비해 결코 뒤지지 않는다는 생각이 밑바닥에 깔려 있었을 것이다. 기자를 신앙적 차원에서 숭앙심의 대상으로 삼은 것도 이 때문일 것이다.

봇물 터진 조선시대의 기자 바람

1102년(고려 숙종 7) 평양에 기자사당이 세워졌고 국가에서 공식적으로 여기에 제사를 지냈다. 이어 평양성 밖 기림리에 기자묘를 설정했고, 1178년(명종 8)에는 이 기자묘에 유향전油香田 50결을 배당하기도 했다.

조선시대에 이르러 기자동래설은 더욱 틀림없는 사실로 받아들여졌고 더욱 존숭의 대상이 되었다. 우선 국호부터 '기자의 고국故國'이라 하여 조선으로 택했는데, 정도전의 『조선경국전』은 기자조선 계승자로서의 처지를 천명하면서 기자가 주나라 왕실에 의해 조선후에 봉해진 점, 그리고 홍범과 팔조법금을 보급하여 그 문화적 업적이 뛰어났다는 점을 거론하고 있다.

이러한 인식은 15세기에 편찬된 『동국세년가東國世年歌』, 『응제시주應制詩註』,『삼국사절요』,『동국통감』 등에도 그대로 반영되어 있다. 그러다가 성리학을 제외한 모든 사상을 이단으로 배격하는 사림파가 정권을 장악한 16세기 후반 이후부터 더욱 고조되고 심화되어 갔다. 단순히 조선땅에 왔

기자묘 1102년(숙종 2)에 분형墳形을 찾아 제사를 지냈다. 묘 앞에 정자각과 중수기적비가 있다. 그러나 중국『사기』송세가 두예조杜預條의 주에는 중국 하남성 양국몽현梁國蒙縣에 기자총箕子塚이 있었다는 기록이 있어 그 허구성을 뒷받침하고 있다.

다는 점을 강조하는데 그치지 않고 조선에서의 그의 치적을 강조하는 경향을 보여주면서 기자와 관련된 저서의 출간 붐이 일어났다.

학자이자 정치가인 윤두수尹斗壽는 명나라에 사은사로 갔을 때, 기자에 대해 많은 질문을 받았으나 충분한 답변을 하지 못하고 돌아온 것을 후회하여 1580년(선조 13) 기자에 관계된 중국과 우리 문헌을 모아 『기자지箕子志』를 편찬했다. 1년 뒤, 해동공자라 불리는 이이李珥는 『기자지』가 잡다한 자료를 일정한 체계 없이 늘어놓아 기자에 대해 일목요연하게 살필 수 없다고 하면서, 기자조선을 체계적으로 인식시키기 위한 『기자실기箕子實紀』를 편찬했다. 여기에는 기자의 건국과 그 멸망에 이르는 과정, 기자조선의 세계世系와 역년歷年이 개괄적으로 서술되어 있다.

조선 후기에 들어와서는 문장가로 이름난 이가환李家煥과 이의준李義駿이 1790년(정조 14) 기자의 정전제에 관한 몇 사람의 연구를 모아 『기전고箕田考』를 편찬했다. 여기에는 실학자 한백겸韓百謙이 1607년에 그린 '기전도箕田圖'와

윤두수 조선 중기의 문신(1533 ~1601). 1577년(선조 10)에 명나라에 다녀와서 『기자지』를 편찬했고, 평안도관찰사로 있던 1590년에 『평양지』를 편찬하면서 증보(9권3책)했다.

이가환 정조로부터 정학사貞學士라 호칭될 만큼 대학자였으며, 특히 수학과 천문학에 정통했다. 초기에 천주교인을 탄압했다가 신유교난에 이승훈과 함께 순교했다(1742~1801).

기자의 치적을 강조하는 저술들. 왼쪽부터 구암문고의 기자정전, 윤두수의 기자지, 정인기의 기자지

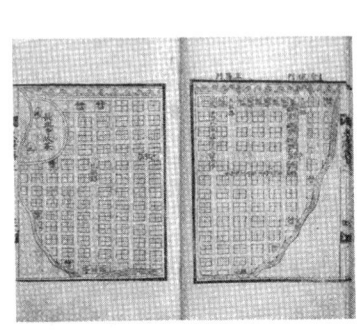

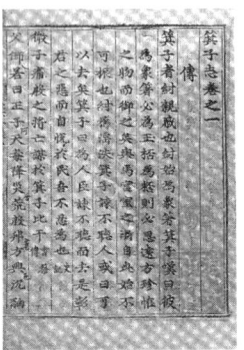

서명응 역학易學에 정통한 실학의 대가. 북학파北學派의 비조로 불린다(1716~1787). 그가 1776년에 편찬한 『기자외기』는 3권1책. 목판본.

글 '기전설箕田說'이 수록되어 있다. 이어, 서명응徐命膺은 기자가 조선땅에 들어온 이래의 사적을 적은 『기자외기箕子外紀』를 저술했다.

마침내 혈통까지도 연결시켜

민간 차원에서도 기자존숭 운동이 전개되기는 마찬가지였다. 1756년(영조 32) 3월, 전국 유생들이 평양뿐만 아니라 서울과 각 도에 기자묘를 세워 기자를 영원토록 숭봉하자는 상소를 올리기도 했다. 또 앞서 언급한 평양의 기자사당 외에 평양의 인현서원 등 기자를 제향하는 곳이 많았는데, 그 중에서도 평안도 용강의 황룡산성과 성천 백령산에는 기자만을 제향하는 기자영전이 있을 정도였다.

용강에 있는 것은 1721년(경종 1)에 창건되어 1725년(영조

인현서원 1576년(선조 9)에 지방유림이 창건한 기자영전. 1608년(선조 41)에 '인현'이라 사액되어 선현배향과 지방교육의 일익을 담당했다. 1871년 대원군의 서원철폐령으로 훼철되었다.

오른쪽 사진은 1612년 광해군으로부터 숭인전이란 사액을 받은 평양의 기자사당. 아래 사진은 1930년대의 모습.

우리 역사에서 평양은 소중화주의자들의 기자 존숭 중심지였다. 사진은 1890년에 찍은 평양의 기자정.

1)에 사액을 받았고, 성천에 있는 것은 1700년(숙종 26)에 창건되어 1717년에 사액을 받았다. 이에 앞서 평양의 기자사당은 1612년(광해군 4) 그 칭호를 '숭인전崇仁殿'으로 사액하면서 선우식이란 사람을 기자의 후손이라 하여 정6품의 숭인감에 임명하고 그 직을 세습하게 했다.

숭인감의 세습은 1627년(인조 5) 정묘호란 이후에는 평안감사가 선우씨 가운데 추천하여 임명하는 것으로 바뀌었다.

한편, 기자는 특정 가문의 시조로 받들어지기도 했다. 청주한씨, 행주기씨, 태원선우씨의 족보에 기자가 시조로 되어 있는데, 국가에서도 이들 가문을 기자 후손으로 인정하고 군역을 면제하는 특권까지 부여하기도 했다. 말하자면 기자조선은 이제 혈통적으로도 조선과 연결고리를 갖게 된 셈이다.

기자 숭배는 대한제국 성립을 전후하여 그 절정에 이르렀다. 기자를 '태조문성왕太祖文聖王'이라 존칭하는 한편, 그의 치적은 물론, 기자조선 역대 왕의 왕명과 재위 연대, 그리고 그들의 치적을 상세하게 서술한 역사서를 펴내기도 했다. 그나마 다행인 것은 중국과의 관계에서 자주성을 강조하기 위해 기자가 주나라 무왕의 봉함을 받은 것을 배제하고 백성들이 추대하였다는 식으로 해석한 경향이 있었다는 점이다. 아마도 기자를 중흥의 군주로 강조하기 위한 고육지책이었을 것이다.

이렇듯 16세기 이후 사림계 학자들이 기자의 정통성을 강조하고, 그를 명분과 의리의 구현자, 조선 도학의 시조, 왕도정치의 실천자, 그리고 공자·맹자·주자와 같은 성현의 반열에 올려놓은 배경은 무엇일까.

그들에게는 만주족이 세운 청나라가 중원을 지배하면서 중국에서는 중화국가가 사라졌지만 조선은 주자정통론에 근거하여 오히려 문명국을 대표하는 소중화 국가가 되었다는 자부심이 짙게 깔려 있었을 것이다. 따라서 '기자조선=소중화'라는 등식은 조선 후기의 소중화주의자들에게는 자신의 존재를 확인해주는 소중한 인식이었을 것이다.

중국 자료에 의존하는 학계의 문제점

현재 우리 학계에서는 기자동래설을 둘러싸고 여러 학설들이 제시되고 있다. 주류 역사학자들은 대체로 기자동래설을 부정하고 있는데, 그 근거로 제시하고 있는 견해도

오른쪽 사진은 조선시대에 중국의 사신을 맞아들였던 모화관 앞에 세워졌던 영은문. 개화기에 독립문이 세워지면서 헐어버리고 주초만 남았다.

각양각색이다.

기자가 조선으로 왔다는 시기는 황하 유역과 고조선 사이에 많은 종족들이 거주하고 있어서 손쉽게 왕래할 수 없을 것이라는 상황론적 측면을 비롯하여, 기자가 동쪽으로 왔다는 기록이 한나라 이후의 문헌에만 보이고 그 이전의 문헌에는 전혀 보이지 않는다는 문헌기록상의 문제를 제기하기도 한다. 또 기자가 옴으로써 조선에서 지배세력의 교체가 있었다면 당연히 은나라와 주나라 계통의 청동기 문화가 한반도에 유입된 흔적이 있어야 하는데, 그런 흔적이 전혀 발견되고 있지 않다는 고고학적 측면을 중시하는 학자들도 있다. 반면에 기자동래설을 긍정적으로 받아들이는 학자들도 적지 않다.

그 어떤 입장을 강조하든, 문제는 이들 학설이 대부분 중국측의 문헌기록을 그대로 믿고 따른다는 점이다. 물론 그 기록들은 지금까지 살펴본 것처럼 한나라 이후 중국 중화주의자들이 왜곡시키고 조작한 사료들이다. 말하자면 기자에 대한 우리의 인식은 사실이 아니라 중화주의자들이 만들어낸 허상을 근거로 하고 있는 것이다.

현재 고조선에 대해 파악하고 있는 정확한 정보는 극히 미미하다. 서기전 4세기 후반경, 이른바 전국시대의 7국 중 하나인 연나라와 대적할 정도로 중국 동북지방의 유력세력으로 성장했다가 서기전 3세기경 연나라의 침입을 받아 그 세력이 위축되었다는 점, 그리고 서기전 194년 연나라 출신 위만에게 멸망하고 말았다는 정도이다.

그런데 현재까지 고조선에 대한 연구는 한대 이후 중국 중화주의자들이 조작한 기자와 관련된 자료를 토대로 이루

중국 전국시대(서기전 5~3세기)의 7국은 동쪽의 제齊, 남쪽의 초楚, 서쪽의 진秦, 북쪽의 연燕, 중앙의 위魏·한韓·조趙를 가리킨다. 서기전 221년 진시황의 통일로 끝났다.

어져 있다. 국사편찬위원회에서 총 60권으로 편찬하고 있는 『한국사』 제4권의 한 대목이 그것을 반증한다.

"고조선으로 지칭되는 우리 역사 최초의 정치체는 기본적으로 단군조선, 기자조선, 위만조선 등으로 구별되는 정치체를 포함하고 있는 사회로서, 이들의 사회적 수준을 어떻게 규정하느냐 하는 문제가 하나의 논란거리이다.… 우리나라의 국가 기원 및 형성 문제에 관한 논의는 이른바 기자조선과 관련된 자료를 근거로 하여 이루어지고 있다."

결론적으로 지금까지 연구된 우리 학계의 고조선상은 사상누각에 지나지 않는다. 그런데도 주류학계는 실증사학을 표방하면서 엄격한 사료 비판은 도외시한 채 중화주의자들의 조작된 정보 등을 토대로 고조선상을 만들어 내고 그것을 일반인에게 유포하고 있다.

임나일본부는 가야의 왜 통제기관

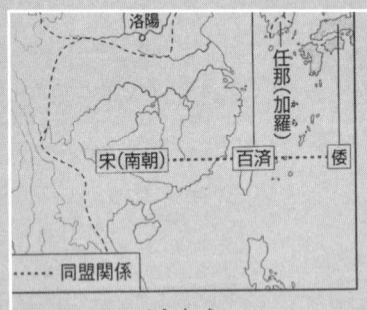
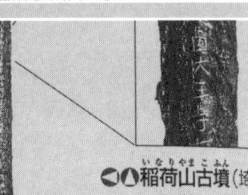

"임나일본부설은 한국과 일본의 50년간의 역사연구 결과, 인정할 수 없는 학설이다. 그러므로 중학교 역사교과서에 '바다를 건너 조선으로 출병… 임나라는 곳에 거점을 둔' '고구려는… 백제와 임나를 지반으로 한 일본군의 저항에 의해' '임나로부터 철퇴하여 한반도 정책에 실패한 야마토 조정' 등이란 표현은 고쳐져야 한다."

이 글은 최근 전 세계로부터 비난의 화살이 집중되고 있는 일본의 후소샤판 중학교 역사교과서 왜곡, 그 중에서도 첫 번째로 등장하는 임나일본부설任那日本府說에 대해 우리 정부가 내세운 수정 요구사항이다.

일본은 왜 임나일본부에 집착할까

이에 대해 일본 정부는 "일본 학계에서 임나일본부설의 존재를 지지하고 있지 않다"고 전제하면서도 "어떤 형태로든 가야제국에 대해 왜倭의 영향력은 있었다" "4~5세기경 왜가 백제와 연합하여 고구려와 싸웠다"고 주장하고 있다. 그리고 '임나일본부'를 명기하지 않았고, 또 '거점을 둔 것으로 여겨진다'고 기술하는 등 단정적인 표현을 사용하지 않았으므로 오류가 아니라고 우기고 있다.

실제로 일본 학계에서도 1970년대 이후 임나일본부설에 대한 재검토가 이루어지고 있다. 오랫동안 일본 고대사 연구자들 사이에 정설로 인식되어 왔지만, 1960년대 이후 우리 학계의 반론 제기에 따라 비판받고 수정되면서 이제는 학설로서의 생명을 거의 잃은 상태이다.

그 대신, 임나일본부가 가야 지역에 있던 왜국계 주민의

왼쪽 사진은 후소샤판 중학교 역사교과서의 고대사 부분

에도시대 1603년 도쿠가와 이에야스德川家康가 에도江戶지방에 수립한 정권. 1867년까지 265년간 존속했다.

고사기 712년 편찬된 역사서. 신화와 전설을 비롯, 스이코推古천황 통치시대(628)까지의 역사를 수록하고 있다.

자치기관이라는 견해를 비롯하여 가야와 왜의 외교 교섭을 맡은 기관, 왜가 설치한 상업적 목적의 교역기관 등 다양한 주장이 제시되고 있다.

언뜻 보면, 일본은 4세기 중엽에 가야 지역을 군사 정벌하여 임나일본부라는 통치기관을 설치하고 6세기 중엽까지 한반도 남부를 경영했다는 당초의 주장에서 상당히 후퇴한 모습을 보여준다. 그러나 '통치했다'는 단어를 쓰지 않았을 뿐, 한반도 남부에 대한 정치·군사적 영향력을 행사했음을 내세운다는 점에서, 본질은 전혀 달라진 것이 아니다. 다시 말해서, 그들은 고대 일본의 한반도 남부에 대한 영향력 행사라는 사실만 훼손되지 않는다면, 임나일본부가 통치기관이었든 아니든, 또 실제로 존재했든 안 했든 문제가 되지 않는다는 식이다.

일본은 왜 이토록 임나일본부에 집착하는 것일까.

고대 일본이 한반도 남부를 지배했다는 견해는 오래 전부터 일본 지식인들의 의식 속에 자리잡고 있었다. 이미 에도시대江戶時代부터 『고사기古事記』『일본서기日本書紀』 등을 연구하는 학자들 사이에서는 일본이 고대에 조선을 지배했다는 주장이 공공연하게 제시되어 왔다. 그러다가 19세기 후반에 서구 열강의 위협을 벗어나기 위한 돌파구로 정한론征韓論이 대두되면서 이 주장은 더욱 설득력을 갖기 시작했다.

일본 군국주의자들은 근대화 추진과정에서 인적·물적 자원을 확보하기 위한 수단으로 한국을 식민지로 삼아야 한다고 생각했

일본의 역사왜곡 실태를 단적으로 드러내주는 후소샤판 중학교 역사교과서

정한론 메이지시대에 요시다 吉田松陰, 사이고 西鄕隆盛, 기도 木戶孝允 등에 의해 주장된 조선침략론. 당시 조선에 관한 관심이 비약적으로 증대되어 조선 관계 서적이 547권, 조선지도가 30종 이상 출간되었다.

다. 이것이 이른바 정한론이었고, 그 역사적 근거가 바로 임나일본부였던 것이다.

일반적으로 한 민족이 다른 민족을 점령할 때 군사력만 있으면 얼마든지 가능하다. 하지만 피정복민의 저항 의지를 원초적으로 빼앗으려면 그들을 세뇌시켜 정복 자체를 심리적으로 받아들이도록 만들어야 한다. 그래야만 저항정신을 말살할 수 있는 것이다. 그리고 이럴 때에 흔히 사용되는 도구가 다름 아닌 역사이다.

결국 임나일본부설은 일제의 한반도 강점을 정당화해 주는 역사적 장치로 작용했고, 오늘날까지도 일본의 역사교과서에 버젓이 수록되어 있다. 그것이 직접 지배설이든, 자치기관설, 외교기관설, 교역기관설 등 간접 지배설이든 그 정도 차이는 있지만.

스에마쓰의 임나일본부설

일본이 주장해온 임나일본부설의 기본 골격부터 살펴보자. 오늘날 일본 학계가 제시한 다양한 학설들은 모두 여기에 그 뿌리를 두고 있기 때문이다.

임나일본부설을 처음으로 집대성한 인물은 스에마쓰 末松保和였다. 1933년부터 『대일본사』의 편찬 일환으로 '일한 日韓 관계'를 연구하던 그는 1949년 『임나흥망사 任那興亡史』라는 책을 펴내면서 임나일본부설을 집대성시켰다.

그가 이 학설을 주장하면서 가장 먼저 내세운 근거는 8세기 초에 편찬된 『일본서기』였다. 『일본서기』 진쿠기 神功紀 49년조(369)를 근거로, 진쿠황후가 황전별, 녹아별 등을 보

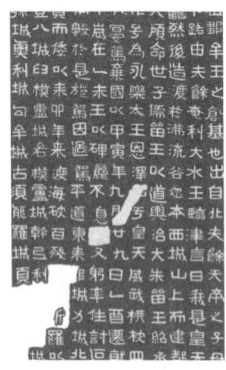

스에마쓰가 임나일본부설의 근거로 제시한 광개토대왕비문의 '신묘년 기사' 부분. 조작되었다는 의혹 못지 않게 중요한 핵심은 '왜'의 실체이다. 사진은 사카와 酒勾景信의 쌍구가묵본雙勾加黑本.

송서 488년 남제 무제의 명에 따라 양나라 사람 심약沈約이 편찬한 중국 남조시대 송나라 (420~478)의 정사. 100권.

냈는데, 이들은 백제 장수 등과 함께 신라를 공격하여 비자벌, 남가라, 록, 안라, 다라, 탁순, 가라 등 가야 지역의 7국을 평정했고, 그 이전에도 진쿠황후의 삼한 정복이 기록되어 있다는 것이다. 당시 왜는 경상도 대부분을 평정하고 전라도와 충남 일부를 귀복시켰으며, 남부 지역인 임나에 일본부를 설치하여 직접 지배하기 시작했고, 562년 고령의 대가야가 신라에 멸망할 때까지 백제와 신라에 영향력을 행사했다는 것이다.

다음으로 제시한 근거는 광개토대왕비문이었다. 비문에 적힌 '而倭以辛卯年來 渡口破百殘 口口新羅 以爲臣民'이라는 구절을 '왜가 바다를 건너와 백제와 임나(가라), 신라 등을 격파하고 신민으로 삼았다'고 해석하여, 당시 왜의 한반도 남부 지배를 확인해 주는 결정적인 증거라는 것이다. 광개토대왕비문은 당대의 사실을 기록한 1차 자료이고 고구려라는 제3자 입장에서 쓰여진 자료라는 점에서 『일본서기』보다 더 신빙성이 있다고 주장했다.

또 중국 육조六朝시대 송나라의 정사인 『송서宋書』 왜국전의 '왜왕 책봉' 기록을 근거로 삼아, 일본은 5세기에 외교적 수단으로 왜, 신라, 임나, 가라에 대한 영유권을 중국 남조로부터 인정받았다고 했다.

기록을 보면, 왜왕이 '도독왜·백제·신라·임나·진한·모한제군사都督倭百濟新羅任那秦韓慕韓諸軍事'라는 관작을 인정해 줄 것을 요청했고, 송나라와 양나라에서는 백제를 제외한 나머지 지역에 대한 왜의 지배권을 인정하는 칭호를 내린 것으로 되어 있다. 이처럼 제3국인 중국측 사서에도 왜의 한반도 중남부 지배를 반영하는 기록이 있으므로 임나일

칠지도 일본 나라현 덴리시 이소노카미신궁에 있는 철제 칼의 일종. 정식명칭은 태화사년명칠지도泰和四年銘七支刀이다. 몸체 전후면에 60여 자의 명문이 새겨져 있다. 대체로 상위자가 하위자에게 말하는 형식을 취하고 있다. 제작연대를 고려하면 백제 근초고왕 때 왜왕에게 전해진 것으로 추정된다.

본부설은 추호도 의심할 여지가 없다는 것이다. 이밖에 그는 이소노카미신궁石上神宮에 소장된 칠지도七枝刀까지도 왜의 군사적 우세와 한반도 남부 지배를 인정한 백제가 야마토 조정에 바친 것으로 해석하여 임나일본부를 합리화했다.

우리의 대응 수준

일본의 임나일본부설에 대한 우리 학계의 반응은 어떠했을까. 안타깝게도 국내 학계에서는 스에마쓰의 임나일본부설을 금기시하여 외면해 오다가 1970년대 후반에 들어와서 비로소 문제를 제기하기 시작했다. 반면에 북한 학계에서는 1963년 사학자 김석형金錫亨이 '력사과학'이란 학술지에 '삼한·삼국의 일본열도 내 분국分國에 대하여' 라는 논문을 발표했고, 이어 『초기 조일관계사』를 출간하면서 일본의 임나일본부설을 반박했다.

'력사과학'은 북한의 사회과학원 역사연구소에서 발행하는 학술잡지. 김석형(1915~1996)이 경성제대에 재학 중일 때 임나일본부설을 집대성한 스에마쓰는 경성제대 법문학부 사학과 교수였다.

그는 『일본서기』에 기록된 한반도 관련 사건은 실제로 한반도 내의 여러 나라와 야마토 조정 사이에 벌어진 일이 아

한국사는 없다 | 63

나라고 했다. 그것은 한반도에서 일본열도로 건너간 이주민들에 의해 세워진 이른바 '삼한·삼국의 분국'들과 야마토 조정이 일본열도 안에서 벌인 사건이라는 것이다. 임나일본부 역시 일본열도 내의 가야계 분국인 임나국에 설치한 것이며 한반도 남부에 설치된 것은 아니라고 주장했다.

한마디로 그의 주장은 임나일본부설을 전면 부정하는데 그치지 않고, 한반도 본국과 연계를 가진 분국들이 일본열도를 지배했다는 정반대 논리였다. 그러나 '분국설'로 불리는 그의 주장은 일본의 논리를 정반대로 해석했다는 점에서 충격을 주었지만 그 파격성만큼 근거 제시가 불분명하여 학계의 주목을 끌지 못했다.

남한에서 이 문제를 처음으로 제기한 사람은 천관우千寬宇였다. 그는 1977년 '문학과 지성'에 기고한 논문을 통해 『일본서기』의 임나 관련 기록은 그 주체가 야마토 조정이 아닌 백제라고 주장했다. 백제가 멸망한 뒤, 일본으로 건너간 백제 유민들에 의해 『일본서기』가 편찬되면서, 원래 백제가 주체로 되어 있던 기사들이 왜가 주체로 된 기사로 바뀌었다는 것이다. 그리고 임나일본부는 백제가 가야 지역의 통치를 위해 설치한 '파견군사령부'와 같은 것으로, 고대 일본은 한반도 남부와 아무런 관계가 없다는 것이다.

다시 말해서, 그는 『일본서기』에 나오는 임나관계 기사의 주어를 왜왕이 아닌 백제왕으로 고쳐 읽음으로써 '왜의 임나 지배'가 아닌 '백제의 가야 지배'라는 시각으로 가야사를 복원하고자 했다.

이처럼 남북한 학계에서 임나일본부설에 반론을 제기하자, 일본 역사학계는 스에마쓰의 학설을 보완한 갖가지 견

임나일본부설에 대한 일본인 역사학자들의 근래 연구동향을 보면, 『일본서기』의 5세기 이전 사료의 신빙성을 부인함으로써 임나일본부의 성립 시기를 6세기 전반으로 보고, 임나일본부의 존재이유를 왜의 군사적 지배에서 구하기보다 백제·신라의 압력으로부터 벗어나려는 가야제국의 자주적 의지에서 구하려는 경향을 보이고 있다.

해들을 내놓았다. 가령, 이노우에井上秀雄는 왜인으로 칭하는 임나의 지방호족이 일본의 중앙귀족이나 지방 호족과 관계를 가진 것에 의해 그 세력을 확대한 것이며 그들은 백제, 신라의 접촉지대에 있던 일본부의 군현을 통치했다고 하여 임나일본부를 왜국계 주민의 자치기관이라는 견해를 제시했다.

요시다吉田晶는 6세기 전반의 기나이畿內 세력은 국가형성의 주체세력으로 한반도의 선진 문물을 독점하기 위해 임나에 사신을 파견했는데, 일본부는 왜 왕권에서 파견된 관인과 가라제국의 한기층으로 구성된 회의체로서 상호간의 외교 등 주요 사항을 논의했다고 했다.

이밖에 왜가 설치한 상업적 목적의 교역기관, 가야제국의 독립을 유지하기 위해 가야제국의 왕과 야마토 조정에서 파견된 관인들이 구성한 일종의 합의체 기관 등을 주장하는 학자들도 있다.

이들의 견해를 종합하면, 스에마쓰가 처음 주장했던 임나일본부설과 상당한 차이가 있음은 사실이다. 그러나 우리가 간과하지 말아야 할 점은 임나일본부설의 저변에 깔려 있는 인식의 기본틀, 즉 '고대 일본이 한반도에 군사적으로 진출하여 한반도 남부의 여러 나라에 강한 정치적 영향력을 미쳤다'는 입장에는 아무런 변화가 없다는 점이다.

그들은 『일본서기』의 사료로서의 신빙성에 일부 문제를 제기하면서도 광개토대왕비문을 비롯한 한국측의 기록에 분명 '왜병'이란 존재가 등장하는 만큼, 고대 일본이 한반도 남부 지역에 대해 강력한 정치적·군사적 영향력을 가졌음은 역사적 사실이라고 주장한다.

이렇듯 일본의 '변형된 임나일본부설'에 대해 우리 학계의 대응은 분명하지만, 그것은 연구성과를 축적하여 그 결과를 토대로 하는 학술적인 차원에서 접근한 것이 아니라 다분히 민족주의적 감정 차원에서 다루어지고 있는 실정이다. 임나일본부설 자체가 허구인데, 더 이상 논할 필요가 없다는 식이다. 예컨대, 광개토대왕비문에 등장하는 신묘년 기사, 즉 4세기 후반에 일본열도에는 그러한 대규모 정복전쟁을 수행할 만한 정치세력 자체가 없었다는 것이 주요한 논거이다.

왜는 한반도 남부에 있었다

그렇다면 『일본서기』에 기록된 '임나일본부'라는 단어를 어떻게 해석해야 할까. 『일본서기』에서는 '임나'를 '미마나 mima-na'로 읽는데, 좁은 의미로는 김해를 가리키고 넓은 의미로는 가야 전체를 가리키는 용어로 사용되고 있다. 하지만 김해의 금관국을 가리키는 경우는 드물고 대부분 넓은 의미로 사용되고 있다. 따라서 임나일본부란 임나라는 지역에 설치된 일본의 관부官府를 뜻하게 된다.

『일본서기』에서 '임나'라는 단어는 무려 2백15회나 등장하고 '일본부'라는 용어 역시 35회로 빈번하게 나타난다. 특히 '임나일본부'라는 단어는 5회 나오는데, 긴메이기欽明紀 2년(541) 4월조와 7월조에 각각 두 번씩, 그리고 5년(544) 11월조에 한 번 등장한다.

우리의 기록에서도 '임나'라는 단어가 등장한다. 『삼국사기』 열전 강수전을 보면, 신라 문무왕 때의 문장가인 강수強

강수 태종 무열왕이 즉위하고 당나라 사신이 가져온 국서에 알기 어려운 대목이 있었다. 강수가 이를 막힘없이 해석하자 왕이 감탄하여 성명을 물었다. 이에 "신은 본래 임나가라 사람으로 이름은 우두牛頭입니다"라고 답했다고 한다.

首가 본래 임나가량任那加良 출신이었다고 적혀 있다. 또 광개토대왕비문에 '임나가라'라는 단어가 있고, 923년(경명왕 8)에 신라 경명왕의 명으로 세워진 진경대사탑비문眞鏡大師塔碑文에 '임나'라는 단어가 쓰여져 있다. 그러나 진경대사탑비문의 임나가 금관가야를 지칭한다는 것 외에는 구체적으로 어디를 가리키는가에 대해 학계의 견해가 일치되어 있지 않다.

반면에 '임나일본부'라는 용어는 전혀 보이지 않는다. 따라서 한때 학자들은 이에 근거하여 임나일본부설을 전면 부정하기도 했다. 하지만 그것은 학문적으로 결코 바람직한 태도라고 할 수 없다. 왜냐하면 우리측 기록인 『삼국사기』는 삼국을 중심으로 한 역사서이므로 가야(임나)에 대한 기록이 당연히 적을 수밖에 없기 때문이다.

이제 왜의 실체를 살펴보자. 앞서 언급했듯이, 『일본서기』 진쿠황후 49년 3월조에는 왜가 가야 지역을 정벌했다는 기록이 있으므로 왜의 실체를 밝히는 것이 선결과제이다.

일반적으로 임나일본부설의 주 근거사료인 『일본서기』는 8세기 초에 일본 왕가를 미화하기 위해 편찬된 책으로, 편찬과정에서 상당한 조작이 가해졌던 것으로 평가된다. 그 과장과 왜곡은 일본 학계에서조차 인정할 정도이다. 그러나 왜가 가야 지역을 정복했다는 기록은 광개토대왕비문에도 적혀 있다.

광개토대왕비문을 보면, 서기 400년(영락 9) 왜가 임나가야를 비롯한 가야 지역과 신라 영토까지 점령했고, 이를 물리치기 위해 광개토대왕이 5만여 명의 군사를 직접 거느리고 출정한 것으로 기록되어 있다. 이처럼 광개토대왕이 직

자장 당나라에서 7년만에 신라로 돌아오자 선덕여왕은 그를 분황사에 머무르게 하고 대국통大國統으로 임명했다. 이어 645년 황룡사에 9층탑을 세우고 그 절의 제2대 주지로 취임했다.

접 군대를 거느리고 싸울 정도였다면 왜의 세력 역시 만만치 않았을 것이다.

그들이 살던 지역은 어디였을까. 필자는 최근 몇 년간의 연구를 통해 한반도 왜의 중심지가 전남 나주 일대였음을 확인한 바 있다. 다시 말해서, 이 시기에 왜는 일본열도만이 아니라 한반도 남부에도 분명히 존재했던 것이다. 왜의 실체에 대해서는 다음(광개토왕비문의 왜는 한반도 남부 세력)에서 상세하게 언급하기로 한다.

아무튼 왜는 고구려 광개토대왕과의 싸움에서 패했고, 4년 후에 다시 고구려의 대방 지역을 공격해 보지만 또 실패했다. 그 뒤, 그 세력이 급격히 위축되었고, 마침내 5세기의 어느 시점에 일본열도로 건너간 것으로 추정된다. 물론 그 일부 세력은 여전히 가야 지역을 비롯한 한반도 남부에 계속 머물렀다. 『삼국유사』 황룡사9층석탑조를 보면, 636년(신라 선덕여왕 5) 고승 자장慈藏이 증언한 내용 가운데 "우리나라는 북으로 말갈과 연連하고, 남으로 왜인과 접接해 있다"는 기록이 있기 때문이다.

한반도에 남은 왜 세력은 일본열도로 건너간 주도세력과 계속 밀접한 관계를 유지하고 있었다. 『일본서기』를 보면, '임나'라는 용어가 2백15회 등장하고, 그 중 왜 정권과 임나관계 기사가 무려 68회에 달한다. 왜와 임나가 얼마나 밀접한 관계를 맺고 있었는지를 보여주는 단적인 사례이다.

광개토대왕비는 1982년 새로 건립된 비각 안에 있다.

더욱이 서기 562년 임나가 멸망하자, 긴메이기 천왕은 신라에 대한 적개심을 나타내면서 임나 부흥을 유언했고, 이어 비다츠敏達, 숭준崇峻, 스이코推古 천왕 역시 잇달아 임나의 부흥을 명령한 사실이 『일본서기』에 기록되어 있다.

일본열도의 왜 세력이 이토록 집요하게 임나의 부흥을 꾀한 이유는 무엇일까. 그것은 임나, 즉 가야 지역이 그들의 고토故土일 뿐만 아니라 지정학적으로도 한반도 남부 및 중국과의 문물교류에서 중요한 요충지이기 때문이리라. 지금도 이 지역이 동아시아 해상교통의 요지로 역할하고 있음을 보면, 당시 그들이 얼마나 이 지역을 탐냈는가는 짐작하기 어렵지 않다.

임나에 파견된 왜의 사신?

한편, 한반도에 잔존해 있던 왜 세력은 그 세력이 훨씬 약화된 상태로 버티다가 452년 가야에 의해 진압되고 말았다. 『삼국유사』 금관성파사석탑조金官城婆娑石塔條를 보면, "제8대 질지왕 2년(452) 임진에 이 땅에 절을 설치하고 또 왕후사王后寺를 세워 지금까지 여기서 복을 받음과 동시에 남쪽의 왜까지 진압했다. 모두 이 나라 '본기'에 자세히 적혀 있다"라고 기록되어 있다.

가야는 한때 자신들을 지배했던 왜를 진압하고 나서 어떻게 했을까. 당연히 왜 세력을 통제할 기구가 필요했을 것이다. 그 기구가 바로 한일 역사학계의 최대 쟁점인 일본부이다. 『일본서기』 류라쿠기雄略記 8년조(464)의 기록을 보자.

"(신라왕이) 임나왕에게 사람을 보내 말하기를, 고구려왕

금관성파사석탑 경남 김해 호계사虎溪寺에 있었다고 하는 탑. 5층석탑. 금관국의 시조 수로왕의 부인 허황후가 바다를 건너 동쪽으로 가려 했을 때 수신水神의 노여움으로 가지 못하게 되자 부왕이 이 탑을 싣고 가게 했다고 전한다.

질지왕 금관가야의 제8대왕(재위 451~492). 즉위한 이듬해에 시조인 수로왕과 왕후 허황옥의 명복을 빌기 위해 그들이 처음 만난 자리에 왕후사라는 절을 지었다고 한다.

이 우리나라를 침략했다. 이때를 당하여… 나라의 위태로움이 누란의 위기보다 더하다.… 일본부의 행군원수 등에게 도움을 청한다고 했다. 이에 임나왕은 선신반구膳臣斑鳩, 길비신소리吉備臣小梨, 난파길토적목자難波吉土赤目子에 권하여 신라로 가서 도와주게 했다."

이 기록을 보면, 『일본서기』가 원사료 편찬과정에서 상당한 윤색을 가했기 때문에 표현에서의 문제는 있겠지만, 임나(가야)왕의 지시에 따라 일본부가 신라에 구원군을 보냈다는 사실만은 분명히 확인할 수 있다. 똑같은 사건을 다룬 『삼국사기』 신라본기 소지왕 3년조(481)에서는 신라 구원군을 왜병이 아닌 가야병으로 기록하고 있는데, 이는 왜를 가야의 예속집단으로 파악하고 있었기 때문일 것이다.

앞서 언급했듯이, '일본부'라는 용어는 『일본서기』에 모두 35회 등장한다. 하지만 류라쿠기 8년조를 제외하고는 모두 긴메이기 2년부터 15년(541~554) 사이의 기록들이다.

그런데 긴메이기에 나오는 관련 기록을 보면, 대부분 532년 신라에 멸망당한 금관국 등 남부 임나의 부흥 문제 등을 둘러싼 외교활동에 관한 것들이다. 더욱이 그 활동의 추세는 가야의 이해관계만을 대변하는 것으로 일관하고 있다. 반면에 왜가 가야제국에 대해 조세와 역역力役의 징수, 군사동원, 또는 정치적으로 통제했다는 점을 전혀 찾아 볼 수 없다. 즉, 일본부가 가야제국의 통제 하에 놓여 있음이 다시 한번 확인되는 것이다.

'일본부'라는 명칭도 6세기 중엽인 당시에 쓰여졌던 명칭이 아니었다. 일본부라는 명칭이 사용되던 시기는 7세기말 이후이다. 『일본서기』에 등장하는 그 용어는 645년 왜가 일본으로 국호를 바꾼 뒤에 가필되고 수정된 것이다.

그렇다면 일본식으로 해석해서 일본부의 실체는 무엇일까. 일본 최고의 일본서기 주석서인 『석일본기釋日本紀』를 보면 '임나일본부'를 일본음으로 '미마나노야마토노미코토모치'로 읽는다고 해놓고 '임나지왜재任那之倭宰'라는 주석을 달아놓고 있다. 여기서 '야마토'는 왜를 의미하며, '미코토모치'는 천황의 의지를 전달하는 사람, 즉 사신을 뜻한다. 즉, 임나일본부란 '임나에 파견된 왜의 사신'이란 의미가 된다. 『석일본기』가 782~1190년에 이르는 헤이안시대平安時代 이래 조정에서 행해졌던 『일본서기』에 대한 강독을 가마쿠라시대鎌倉時代(1190~1336) 말기에 집대성한 문헌이므로, 헤이안-가마쿠라시대의 해석으로 볼 때 '일본부'는 '왜의 사신'을 가리키는 말이 된다.

실제로 『일본서기』 긴메이기 15년(554) 12월조를 보면, 백제가 왜에 보낸 외교문서에 '안라일본부安羅日本府'를 '안라제왜신安羅諸倭臣'이라고 적고 있다. '안라제왜신'이란 글자를 풀이하면 안라에 있는 여러 왜신들이란 뜻이다. 『일본서기』의 기록 자체가 일본부란 왜의 사신이나 그 집단을 가리키는 표현임을 인정하고 있는 것이다.

가야 이익을 대변한 일본부

여기서 간과하지 말아야 할 점이 있다. 『일본서기』 편찬은 대체로 유력 씨족이 작성하여 제출한 가문 기록을 토대로 했다는 점이다. 이때 그들의 태도는 어떠했을까. 분명히 자신의 정치·사회적 지위를 보장받기 위해 조상들의 활동을 천황과 관련시키려고 애썼을 것이다. 한반도의 잔존 왜 세력의 후손들 역시 조상들의 업적이 천왕의 지시에 따라 이루어진 것처럼 꾸미려 했을 것이다. 다시 말하면, 『일본서기』는 천황과 전혀 관계가 없는데도 있는 것처럼 꾸밀 여지가 많은 것을 토대로 편찬된 것이다.

이번에는 『일본서기』 긴메이기에 기록된 일본부의 활동을 구체적으로 살펴보자.

가장 특이한 점은 그들이 왜왕의 명령이 아니라 독자적인 판단에 따라 활동해 왔다는 사실이다. 특히 왜 조정과의 예속관계를 나타내는 구절은 한 군데도 눈에 띄지 않는다. 일본 학계의 주장대로 임나일본부가 왜 조정의 예속기관이었다면 당연히 그들의 뜻을 따랐을 텐데, 오히려 왜 조정의 이익에 반하는 정책을 취하는 모습을 보여주고 있다.

예를 들어보자. 백제 성왕은 왜왕에게 반백제·친신라 정책을 추진하고 있는 하내직河內直 등을 송환할 것을 여러 차례 요청했다. 하지만 왜왕은 아무런 조치도 취하지 못하고 있다. 또 왜왕은 가야에 관한 자신의 입장을 여러 차례 밝히고 있는데, 그 입장 표명이 일본부에 직접 전달되지 못하고 백제나 신라를 통해 간접적으로 전달되고 있다. 심지어 긴메이기 5년 2월조를 보면, 왜왕조차 일본부와는 임나 부흥에 관한 정책을 직접 논의하지 않고 따돌렸기 때문에, 일본부는 신라에 파견된 왜왕의 사신이나 백제측이 전해 주는 정보를 통해 겨우 이 문제에 대한 왜왕의 의사를 들을 수 있을 정도였다.

어쨌든 일본부가 임나 부흥 문제에 적극 개입할 수 있었던 것은 자신들을 지배했던 금관국의 멸망으로 독자적인 세

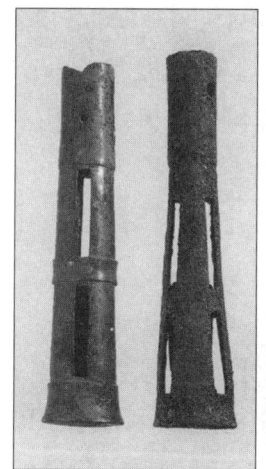

김해 대성동고분군에서 발굴된 왜계 유물들. 왼쪽은 창끝꾸미개, 오른쪽은 방패꾸미개

력을 구축한 결과임이 분명하다.

여기서 한 가지 의문이 생긴다. 일본부는 어째서 왜왕과 소원하게 지내고 가야제국 왕의 이해관계를 대변했을까. 우선 일본부 소속 인물들의 출신지, 그리고 가야 지역에서 오랫동안 활동했었다는 점에 주목할 필요가 있다.

『일본서기』긴메이기에 따르면, 일본부의 최고위직인 일본부경日本府卿 적신的臣이 12년 이상을 줄곧 안라에만 머물다가 그곳에서 죽은 것으로 기록되어 있다. 즉, 긴메이기 2년 7월조에는 "일본경 등은 임나국에 오래 살았고 신라의 경계에 접해 있으니 신라의 사정도 알 것"이라는 백제 성왕의 증언이 기록되어 있다. 더욱이 그의 휘하에 있던 길비신, 하내직 등도 비슷한 기간에 걸쳐 안라에서 활동한 것으로 되어 있다. 그리고 일본부를 실질적으로 이끌었던 좌로마도 佐魯麻都란 인물은 모친이 가야인으로 되어 있는데, 이로 미루어 그는 가야에 거주하던 왜인으로 해석된다.

근래 우리 학계는 540년대 이후로 가야 지역이 백제의 영향력 아래에 있었다는 점을 강조하고 있다. 예컨대, 4세기 후반 이후 백제는 임나에 직할령을 두고 군령·성주를 파견하여 다스렸는데, 6세기 전반에는 백제가 그 직할령을 통합하는 백제 관료와 야마토정권으로부터의 용병을 배치시켰다는 것이다. 즉, 6~7세기 백제와 야마토 사이의 외교관계를 용병관계로 파악하고 있다.

다음으로 『일본서기』를 아무리 뒤져봐도 백제 성왕이 증언한 그 '일본경' 등을 왜 왕권이 임나에 사신으로 파견했다는 기록이 없다. 『일본서기』의 일본부는 임나 지역에 거주하는 현지 왜인일 수밖에 없는 것이다.

백제 관련설은 근거 없다

그렇다고 해서 일본부가 한국 학계의 주장처럼 백제가 설치한 기관 혹은 백제의 통제 하에 있었던 것도 아니었다. 이 점은 백제 성왕이 일본부 소속 인물에 대해 통렬하게 비난하고 그들의 송환을 왜왕에게 요구했다는 긴메이기의 기록에서도 확인된다.

당시의 상황을 보자. 백제는 545년(성왕 23)부터 2년여에 걸쳐 왜에게 방물을 주거나 기술자 또는 학자를 파견하는 등 물량공세를 퍼부었다. 그리고 마침내 왜왕으로부터 군대 파견을 약속받았다. 이에 불안을 느낀 안라와 일본부는 대항체제를 정비할 여유를 얻기 위해 고구려에다가 백제의 정벌을 요청했다.

548년 1월, 고구려가 6천여 명의 군사를 보내 백제의 독산성을 공격하기 시작했다. 그러나 뜻밖에도 신라가 참전하여 고구려군은 패했다. 포로가 된 고구려 병사들은 전쟁의 발단이 다름 아닌 안라국과 일본부가 백제의 정벌을 요청했기 때문이라고 증언했다. 이에 백제 성왕은 일본부가 반백제 세력인 신라와 접촉해서 임나의 부흥 및 독립 보장을 요구했다고 하여 왜왕에게 일본부 관원의 소환을 요청했지만 왜왕은 전혀 아무런 조치도 취하지 못했다.

이 기록은 무엇을 뜻하는 것일까. 일본부는 당시 가야제국의 이익을 위해서 활동하고 있었고 오히려 백제나 왜 조정에 반하는 입장이었음을 단적으로 보여준다. 일본부가 왜왕이나 백제왕이 아닌 가야제국의 왕에 의해 조종되었음을 확인해 주고 있는 것이다.

결국 『일본서기』 긴메이기를 통해 살펴보면, 왜와 임나일본부의 주종관계를 증명할 만한 그 어떠한 단서도 찾아 볼수 없다. 일본부의 구체적 활동이래야 대부분 가야 지역에 잔존한 왜인 집단의 대변기구에 불과했던 것이다. 오히려 임나의 부흥 및 가야제국의 독립을 유지하기 위한 외교활동이라고 할 수 있다.

따라서 가야제국은 백제, 신라, 왜와의 외교 교섭에서 일본부를 적극 활용한 셈이다. 다시 말해서, 가야제국은 일본열도에 있던 왜와의 관계를 원활히 하고 백제, 신라에 대해서는 왜의 세력이 자국의 배후에 있는 것처럼 보이게 함으로써 양국의 침략을 견제했던 셈이다.

요컨대, 한반도에 잔존했던 왜는 광개토대왕에게 두 차례에 걸친 대규모 전쟁에서 패배하여 큰 타격을 받았고, 주도 세력이 일본열도로 건너갔기 때문에 그 세력은 크게 약화되었다. 그리고 452년 한때 자신들이 지배했던 금관국에 의해 진압되었으며, 금관국은 왜 세력을 통제할 기구가 필요했을 것이다. 이것이 바로 『일본서기』에 보이는 이른바 '일본부'이다.

광개토왕비문의 왜는 한반도 남부 세력

서기 414년, 고구려의 장수왕은 부왕인 광개토대왕의 훈적을 기념하기 위해 광개토대왕비를 세웠다. 위치는 당시 고구려 수도였던 국내성의 국강상國岡上, 오늘의 중국 길림성 통구성으로부터 동북쪽 4.5킬로미터 지점에 있다. 높이 6.5미터에 이르는 거대한 사면석비에는 1천7백75자의 문자가 새겨져 있고 광개토대왕의 업적을 찬양하는 내용이다.

그러나 이 비는 고구려 멸망과 더불어 1천여 년간 잊혀졌다가 19세기 말에 재발견되면서 비로소 주목받기 시작했다. 1880년을 전후하여 근처 땅을 개간하던 한 농부에 의해 처음 발견되었지만, 특별한 관심을 기울인 것은 일본이었다.

이진희가 제기한 비문조작설

일본군 참모본부의 밀정 사카와酒勾景信 중위는 1883년 만주를 여행하던 중 우연히 광개토대왕비를 발견했다. 그는 비문 내용이 일제의 한반도 침략에 이용가치가 크다는 점을 알고는 탁본을 뜨면서 일부 내용을 변조했다. 또 이것을 처음 해독한 일본군 참모본부의 촉탁 요코이橫井忠直는 그 유명한 신묘년 기사를 '왜가 한반도에 침략하여 백제와 신라를 신민으로 삼았다'라고 판독했고, 1889년 6월 국수주의 단체인 아세아협회 발행 '회여록會餘錄'(제5집)을 통해 세상에 공표했다.

이어, 일본군 참모본부는 1894년경 다시 한번 비문을 탁본했다. 그러나 이 탁본의 상당 부분이 이전의 것과 다른 것을 알고는 1900년을 전후해서 비문에 석회를 발라 필요한 글자의 자형을 만든 후 다시 탁본했다. 이런 작업은 한 차례

광개토대왕릉비의 존재가 처음 기록된 것은 1445년(세종 27) 편찬된 『용비어천가』를 비롯한 조선시대의 문헌이지만 고구려의 유적이라고 여기지 않았다. 심지어 선조 때 이수광이 지은 『지봉유설芝峰類說』 등에는 여진족이 세운 금나라의 시조비로 오인하기도 했다.

왼쪽 사진은 동남 방향에서 바라본 광개토대왕릉비

더 진행되었고, 마침내 신묘년 기사의 '바다를 건너오다來渡海'라는 글자 등 모두 열여섯 군데의 25자를 변조시킨 결과를 가져왔다.

이 내용은 1972년 재일교포 사학자 이진희가 『광개토대왕릉비의 연구』라는 저서를 통해 주장한 이른바 일제의 광개토대왕비문 조작설이다. 비문이 일본군에 의해 의도적으로 변조되었다는 그의 주장은 당시 한일 양국의 역사학계에 커다란 충격을 주었다. 그러나 이진희의 주장에 대체로 동조하는 우리 학계와 달리, 일본 학계에서는 이를 무시하는 태도를 보였다. 위관급 포병장교인 사카와 중위에게는 비문을 조작할 만한 지식이 없을 뿐더러 참모본부에 의한 조직적인 변조란 있을 수 없다는 주장이다.

물론 이진희의 주장을 긍정적으로 받아들인 학자들도 있었다. 그들은 비문조작설을 일본 근대역사학의 왜곡된 체질에 대한 비판과 연결지어, 일본 근대역사학이 군국주의 침략을 뒷받침하는 도구가 된 것이 아니냐고 반성하기도 했다. 하지만 그 숫자는 극히 일부에 지나지 않았다.

조작설을 둘러싼 한·중·일 학계의 대립

광개토대왕비문은 정말 조작된 것일까. 먼저 비문조작설의 진위를 파악하는데 가장 유리한 위치에 있는 중국 학계를 보자.

왕건군王健群은 1984년 펴낸 저서 『호태왕비연구』에서 대규모의 비문 변조는 불가능하다고 하여 일본측 손을 들어

주었다. 그는 당시 청나라가 아무리 나약해도 자국 영토 안에서 이런 작업을 한다는 것은 불가능하다고 했다.

그에 주장에 따르면, 광개토대왕비가 발견된 이후 중국의 몇몇 금석학자들이 탁본을 뜨기 시작했는데, 그 작업을 현지에 살던 어느 농부가 독점하고 있었다는 것이다. 그 농부는 비문에 두껍게 덮인 이끼를 제거하고자 말똥을 바르고 불태워 보았지만 여전히 겉면이 울퉁불퉁하여 탁본 뜨기가 쉽지 않은 상황에서 탁본을 떠달라는 사람이 늘어나자 작업을 손쉽게 하려고 석회를 칠하기 시작했다는 것이다. 이 때 획이 분명치 않은 글자는 사카와 중위 때의 탁본(쌍구본)을 참고해서 석회를 발라 선명하게 만들었다는 이야기인데, 이 과정에서 본의 아니게 몇몇 글자가 바뀌는 일이 발생했다는 것이다.

일본 학계는 어떠할까.

다케다 유키오武田幸男은 1988년 자신의 저서 『광개토왕비 원석탁본집성』을 통해 1959년에 수곡제이랑水谷悌二郎이 거론한 적이 있는 원석탁본 문제를 다시금 언급하면서 비문조작설에 대해 강한 반론을 제기했다. 그에 따르면, 원석탁본이란 1887년경부터 대략 5년 남짓 제작된 정탁본을 가리키며, 1890년 이후에는 비면에 석회를 바른 석회탁본만이 있을 뿐이라고 전제하고, 석회탁본 역시 일본군 참모본부의 음모에 따른 것이 아니라 늘어나는 탁본 수요에 부응하기 위해 마련된 기법에 지나지 않았다는 것이다.

그는 원석탁본의 실례로서 수곡탁본水谷拓本을 비롯하여 대만 중앙연구원 역사언어연구소 부사연기념도서관이 소장하는 두 종류의 탁본, 금자구정金子鷗亭 소장의 탁본, 임창순任昌淳 소장의 광서기축본光緖己丑本 등을 제시했다.

오늘날 한일 양국의 역사학계에서는 대체로 중국 학자인 왕건군의 견해에 동조하는 편이다. 그러나 현재 1890년대 이전의 탁본은 거의 남아있지 않기 때문에 비문조작설의 진위를 밝히기란 쉽지 않다. 오히려 문제의 핵심은 조작 여부가 아니라 광개토대왕비문의 해석에 달려 있다.

광개토대왕비문의 글자 가운데 한일 양국 역사학계의 첨예한 대립을 보여주는 대목은 이른바 '신묘년 기사'이다. 요하 일대가 고구려의 영역임을 보여주는 영락 5년(395) 기사 다음에 적혀 있는 이 기사는 "백제와 신라는 옛 속민으로 조공을 바쳐왔는데, 신묘년에 왜가 바다를 건너와서 백제와 신라 등을 파하고 ㅁㅁ과 신라를 신민으로 삼았다 百殘新羅舊是屬民 由來朝貢 而倭以辛卯年來 渡ㅁ破百殘 ㅁ ㅁ新羅 以爲臣民"라고 되어 있다.

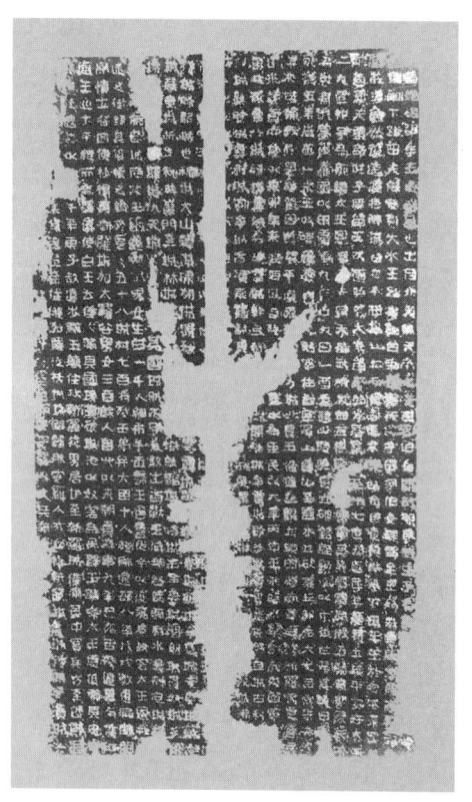

광개토대왕릉비문의 탁본. 조선총독부 소장본

일본은 이 기사야말로 4~5세기 야마토 정권의 한반도 남부 지배를 확인해주는 결정적인 증거라고 강조하면서 오랫동안 주장해 오던 '남한경영설南韓經營說'을 합리화시켜 왔다. 또 한국 침략과 식민지 지배를 정당화하는 역사적 근거로도 이용했다. 남한경영설은 18세기 초 신정백석新井白石이 일본의 『고사기古事記』, 『일본서기』 등을 근거로 처음 주창했고, 그 후

담원국학산고 고서해제편, 국학인물론, 고사변정古史辨正, 양명학연론, 비문 및 추념문 등 6편으로 구성되어 있다. 이 중 고사변정에 실린 '광개토경평안호태왕릉비문석략'은 광개토대왕릉비문 연구에서 우리나라 학자로는 최초의 연구 업적이다. 1908년 『증보문헌비고』 여지고與地考에 처음으로 비문이 실린 뒤로 신채호, 김택영, 박은식, 장지연 등에 의해 약간 언급되었을 뿐 비문 해석 연구는 없었다.

일본 학자들이 끊임없이 제기해 왔는데, 그것을 구체화시킨 것이 바로 임나일본부설이다.

우리의 경우, 정인보鄭寅普가 가장 먼저 나서서 일본의 해석을 비판하고 '도해파'의 주체를 왜가 아닌 고구려로 봐야 한다고 주장했다. 1955년 출간된 저서 『담원국학산고』에 실린 논문 '광개토경평안호태왕릉비문석략廣開土境平安好太王陵碑文釋略'에서, 그는 격파 대상이 다름 아닌 왜이며, 백제가 왜를 끌어들여 신라를 신민으로 삼은 것으로 해석했다. 따라서 그의 해석이 옳다면 일본의 임나일본부설은 그 핵심적 논거를 잃게 된다.

그 뒤, 박시형朴時亨 등 일부 학자들은 정인보의 학설에 토대를 두고 수정 보완된 여러 해석들을 제시했지만 그 기본 논지는 정인보의 주장과 같다. 이진희는 여전히 '도해파' 등의 자구 자체가 조작되었다고 하면서 비문조작설을 고수하고 있다. 특히 그는 1985년 현지조사를 한 뒤에도 '海'는 '皿'의 자획이며 '渡'자도 확실치 않다면서 자신의 주장을 굽히지 않았다.

현재 우리 학계 일각에서는 신묘년 기사 중 일부 문자가 변조·오독되었을 것이라는 점, 왜를 주체로 하는 기사가 아니라 고구려를 주체로 하는 기사라는 입장을 견지하고 있다. 특히 일본 학계에서도 신묘년 기사를 비롯한 몇 군데의 글자에 이상이 있음을 정설로 받아들이고 있다.

물론 이 기사가 광개토대왕의 업적을 과장하기 위해 작은 사실을 과장한 표현일 뿐 역사적 사실이 아니라는 견해가 우리 학계의 통설로 자리 잡고 있다. 이들의 논거는 4세기 후반 당시 일본은 통일된 정권을 형성하지 못했기 때문에 바다를 건너 한반도를 공격할 수 없다는 것이다.

실제로 일본 학계에서는 통일된 국가권력의 형성 시기를 6세기 말로 보는 게 정설이다. 일부에서는 그 시기를 더 늦춰 7세기 말로 봐야 한다고 주장하기도 한다. 따라서 4세기 후반인 신묘년 당시의 세력관계로 보아 백제나 신라가 일본을 속국으로 삼을 수는 있어도 일본이 백제나 신라를 속국으로 삼을 수 없다는 것은 분명하다는 것이다.

비문 해석보다 왜의 실체 규명이 선결과제

그러나 비문에 따르면, 왜는 당시 동아시아의 패권국가로 군림하던 고구려에 도전할 정도로 강력한 세력을 유지하고 있었다. 비문의 영락 9~10년(399~400) 기사를 보면, 고구려가 신라를 침입한 왜를 격퇴하는데 동원한 병력이 무려 5만여 명에 이르렀고, 또 영락 14년의 기사에서는 왜가 고구려 본토를 침략했을 때, 광개토왕이 직접 군대를 거느리고 나가 싸웠다고 기록되어 있는데, 이는 그만큼 왜 세력이 막강했다는 것을 입증해주는 것이다.

"영락 9년 기해에 백제가 맹세를 어기고 왜와 화통하자, 이를 응징하기 위해 왕이 평양으로 남순南巡했다. 이때 신라왕이 사신을 보내어 '왜인이 국경에 침입하여 성지城池를 부수고 노객奴客을 왜의 백성으로 삼으려 합니다. 이에 왕께 귀의하여 구원을 요청합니다'라고 했다. 이에 왕이 영락 10년 경자에 5만 명의 보병과 기병을 보내어 신라를 구원하게 했다. (고구려군이) 남거성男居城을 거쳐 신라성에 이르기까지 그 안에 왜적이 가득했다. 관군이 막 도착하니 왜적이

'노객'이란 자신의 신분을 낮추어 표현하는 말. 여기서는 신라왕을 지칭함.

실성왕(재위 402~417)은 왕위에 오르기 전, 고구려와의 우호 관계를 고려한 내물왕(재위 356~402)에 의해 고구려에 볼모로 갔다가 내물왕이 죽기 1년 전에 돌아왔다. 왕이 된 뒤에는 내물왕 아들 미사흔을 왜에, 복호卜好를 고구려에 볼모로 보내기도 했다.

물러났다. (고구려군이) 그 뒤를 급히 추격하여 임나가라의 종발성從拔城에 이르자 성이 곧 항복했다. … 왜구가 크게 무너졌다."

"영락 14년(404) 왜가 법도를 지키지 않고 대방 지역에 침입하니, 대왕이 (군대를) 이끌고 평양을 거쳐 □□□로 나아가 서로 맞부딪치게 되었다. 왕의 군대가 적의 길을 끊고 막아 좌우로 공격하니, 왜구가 궤멸했다."

이처럼 당시 왜가 강력한 세력을 갖추고 한반도 내에서 상당한 영향력을 행사하고 있었음은 『삼국사기』의 기록에서도 확인된다. 신라본기 실성왕 1년(402) 3월조에는 "왜국과 우호관계를 맺고 내물왕의 아들 미사흔을 인질로 삼았다"라는 기사가 있다. 이로 미루어 당시 신라 실성왕은 왜

광개토대릉비의 웅장한 모습
왼쪽으로부터 제2면(서남), 제3면(서북), 제4면(동북)

의 침략 때문에 나라의 운명이 위태로운 상황에 처하게 되자, 아우를 왜에 인질을 보내면서 우호관계를 꾀했다. 왜의 세력이 그만큼 강했음을 단적으로 보여주는 대목이다.

사정은 백제 역시 마찬가지였다.『삼국사기』백제본기 아신왕 6년조(397)에는 "왕이 왜국과 우호관계를 맺고 태자 전지를 인질로 보냈다"라고 기록되어 있다. 태자 전지는 아신왕이 죽자 뒤이어 왕위에 오른 전지왕인데, 당시 백제는 태자를 인질로 보내서 우호관계를 도모해야 할 만큼 왜의 세력은 막강했던 것이다.

그런데 통일된 국가권력도 형성하지 못한 일본열도 내에서 고구려가 5만 명을 동원하여 대응할 만큼, 또 신라와 백제가 인질을 보내 우호관계를 꾀할 만큼 강력한 힘을 갖춘 중앙집권적 국가가 존재하지 않았던 것도 사실이다. 그러나 바로 그런 점 때문에 광개토대왕비문의 신묘년 기사가 역사적 사실이 아니라는 주장은 비현실적이며 전혀 설득력이 없다. 오히려 광개토대왕비문의 왜가 오늘의 일본열도 내의 세력이 아니라는 사실을 강하게 시사해준다.

문제는 왜의 실체가 무엇인가 하는 점이다. 현재 광개토대왕비문의 신묘년 기사에 대한 해석을 둘러싸고 학계에서는 논쟁을 계속하고 있다. 또 비문의 마모가 심해서 조작 여부를 검증하기도 어렵다.

결국 이 문제는 자구 하나하나의 해석에 매달리거나 조작설의 진위를 따지기보다 비문에 등장하는 왜의 실체가 무엇인가 하는 점을 밝히는 것이 더욱 중요하다. 흔히 '왜'라고 하면 우리들은 오늘의 일본열도를 떠올리는데, 과연 비문의 '왜'가 일본열도 내의 세력을 가리키는 것일까. 이 문제야말로 한국고대사, 나아가 한일 고대관계의 가장 큰 비밀을 밝히는 핵심 과제일 것이다.

'왜=일본' 등식의 허구

중국 남북조시대 송나라의 범엽范曄이 저술한 『후한서』 동이전에는 1세기 초부터 3세기 초까지의 한반도에 대한 갖가지 정보가 기록되어 있다. 동이전 한조를 보자.

"한에는 세 종류가 있으니, 첫째는 마한이요 둘째는 진한, 셋째는 변진이다. 마한은 (삼한 중에) 서쪽에 있는데 54국이 있으며, 그 북쪽은 낙랑, 남쪽은 왜와 접해 있다南與倭接. 진한은 동쪽에 있는데 12국이 있으며, 그 북쪽은 예맥과 접해 있다. 변진은 진한의 남쪽에 있는데 역시 12국이 있으며, 그 남쪽은 왜와 접해 있다. …(마한) 남쪽 경계가 왜와 가까우므로近倭 문신文身 한 사람도 있다. … 그 나라(변진)는 왜와 거리가 가깝기 때문에 문신한 사람이 상당히 있다."

이 기록을 요약하면, 왜는 한반도의 바깥에 있는 것이 아니라 한반도 안에도 있어야 한다. 우리는 지금껏 '왜는 일본열도에 있다'는 고정관념 속에서 이 기록의 위치를 간과해 왔는데, 그 고정관념을 배제하고 기록을 다시 보자.

'남쪽은 왜와 접해 있다'고 했으니, 분명히 왜는 일본열도 내에만 있는 게 아니다. 더욱이 마한과 변한 사람들이 왜와 이웃하고 있기에 왜의 풍습인 문신을 했다는 대목은 왜가 삼한의 남부, 즉 한반도 남부에 위치하고 있었음을 강력하게 시사해 준다.

이번에는 3세기 당시 한반도 사정을 기록한 중국 삼국시

광개토대왕릉으로 추정되는 고분. 중국 길림성 집안현 통구의 용산龍山(또는 토구자산土口子山)에 있다. 고구려의 대표적인 적석무덤. 잘 다듬어진 화강석으로 7층 피라미드형이다.

독로국 정확한 위치에 대해서는 아직 정설이 없다. 정약용은 『아방강역고』변진별고弁辰別考에서 경남 거제도 일대로, 이병도는 부산 동래로 추정하고 있다.

대의 정사 『삼국지』위지 동이전 한조의 기록을 보자. 왜의 위치에 대해서는 『후한서』와 비슷하게 적혀 있다.

"한은 대방의 남쪽에 있는데, 동쪽과 서쪽은 바다로 경계를 삼고東西以海爲限, 남쪽은 왜와 접해 있으며, 면적은 사방 4천 리쯤 된다. (한에는) 세 종족이 있으니, 마한·진한·변진이며 진한은 옛 진국이다. 마한은 (삼한 중에) 서쪽에 있다. … 진한 사람 모두 납작머리이고 왜와 가까운 지역近倭이므로 문신을 하기도 한다. … 그 (변진) 중에서 독로국은 왜와 경계가 접해 있다與倭接界."

이 기록 역시 왜의 위치가 삼한의 남쪽, 즉 한반도 남부임을 밝히고 있다. 특히 변진 12국 가운데 하나인 독로국이 '왜와 경계가 접해 있다'는 구절, 그리고 진한 '근처에 왜가 있다'는 구절은 왜가 진한과 독로국 근처에 있었음을 말해 준다.

사료를 해석할 때, '접接'이란 단어는 육지로 이어져서 상호 경계하고 있을 때 쓰는 낱말이지, 바다 건너 있는 지역을 말할 때 쓰는 단어가 아니다. 만일 왜가 바다 건너 있기만 했다면 분명히 '해海'자를 썼을 것이다. 동쪽과 서쪽은 바다로 경계를 삼았다고 할 때 '해海'자를 썼는데, 유독 남쪽 경계를 표시할 때 그 글자를 생략할 이유가 없기 때문이다.

『삼국지』 위지 동이전 한조의 또 다른 기록을 보자. 여기에도 한반도 내에 왜가 위치하고 있음을 입증해 준다.

"(후한의) 환제, 영제 말기에는 한·예韓濊가 강성하여 (한이) 군현을 제대로 통제하지 못하니, (군현의) 많은 백성들이 한국韓國으로 유입되었다. 건안 연간(196~220)에 공손강公孫康이 (낙랑군) 둔유현 이남의 황무지를 분할하여 대방군으로 만들고 공손모公孫模, 장창張敞 등을 파견하여 한漢의 유민을 모아 군대를 일으켜서 한·예를 정벌하자 (한·예에 있던) 옛 백성들이 차츰 돌아오니, 이 뒤에 왜와 한은 드디어 대방에 복속되었다."

이 기록에서 우리가 주목할 점은 한·예가 한나라의 통제권에 벗어나자, 중국 삼국시대에 요동지방의 실질적인 지배자 공손강이 대방군을 설치하여 한·예를 정복했고, 왜 역시 대방군에 복속되었다는 점이다. 다시 말해서, 당시 왜가 한반도 남부가 아닌 바다 건너 수 천리 떨어진 일본열도에만 존재했었다면, 한반도 북부에서 일어난 이 사건의 영향으로 왜가 즉각 공손강에게 복속했다고 보기 어렵다. 이 기록은 왜가 일본열도가 아닌 한반도 내에 있어야만 성립될 수 있는 기록인 것이다.

이처럼 중국측의 사료를 종합하면, 왜는 적어도 삼국시대인 3세기까지 일본열도만이 아니라 한반도 남부에도 위치하고 있었다. 그런데 일본은 신묘년, 즉 4세기 후반에는 통

건안은 중국 후한後漢 헌제獻帝 시대의 연호.

공손강 중국 후한 말기에서 위魏나라 초기의 장군. 아버지의 뒤를 이어 요동태수가 되었으며 202년 요동으로 도망친 장수 원상袁尙을 죽여 조조曹操에게 바치고 '양평후 좌장군'이란 벼슬을 받았다.

대방군 지금의 한강 이북 경기도지방과 자비령 이남의 황해도지방으로 추정되는데, 일부에서는 중국 동부지방으로 비정比定하기도 한다. 황해도 봉산군 사리원의 속칭 당토성唐土城은 그 유지遺址로 보인다.

안정복 조선 후기의 실학자 (1712~1791). 과거에는 단 한 번도 응시하지 않았으며, 학문과 사상체계를 합리적이고 실증적으로 정립하려는 학풍을 견지했다. 『동사강목』은 45세에 시작하여 22년만에 완성한 실학기의 대표적 역사서이다.

일된 정권을 형성하지 못하고 있었다. 따라서 그 당시 바다를 건너 백제와 신라를 공격할 만한 정치세력은 일본열도 내에 존재하지 않았다. 이 점은 일본 학계의 정설이기도 하다. 결국 광개토대왕비문의 신묘년 기사에 적힌 왜는 일본열도가 아닌 한반도 내의 정치세력일 수밖에 없는 것이다.

한반도 왜의 중심지는 나주

한반도 내에 있던 왜 세력의 중심지는 어디일까. 조선 후기의 실학자 안정복安鼎福이 1778년 고조선부터 고려까지

대방주 664년 당나라가 백제의 옛땅에 5도독부와 함께 설치한 행정구역.

의 역사를 편년체로 서술한 『동사강목東史綱目』 지리고地理考를 보면, 왜의 중심지를 대방주 지역으로 밝히고 있다.

그는 대방주의 설치 이유에 대해 '대방군이 본래 왜와 한을 통제하기 위해 설치한 것'이라고 했는데, 바로 『삼국지』 위지 동이전 한조에 기록된 것처럼, 요동태수 공손강이 고구려 산상왕으로 하여금 도읍을 환도성으로 옮기게 하는 한편, 황해도 지역까지 세력을 뻗어 대방군을 설치하고 왜와 한을 복속케 한 일을 가리킨다.

당나라 역시 백제를 멸망시키고 나서 웅진熊津, 마한馬

사진은 전남 나주 반남의 신촌리고분군 전경

5도호부 지금의 공주에 설치된 웅진도독부 외에는 모두 그 위치가 불분명하다. 백제인을 도독으로 임명했지만 백제의 부흥운동군 때문에 웅진도독부조차 유명무실했다.

이적 당나라의 무장武將. 태종 때 돌궐을 격파하고 고비사막을 넘어 설연타薛延陀를 평정하여 대제국 건설에 공헌했다. 고종 때 재상이 되어 고구려를 원정하기도 했다(?~669).

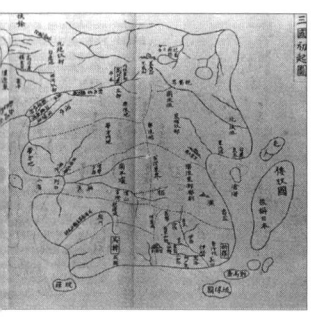

동사강목 단군조선으로부터 고려말까지를 다룬 통사적인 역사책으로 1778년에 편찬되었다. 20권20책. 필사본. 역사지리학적 연구를 반영하고 있다. 특히 지리고地理考에서 강역, 옛 도읍의 현재 위치, 산과 강의 이름과 현재 위치 등을 고증했다. 사진은 『동사강목』에 수록된 삼국초기도.

韓, 동명東明, 금련金連, 덕안德安 등 5도호부와 함께 대방주를 설치한 것으로 『당서唐書』지리지 고(구)려조는 기록하고 있다. 이처럼 당나라가 백제 지역에 대방주를 별도로 설치한 것은 옛날의 왜 지역만을 통치하기 위한 조치로 보여진다. 왜냐하면 5도독부 중 하나인 마한도독부를 설치한 목적은 과거 한韓지역을 통제할 목적이었기 때문이다.

그렇다면 대방주는 구체적으로 어디를 가리키는 것일까. 『삼국사기』잡지 지리조의 기록을 보자.

"본래 죽군성竹軍城인 대방주의 6개 현은 본래 지류인 지류현至留縣, 본래 굴나인 군나현軍那縣, 본래 추산인 도산현徒山縣, 본래 반나부리인 반나현半那縣, 본래 두힐인 죽군현竹軍縣, 본래 파로미인 포현현布賢縣이다."

이 기록과 관련하여, 안정복은 『동사강목』에서 대방주의 중심 지역이 나주 회진현이며, 반나현은 지금의 나주 반남면임을 다음과 같이 밝히고 있다.

"김부식의 『삼국사기』 지리지에 있는 (당나라) 이적李勣의 보고서를 상고하면, 백제의 땅을 나누어 군현을 만들었는데, 대방주는 그 중 하나로 6개의 현을 통솔했다. 그 주치州治인 죽군성은 본래 백제의 두힐이니, 지금의 나주 회진현이 바로 그곳이다. 나머지 연력된 것을 알 수 있는 속현으로는 반나현인데, (그 곳) 본래 백제의 반나부리로 지금의 나주 반남현이다."

결국 광개토대왕의 비문에 적힌 왜 세력의 중심지는 지금의 나주 지역임을 보여주고 있다.

현재 이곳에는 30여 개의 거대한 고분군이 남아 있는데, 그 규모가 엄청나고 무덤 형태 또한 한반도의 다른 지역에 나주 반남면 자미산紫微山 동쪽의 구릉지대에 위치한 덕산리에는 10기의 고분이 있다. 그 중 3호분은 1939년 일본인 有光敎一이 처음 발굴조사했다.

신촌리에는 모두 9기의 고분이 있었으나 현재 5기만 남아 있다. 9호분은 남북이 34.85미터, 높이 5.46미터이다. 위 사진은 신촌리 6호분 발굴 당시의 모습. 아래 사진은 신촌리 9호분에서 출토된 옹관이다.

서는 찾아볼 수 없을 정도로 독특하다. 가령, 덕산리 3호고분의 경우, 무덤의 길이가 남북으로 46미터에 달하고 높이는 무려 9미터이다. 무덤도 무덤 주위에 도랑을 조성한 주구묘周溝墓이다. 또 매장 방법에서도 하나의 무덤 내에 여러 개의 거대한 옹관이나 석실을 합장한 특징을 보여주는데, 신촌리 9호분은 8개의 옹관을 합장했고, 복암리 3호분은

나주 반남 신촌리 9호분에서
출토된 금동보관

나주 반남 복암리 3호분의
분구 서편 유구 노출상태

22기의 옹관과 11기의 석실이 합장되어 있다. 옹관의 크기도 엄청나서 큰 것은 길이가 3미터, 무게가 0.5톤에 달한다.

또한 이들 고분에서 발굴된 유물들은 일본열도 내의 고분 출토물과 흡사하다. 신촌리 9호분에서 출토된 금동관은 일본 쿠마모토현熊本縣 우나야마船山 고분에서 출토된 것과 그 형태가 비슷할 뿐더러 아직까지 한반도의 다른 지역에서 발견되지 않고 있다는 점이 눈길을 끌게 한다.

이런 사례는 원통형토기, 금동제 신발, 환두대도環頭大刀 등 유물에서도 찾아볼 수 있다. 이 중, 원통형토기는 일제 때 일본인들이 신촌리 9호분을 조사할 때 그 파편 수 점이 확인되어 일본 고분시대의 하니와埴輪와의 관련설이 제기되기도 했다. 최근 문화재연구소의 이 고분에 대한 재조사에서는 32점이 발굴되었다. 그런데 일본의 하니와가 인물과 기물器物 등 다양한 기종을 보여주는데 반해 신촌리 9호분의 토기는 단순한 기종이어서 나주 토기가 일본 하니와의 원형임을 입증해준다.

주구묘의 비밀

더욱 놀라운 사실은 무덤 형태가 주구묘라는 점이다. 최근 문화재연구소에서는 일제 때에 행해진 부분적인 발굴조사와 달리, 나주 다시면 복암리 3호분과 반남면 신촌리 9호분에 대한 정밀 오른쪽 사진은 나주 반남 복암리고분 '96석실묘에서 출토된 금동신발.

전남 나주 반남의 자미산 서북쪽에 위치한 대안리 고분군은 모두 12기이나 현재 6기만 파악될 뿐이다. 그 중 9호고분은 규모가 가장 거대한 방대형方臺形고분이다. 분구 주위에는 폭 4~6미터의 도랑이 있다.

발굴조사를 한 결과, 복암리 3호분의 분구墳丘 주위에는 폭 5미터, 깊이 1미터 정도인 주구를 확인했다. 신촌리 9호분에서도 똑같이 확인되었다. 이 주구의 존재는 이미 일제 때 곡정제일谷井濟一 등이 대안리 9호분과 덕산리 3호분에서 확인한 것이기도 하다. 이 주구야말로 고분을 조성한 집단의 실체를 파악할 수 있는 유력한 고고학적 증거이다. 그렇다면 그들은 왜 무덤 주위에 주구를 조성했을까.

오른쪽 사진은 일본 쿠마모토현 우나야마고분에서 출토된 토우들. 우리나라의 반남 신촌리 9호분 발굴물들의 발전된 형태이며 한반도의 다른 지역에서는 발견되지 않고 있다.

한국사는 없다 | 93

그 단서는 일본열도 내에서도 한반도와 비교적 가까운 구주九州 지역에 산재한 고분벽화에서 찾아볼 수 있다. 복강현福岡縣 진부총珍敷塚 고분의 후실 안벽의 벽화를 보자.

안벽의 대석 좌측에는 뱃머리에 새가 앉아 있고 돛을 달고 노를 가진 인물이 노를 젓는 조그마한 배, 그리고 그 둘레에 구슬 모양이 둘린 큰 동심원문同心圓文이 그려져 있다. 우측에는 조그마한 원문圓文과 두꺼비, 새, 방패를 가진 인물 등이 그려져 있다.

이 벽화에서 두꺼비는 달을 상징하고 오른쪽의 조그마한 원문은 달, 왼쪽의 큰 동심원문은 태양을 상징한다. 말하자면 이 그림은 태양이 빛나는 현세에서 달이 지배하는 밤의 세계, 즉 내세를 향해 배가 막 출항하려는 광경을 그린 것이다. 죽은 자 내지는 그 영혼이 새가 인도하는 배를 타고 무

일본 구주 복강현 진부총 후실벽화의 일부

일본에서는 분구 주위에 판 도랑을 주구周溝, 주굴周掘, 주호周濠, 주황周湟 등 여러가지로 표현한다.

사히 내세에 도착하는 것을 기원하고 있음을 보여준다.

이런 고분벽화를 그린 종족은 분명 내세가 바다 건너 저 멀리 존재한 것으로 믿었던 종족이었을 것이다. 그리고 그 집단이 바로 반남고분과 같은 독특한 주구묘를 조성했을 것이다. 즉, 그들의 내세관이 무덤 조성에 그대로 반영된 것이다. 따라서 반남고분에서 봉분은 죽은 자가 저승에 갈 때 타고 갈 배, 무덤 주위에 구덩이를 파고 물을 넣는 주구는 죽은 자를 실은 배가 저승에 이르는 바다를 형상화하여 조성한 것이다. 결국 반남고분군의 주인공도 구주의 왜인들과 같은 계통임을 알 수 있다

이런 사정은 일본에서 주구묘라는 무덤 형태의 존재가 광범위하게 발굴 조사되었다는 점에서도 뒷받침되고 있다. 일본열도에서 주구묘는 야요이彌生 시대 말기부터 고분시대

야요이시대 일본의 신석기 시대인 조오몽繩文시대에 이어 서기전 3세기경 한반도에서 미작농업이 전래됨으로써 시작되었다. 금속기를 사용하고 수혈주거竪穴住居에 바닥이 높은 곡물창고가 있는 1백 호 이상의 취락이 발달했다. 중국의 『한서』에는 왜인이 1백여 개국으로 나뉘어 한왕조에 조공했다는 기록이 있다.

일본 오사카 근교 닌토쿠 천황릉으로 알려진 고분. 주구에 물이 채워져 있다.

에 걸친 약 5백여 년 사이에 조성되었다. 그 단적인 사례로는 닌토쿠仁德 천황릉으로 알려진 고분을 들 수 있다. 지금도 이 고분의 주구에는 물이 가득 채워져 있다.

어쨌든 그 규모의 거대함이나 주구묘라는 무덤 형태는 한반도 내에서는 유례가 없다. 다만 일본의 최고 지배층으로 추정되는 고분에서 유사한 형태가 보일 뿐이다. 그리고 나주 고분들에서 출토된 원통토기, 금동관 등과 유사한 유물 역시 일본 고분에서 출토되고 있다. 이러한 고고학적 자료들도 문헌자료에서처럼 일본열도만이 아니라 한반도에도 왜 세력이 존재했고 그 중심지는 나주 일대였음을 입증해주고 있는 것이다.

왜가 일본으로 건너간 이유

이제 한반도의 왜 세력이 일본으로 건너간 것으로 추정되는 이유에 대해 살펴보자.

앞서 광개토왕비문에서 알 수 있듯이, 한반도의 왜 세력은 400년과 404년 두 차례에 걸쳐 고구려와 대규모 전쟁을 벌였다. 여기서 대규모라고 하는 것은 고구려의 광개토대왕이 신라에 침범한 왜를 격퇴하기 위해 5만여 명의 병력을 동원할 정도였기 때문이다. 결과는 왜의 대패였다. 당연히 그들의 세력은 크게 약화되었을 것이고, 마침내 고구려와 더 이상 싸울 여력을 잃고는 한반도 남부를 포기한 채 일본열도로 건너갔을 것이다.

과연 그들이 일본열도로 건너갔을까.

서기 488년 남제南齊 무제의 칙명에 따라 심약沈約이 편

남제 중국 남북조시대의 두 번째 왕조. 송나라 장군 소도성蕭道成이 송나라 순제順帝의 선위를 받아 479년 세운 나라. 7대 23년만인 502년 소연蕭衍이 선위받아 양梁나라를 세웠다.

심약 처음 송나라를 섬기다가 송이 망하자 제나라를 섬겼는데, 소연이 제나라 제위를 빼앗아 국호를 양梁으로 고쳤을 때 이를 도운 공으로 건창현후에 봉해졌다. 시문으로 당대에 이름을 떨쳐 1백여 권의 문집을 남겼다.

찬한 『송서』 왜국전을 보면 "왜국은 고려(고구려)의 동남쪽 큰 바다 가운데 있다"는 기록이 있다. 그리고 이후 발간된 모든 중국 문헌에서는 왜가 일본열도에만 있는 것으로 기록되어 있다. 말하자면 420~479년의 중국 남북조 송나라 시대에는 왜가 한반도에 존재하지 않았다는 이야기이다.

우리의 기록을 보자. 왜와 관련된 기사는 『삼국사기』에 수없이 나타나는데, 한 가지 특징이 있다.

신라본기의 경우, 혁거세 8년(서기전 50)부터 소지왕 19년(497)까지 5백50여 년간 모두 49회에 걸쳐 왜가 등장한다. 그러다가 1백60여 년간 전혀 보이지 않는다. 왜와 관련된 기록이 다시 등장하는 때는 백제가 멸망할 무렵인 문무왕 5년(665)이다. 백제본기에서도 아신왕 6년(397)에 처음 등장하여 비유왕 2년(428)까지 7회에 걸쳐 나온다. 그 후 1백80년 동안 보이지 않다가 무왕 9년(608)에 다시 나타나서 의자왕 때에 두 번 등장한다.

이처럼 백제는 428년, 신라는 497년 이후 왜와 관련된 기록이 오랫동안 사라진 이유는 무엇일까. 이 무렵, 즉 5세기 경에 한반도 내의 왜 주도 세력이 한반도를 떠나 일본열도로 들어간 것으로 이해하는 게 합리적일 것이다.

이러한 추정은 고고학적 연구 성과에서도 어느 정도 설명될 수 있다. 앞서 언급했듯이 일본에는 고분시대라는 시기가 있는데, 학자에 따라 견해는 다르지만 대략 3세기 말부터 7세기까지로 파악하고 있다. 그리고 이 고분시대는 대체로 3기로 구분된다. 3세기 말에서 4세기까지를 전기, 5세기를 중기, 5세기 이후를 후기로 설정한다.

문제는 고분 출토 유물 가운데 토기류의 경우 고분 주인

스에키 삼국시대의 회도灰陶가 전래되어 만들어진 도질토기. 초기의 것은 한국의 토기를 그대로 옮겨놓은 듯한 밑바닥이 둥근 항아리, 고배高杯 등이었으나 시대가 흐름에 따라 피대형용기皮袋形容器, 옆으로 누인 모양으로 된 병, 상형용기象形容器 등 일본적인 특성을 보인다. 가마는 낮은 비탈에 가늘고 긴 구멍을 뚫어 사용했다.

남송 송나라 후기를 이르는 말. 1127년 정강靖康의 변으로 휘종과 흠종이 금에 잡혀가고 왕통이 중단되자, 흠종의 아우 고종이 남쪽으로 도망가서 항저우杭州에 세운 나라. 1279년 원나라에 멸망했다.

공의 성격이 질적으로 변화했음을 보여준다는 점이다. 토사기土師器는 야요이식彌生式 토기의 기술을 계승한 것으로, 5세기 이전 고분에서 주로 출토되는데 비해, 5세기 이후 고분에서는 일반적으로 대륙 전래의 스에키須惠器가 출토되고 있다. 그리고 중기 고분은 전기 고분에 비해 규모가 획기적으로 크고 조성지 또한 구릉지에서 평지로 내려왔음을 보여준다.

말하자면 5세기경 일본 정치세력의 성격이 크게 변화했음을 말해주는데, 한반도의 왜 세력이 일본열도의 주도세력으로 옮겨지는 과정을 방증하는 자료가 아닐까 생각된다.

그런가 하면, 왜왕이 송나라에 보낸 외교문서에서 한반도 남부의 연고권을 주장한 대목도 눈길을 끌게 한다.

중국 『송서』 왜국전에는 왜왕이 외교문서에서 스스로를 '도독왜·백제·신라·임나·진한·모한육국제군사都督倭百濟新羅任那秦韓慕韓六國諸軍事'라 칭하고, 이 칭호 사용을 인정해 달라고 요청한 기록이 있다. 이에 대해 남송은 백제와 외교관계를 맺고 있었으므로 백제를 제외한 칭호, 즉 '도독왜·신라·임나·가라·진한·모한육국제군사'라는 작호를 내려 주었다고 되어 있다. 그 후 왜왕은 장군 소도성이 남송 순제로부터 양위를 받고 창건한 남제南齊로부터도 이 작호를 인정받았다.

실제로 중국의 역대 왕조는 신복臣服에게 나라를 봉하고 관직을 줄 때, 모두 사실에 근거하고 또 자신의 세력범위 내에서 진행했었다. 예컨대, 고구려 장수왕에게는 요동 지역을 지배하고 있었다고 하여 '도독요해제군사都督遼海諸軍事'라는 작호를 내림으로써 백제 전지왕에게 '도독백제제군사'만을 책봉한 것과 대조적이었다. 말하자면 중국 왕조가 내린 봉호들은 모두 기존의 사실에 근거했었다.

따라서 왜왕이 작호를 받았다는 것은 중국이 지난날 그들이 한반도에서 차지했던 위상을 인정해 주었다는 이야기가 된다. 이것은 한반도 내에 있던 왜 세력이 5세기의 어느 시점에 한반도를 떠나 일본열도로 이동했음을 확인시켜 준다고 하겠다.

한일 기마민족설은 역사적 상상력의 산물

김해에 가면 '애구지'라 불리는 구릉지가 있다. 구지로에서 김해 공설운동장 쪽으로 뻗은 야트막한 구릉지인데, 주변에는 김해패총, 수로왕릉이 자리 잡고 있다.

이 구릉지가 학계의 관심을 불러일으킨 것은 1~5세기경의 것으로 보이는 고분이 무려 1백여 개나 발굴되었기 때문이다. 대성동고분군이라 불리는 이곳에는 3세기 후기에서 5세기 초에 조성된 가락국의 왕릉도 있는 것으로 알려졌다. 그리고 1990년 발굴을 시작하자, 환두대도 등 무기류와 갑주류 등 기마관계 유물, 그리고 파형동기, 벽옥류碧玉類 등 왜 계통의 유물이 출토되어 학계의 주목을 받았다.

김해 대성동고분군 전경. 구릉같이 보이지만 그 속에는 수많은 고분들이 묻혀 있다.

일본인 학자 에가미 나미오의 흥분

그런데 여기에 특별한 관심을 기울인 사람이 있었다. 1948년 '북방 기마민족에 의한 일본열도 정복설'을 발표하여 일본 사회에 충격을 주었던 일본인 에가미 나미오江上波夫였다. 그는 1991년 이곳을 답사한 뒤, 이곳에서 출토된 고고학적 자료들은 자신의 학설을 뒷받침하는 유력한 증거라고 주장했다.

그동안 자신의 가설에서 실증하지 못한 유일한 약점이 김해 지역을 중심으로 한 남한 지역에서 기마민족에 관한 고고학 자료였는데, 대성동고분군의 발굴 조사로 자신의 학설이 완벽하게 입증되었다는 것이다. 말하자면, 이 발굴 조사로 몽고지방으로부터 만주·한반도를 거쳐 일본열도에까지 뻗친 기마문화의 연결고리가 마침내 충족되었다는 것이다.

과연 대성동고분군에서 출토된 유물들이 그의 학설을 입

흉노 장성長城지대와 몽고지방에서 활약한 유목민족. 동쪽으로 러허熱河, 서쪽으로 지금의 신장성까지 군림했다.

돌궐 6세기 중엽, 알타이산맥 부근에서 일어나 몽골, 중앙아시아에 대제국을 건설한 터키계의 유목국가. 수나라 때 동서로 갈라졌다.

선비 중국 전국시대에 흥안령興安嶺의 동쪽에 웅거하여 흉노를 대신해서 몽고지방의 패권을 잡았다. 2세기 때 요동에서 내외 몽고를 포함한 대국을 건설했으나 당·송唐宋 이후에는 한족에 동화되었다.

오환 중국 한대漢代에 동몽고에서 흉노에게 쫓기나 열하熱河를 무대로 활동하던 동호족의 한 부족. 207년 위나라 조조에게 멸망했다.

스키타이 서기전 6~3세기경 남러시아의 초원대지에서 활약한 이란계 민족.

갑주란 전투용구의 하나. 갑甲은 갑옷, 주胄는 투구를 말함.

증해주는 것일까. 일본 학계에서조차 점차 설득력을 잃고 있는 그의 학설이 새삼 문제시 되는 것은 우리 학계의 일각에서 '한국판 기마민족설'이 본격적으로 제기되고 있기 때문이다. 3세기 말경, 북방의 부여족이 김해 지역을 점령하여 금관가야를 건국했다는 '부여족 남하설'과 기마민족이 신라를 정복했다는 이른바 '기마민족 신라정복설'이 그것이다.

이러한 학설들은 얼마나 근거가 있는 것일까. 먼저 원류격인 에가미의 '기마민족설'부터 따져보자.

일본을 놀라게 한 기마민족설의 근거들

에가미의 주장은 간단하다. 북방의 기마민족이 한반도를 거쳐 일본열도로 건너가서는 야마토 정권을 성립시킨 주역이 되었다는 것이다. 그리고 이 기마민족을 내륙 유라시아에서 동북아시아까지 존재했던 흉노, 돌궐, 선비, 오환 등 유목민족이라고 했다. 물론 우리 고대의 부여족과 고구려족도 포함시키고 있다.

그는 이 기마민족들이 중국 남북조시대인 3~5세기 무렵에 스키타이계 기마민족문화와 다른 또 하나의 기마민족문화를 만들었다고 했다. 호족문화胡族文化와 한족문화漢族文化의 혼합인 '호한胡漢문화' 혹은 '중국화된 호족문화'이다. 이들의 특색은 기사騎射의 전법과 이에 적합한 마구, 무기, 복장, 갑주 등에서 특히 두드러진다고 했다.

그는 기마민족 가운데 부여와 고구려 계통에 가장 가까운 반수렵·반농업의 한 세력이 말을 타고 새로운 무기를 지닌 채 한반도로 내려와 마한 지역에다가 백제를 건국했다고 설명한다. 남하 시기는 대략 3세기 중엽 이전이며, 그 세력의 수장은 『삼국지』 위지 동이전 한조에 기록된 진왕으로 추정한다. 그리고 이들은 김해지방까지 남하하여 변한(임나) 세력을 정복하고 지배했다는 것이다. 물론 임나일본부설에 따라 이미 김해지방에 진출해 있던 왜인까지도 정복한 것으로 설명하고 있다.

그 뒤, 3세기 말에서부터 4세기 초에 이르러, 흉노 등 5호족이 만리장성을 넘어 화북지방을 침입하고, 이어 고구려가 남쪽으로 진출하여 낙랑과 대방을 점령하자, 자극을 받은 백제와 신라가 체제를 정비하면서 성장했다. 한반도 정세가 이처럼 바뀌자 불리함을 느낀 진왕의 기마민족은 4세기 초 바다를 건넜고, 왜의 본거지인 북규수 츠쿠시筑紫 지방으로 이동하여 왜인 세력을 정복했다. 그리하여 변한과 북규수 지방을 망라하는 한·왜 연합왕국을 수립했는데, 이것이 최초의 일본 건국이고 당시 주인공은 『일본서기』에 나오는 10대 슈진崇神 천황일 것이라 추정했다. 물론 이때까지 중심지는 경남 김해의 임나였다.

4세기 말경에 이르러, 북규수에 진출한 세력은 동쪽으로 진출해서 기나이지방에 야마토 정권을 세웠다. 이것이 일본의 두 번째 건국이며 그 주인공은 16대 오우진應神 천황이라고 했다. 오우진 천황은 한·왜 연합왕국의 주도자로서 남한 지역에 군대를 보내서 신라를 제외한 남한 여러 나라와 연합하여 고구려의 남하정책에 맞서는데 주도적 역할을 했다는 것이다.

5세기에 들어와 왜 왕국이 중국 남조의 송나라에게 한반도 남부 지역에 대한 관작 승인을 끈질기게 요청한 것도 이처럼 과거에 자신의 조상이 남한 지역을 지배한 역사적 사실이 있기 때문이라고 설명했다.

그가 내세우는 근거는 무엇일까. 에가미는 고고학적 자료 해석을 중시했다. 우선 4세기 말부터 5세기 초에 걸쳐 조성된 일본의 고분문화가 그 이전에 비해 내용상 급격한 변화를 겪었다는 것에 주목했다.

가령, 4세기말 이전의 고분문화는 주술적·상징적이고 평민적이며 동남아시아 농경민족의 특징을 갖고 있는데 비해, 후기의 것은 현실적·전투적이고 귀족적이며 북방아시아적 기마민족의 특징을 갖고 있다고 했다. 매장된 유물을 보면, 전기에서 후기로 갈수록 문화의 일관성이나 연속성이 없고 변화의 속도 또한 급격했기 때문에 문화 전파가 아니라 기마민족의 정복에 의한 결과라고 해석했다.

이밖에도 『일본서기』에 나타난 야마토 정권의 국가지배체제(氏姓제도)상의 이원성이나 천황의 상속제도, 여성의 높은 사회적 지위, 그리고 정치·군사·혼인제도가 대륙의 기마민족과 비슷하다고 했다. 또 신화적인 면에서도 『고사기』와 『일본서기』에 보이는 일본의 건국신화가 부여·고구려 계통의 신화와 비슷한 천손강림형天孫降臨型이며, 신무 천황이 동정東征 했다는 신화전설은 오우진 천황에 의한 두 번째의 건국 사실을 반영하는 것이라고 했다.

이러한 그의 주장은 일본 사회에 큰 파문을 일으켰다. 일본에서는 천황가의 기원에 대해 하늘에서 구름을 타고 내려온 천손이란 의식이 뿌리박혀 있기 때문이다. 더욱이 일본에서는 천황에 대해 과학이란 잣대를 들이대는 것을 금기시 하는 풍토가 절대적이었기 때문이다.

에가미의 기마민족설은 천황가의 기원이 천손이란 의식에 뿌리깊게 젖어 있던 일본인들에게 큰 충격을 주었다. 오른쪽 사진은 일본 도쿄 치요다에 있는 황거皇居.

에가미의 기마민족설은 끊임없이 수정되었는데, 최근에는 종전의 주장에서 후퇴하여 북방 기마만족과 남방계 왜인과의 복합민족설로 수정되었다.

진왕의 실체부터 허구

우리나라에서는 그의 학설이 한반도 침략의 역사적 전거가 되었던 임나일본부설에 대한 부정이 아니라 그 연장선상에 있다는 점에서 강하게 비판했다. 물론 일본 천황의 뿌리가 한반도에 있었다는 사실이 식민지 시대의 쓰라린 경험에 대한 보상감을 느끼게 해주는 면도 있었다. 그러나 에가미의 기마민족설은 한반도 남부를 일본의 야마토 정권이 정복했음을 인정하는 것이기에, 상황에 따라서는 얼마든지 한반도 지배를 합리화하는 제국주의적 이론으로 전용될 소지가 많았다.

천관우를 비롯한 많은 학자들이 이 학설의 문제점을 반박해 왔는데, 그 요지는 다음과 같다. 북방의 기마민족이 3~4세기경 한반도 남부로 대거 이동했다는 점을 어느 문헌에서도 찾아볼 수 없다는 것, 그리고 한반도 남부의 진왕 정권이 부여계의 기마민족이었다는 증거 역시 없다는 점이다. 더욱이 진왕의 실체에 대한 근거가 빈약하다는 점을 비판했다.

이제 좀더 구체적으로 에가미 학설의 문제점을 짚어 보자. 우선 에가미가 진왕 정권의 근거로 제시하는 『삼국지』 위지 동이전의 해당 항목을 보자.

"(변진) 12국은 진왕에게 신속臣屬되어 있다. 진왕은 항상 마한 사람으로 왕을 삼아 대대로 세습했으며, 진왕이 자립하여 왕이 되지는 못했다."

이 기록에서는 에가미의 주장처럼 기마민족이 세운 강력한 정복왕조임을 상징하는 대목을 전혀 발견할 수 없다. 따라서 이 기록은 진왕 자체가 마한 출신으로서 단독 왕조를 유지할 만한 힘조차 없는 존재, 즉 마한에 예속된 존재로 보아야 할 것이다.

『삼국지』에서 "그들은 (외지에서) 옮겨 온 사람들이 분명하기 때문에 마한의 제재를 받는 것이다"라는 배송지裵松之의 『위략』 주석을 인용하고 있는 것도 그 때문이다. 이 주석을 따르면, 이들은 에가미의 주장처럼 강력한 진왕 정권이 아니라 마한의 통제 아래 있는 미약한 존재였다.

경주 금령총에서 출토된
도제기마인물상

『삼국지』에는 진한의 노인들이 "진나라의 고역을 피해 한국으로 왔는데, 마한이 동쪽 땅을 분할해 주었다"는 대목이 있다. 이것 역시 진왕 정권은 중국 북방의 유목민족이 아니라 중국 진나라나 그 주변 사람들이 세운 것임을 말해준다.

한반도 남부와 일본열도에서 4~5세기경 기마와 관련된 유물이 출토되는 까닭은 무엇일까. 그리고 어떻게 해석해야 할까. 민족 이동과

정복의 결과로 파악해야 하는가, 아니면 기마민족과의 접촉의 결과물로 해석해야 하는가.

일본 학계에서 따돌림받는 학설

에가미가 인용하고 있는 문화전파론부터 따져보자. 20세기 초에 풍미했던 이 이론에서는 서로 다른 두 문화 사이에 나타나는 유사성을 주민의 대규모 이동이나 정복의 결과라고 해석하고 있다. 그러나 이 이론은 유럽의 자본주의 세력이 아시아·아프리카 지역에 영향을 끼친 제국주의 시대의 분위기를 반영할 뿐이다.

실제로 인류문화사를 살펴보면, 주민의 이동이나 정복보다 상호 교류를 통해 문화의 유사성이 나타나는 경우가 훨씬 많다. 따라서 유물유적의 유사성만을 근거로 기마민족의 이동과 정복설을 주장하는 것은 논리상 문제가 많을 수밖에 없다.

일반적으로 한 사회의 발전에는 주변 지역 문화와의 교류가 필연적이다. 그리고 선진문화 지역에서 후진문화 지역으로 전파되는 것 또한 보편적이다. 그러나 그 전파는 토착문화 기반 위에서 점진적으로 형성되어

김해에서 출토된 것으로 알려진 기마인물형토기

가는 경우가 대부분이다. 가령, 우리나라 삼국시대의 문화는 삼한사회라는 기층문화 위에서 형성된 것이다.

에가미는 일본 고고학계에서 주장하는 고분문화의 편년編年이나 그 출토 유물을 결정적인 근거로 제시했지만, 최근 일본 고고학계에서는 일본의 기마 풍습이 5세기 이전으로 올라가지 않는다고 결론짓고 있다. 다시 말해서, 그의 학설은 일본 고고학계의 연구 성과에서부터 '상상 속에 구축된 허구'라는 평가를 받은 셈이다.

야마토 정권의 오우진 천황이 한·왜 연합왕국의 주도자로서 남한 지역에 군대를 파견했고, 신라를 제외한 여러 나라와 연합하여 고구려 남하에 맞섰다는 대목 역시 마찬가지이다. 현재 일본 학계는 일본에 통일된 국가권력(야마토 정권)의 수립 시기를 6세기 말로 보는 게 통설이다. 7세기 말이라고 주장하는 학자들도 있고, 이들의 학설이 설득력을 얻는 추세이다. 즉, 6세기 말에서 7세기 말 이전에는 한반도에 대규모 병력을 파견할 정치세력이 일본열도 내에 존재하지 못했던 것이다.

더욱이 6세기의 것으로 추정되는 일본의 토용土俑과 고분 그림에 나오는 배는 노 젓는 작은 배일 따름이다. 4세기의 일본열도에는 많은 병력을 싣고 대한해협을 건널만한 배조차 건조할 수 없었던 것이다

결국 4세기경 일본열도 안에는 가야를 점령하여 지배할 만한 어떠한 세력도 없었고, 더구나 백제와 신라를 압도하여 이들 국가에 강력한 영향력을 행사할 세력은 존재할 수 없었다.

'기마민족설'이란 용어를 쓰는 것도 문제가 있다. 기마민

흙으로 사람이나 동물의 모습을 본떠 만든 인형을 토우土偶라 하고 이것이 부장품으로 사용될 때 토용이라 한다. 우리나라와 중국에서는 명기明器라는 말을 흔히 쓴다.

족이란 말의 사전적 의미는 '말을 타는 민족'이라는 뜻이다. 하지만 말을 교통수단으로 사용하는 것은 상당히 오래 전부터 있어 온 여러 민족의 공통적인 습속이었다. 따라서 단순히 말을 타는 민족을 가리켜 기마민족이라고 할 수는 없는 것이다.

에가미가 주장하는 기마민족은 유라시아 초원지대에 살았던 유목민족을 떠올리게 한다. 그러나 이들을 3세기 중엽 한반도 남부의 기마 습속과 동일시할 수는 없다. 우리나라나 중국 문헌에 따르면, 삼국시대 초기부터 나타나는 기마 관련 기사는 국가의 군사조직을 의미할 뿐 유목민족 그 자체를 지칭하는 말은 아니었다.

천관우의 지적처럼, 3세기 중엽 한반도 남부에 '기마민족'적인 것이 있었다고 할 경우, 그것은 구체적으로 '기병단騎兵團을 보유한 농경민족단' 혹은 '농경민 사회를 토대로 하여 조직된 기병단'을 가리킨다. 에가미가 말한 민족 또한 유라시아 유목민 계통의 기마민족이 될 수 없는 것이다.

요컨대, 에가미의 기마민족설은 어떠한 문헌이나 고고학적 근거도 전혀 갖고 있지 못한, 역사적 상상력이 만들어낸 허구적 산물에 지나지 않는다.

부여족 남하설의 뿌리

이제 안으로 눈을 돌려보자. 일찍이 우리 학계의 일각에서는 일제 하에서 강요되었던 황국사관을 부정하는 경향에 편승하여 일본 천황가는 백제 혹은 가야 등에 그 뿌리를 두고 있다는 변형된 기마민족설을 간헐적으로 주창해 왔었다.

구야국·독로국 구야국은 경남 김해지방에 있었으며 금관가야국의 모체이다. 독로국은 경남 동래 일대에 있었던 것으로 추정된다.

덧널무덤 무덤 속에 관을 넣어두는 묘실을 목재로 만들었기 때문에 목곽묘라고도 하며, 단순한 움무덤의 토광묘와 낙랑시대의 목곽분과 구별하기 위해 토광목곽묘土鑛木槨墓라는 용어를 사용하기도 한다.
아래 사진은 김해 대성동 제39호무덤.

그러다가 1990년대에 들어와, 에가미 기마민족설의 아류라고 할 수 있는 이른바 '한국판 기마민족설'이 본격적으로 제기되기 시작했다. '부여족 남하설'과 '기마민족 신라정복설'이 그것이다.

먼저 부여족 남하설에 대해 살펴보자. 이 주장은 3세기 말경 북방의 부여족이 김해 지역을 점령하여 금관가야를 건국했다는 것이 요지이다. 그리고 이들이 제시하는 근거는 대성동고분군과 동래 복천동고분군 가운데 3세기 말부터 5세기 초에 걸쳐 조성된 것으로 추정되는 구릉 정상부의 목곽묘(덧널무덤)이다.

그들은 이 고분군들이 조성되기 전에는 『삼국지』 위지 동이전 변진조에 보이는 구야국狗邪國과 독로국瀆盧國의 중심부였다고 했다. 그러다가 3세기말 도질토기의 출현을 계기로 이전 시기와 커다란 획을 그을 수 있는 일대 변화가 일어났다는 것이다.

도질토기는 한반도 남부의 독특한 토기문화이며 낙동강 하구의 김해와 동래에서 가장 먼저 출토되고 있다. 더불어 철제 갑주류와 마구류, 오르도스Ordos형 동복과 함께 사람과 말을 희생시키는 행위, 칼과 창 등 무기를 구부려서 무덤 속에 부장하는 것 등 북방 유목민족 특유의 습속이 동시에 나타나고 있다는 것이다.

특히 이들은 철제 갑주류 중에서 몽고발형주蒙古鉢形冑와 찰갑札甲은 북방 유목민족이 말을 탈 때 쓰는 투구와 갑옷으로 전형적인 북방문화를

동호 중국 춘추시대(서기전 770~403)에서 한대 초에 걸쳐 동부 내몽고에 있었던 유목민족. 몽골족과 퉁구스족의 혼혈종족으로 오환, 선비, 거란 등이 그 후예이다.

도질토기는 토기土器와 도기陶器의 중간형 질그릇을 말함. 찰갑이란 작은 쇳조각을 이어 붙여 만든 갑옷으로 미늘갑옷이라고도 한다.

대표하는 것이며, 마구류 중에서 재갈과 고삐는 중국 동북지역의 동호계(선비계)에서 사용하던 것으로 또 하나의 대표적인 북방 문물로 본다. 따라서 도질토기의 출현을 계기로 나타나는 이러한 철제갑주류, 마구류는 이때부터 낙동강 하류 중심의 사회가 역동적이고 무장적인 분위기로 돌변했음을 웅변해 주는 것이라 한다.

이들 북방계 문물은 주로 부여의 주된 묘제인 목곽묘에 묻혀 있는데, 이 묘제가 3세기 말경 김해에 돌연히 나타나면서 의도적으로 먼저 조성된 분묘를 파괴하고 있다는 것이다. 이처럼 선행 분묘의 파괴는 김해를 중심으로 한 낙동강 하류 지역에서만 한정된 특이 현상인데, 외부문화의 유입이나 충격에 의한 것으로 설명될 수 없고 특정 민족, 즉 부여족의 이동에 의해서만 가능한 일이라는 것이다.

특히 그들은 북방민족이 도래한 결정적인 자료로 대성동 유적과 양동리유적에서 출토된 3점의 오르도스형 동복을 들고 있다. 그 세부 형태나 기법상으로 보아, 부여의 중심지였

무녕왕릉 등 10여 기가 있는 충남 공주의 송산리고분

김해 대성동고분군에서 출토된 오르도스형 동복

통전 당나라 재상 두우杜佑가 766년에 착수, 30년에 걸쳐 완성한 정전서政典書. 상고로부터 당의 현종까지의 모든 제도를 연혁적으로 통람하고 있다.

모용선비 2세기경 랴오시遼西 지방에 웅거하다가 4세기경 중국 동북부로 이동하여 전연前燕, 후연後燕, 서연西燕, 남연南燕 등의 나라를 세웠다. 이 중 전연은 285년 부여를 공격하여 왕을 자살케 하고, 293년(고구려 봉상왕 2)에는 고구려에 침략했다가 격퇴당했다.

던 길림성 북부 지역 출토품과 유사하다는 것이다. 이 동복은 북방민족들이 사용하던 취사도구의 일종인데, 북방민족은 목축을 하면서 물과 풀을 따라 옮겨 다녔기 때문에 양 귀에 끈을 꿰어 말 안장에 매달 수 있는 이동식 솥을 사용했다는 것이다.

이렇듯 북방 유목민족적인 문물과 습속, 묘제를 특징으로 하는 고분들이 김해 대성동고분군에 나타나는 현상을 놓고 볼 때, 김해 지역에서 금관가야를 건국한 세력은 다름 아닌 부여계 기마민족이 이동한 결과라는 주장이다.

'부여족 남하설'을 주장하는 학자들은 부여계 기마민족의 가야 진출이 『통전通典』 부여전의 태강 6년(285) 기록과 밀접한 관련이 있다고 했다. 285년 모용선비慕容鮮卑의 공격을 받아 부여는 파국에 빠지고 그 일파는 장백산맥을 넘어 북옥저가 있던 지금의 두만강 하류지역까지 이동했는데, 그들이 다시금 동해안 해로를 이용하여 김해 지역에 정착했다는 것이다. 그리고 이 해로海路 는 『삼국지』 위지 동이전 변진조의 철 관련 기록에서 볼 수 있듯이, 예와 구야국간의 교역로일 것이라고 추정했다.

기마민족 신라정복설

다음으로 경주분지에서 기존의 토광목곽묘土壙木槨墓와 전혀 다른 적석목곽묘(돌무지덧널무덤)라는 새로운 묘제의 출현을 근거로 삼아 주장하는 '기마민족 신라정복설'에 대해 보기로 하자.

이 적석목곽묘는 한반도 안에서 유독 경주분지에만 존재

한다. 그리고 4세기 전반기에 들어와 나타났고 6세기 초엽까지 축조되었다. 금관총, 천마총, 황금대총 등 우리에게 친숙한 이름의 고분들이 그 대표적인 것들이다. 물론 무덤의 주인공은 당시 신라 왕족과 귀족들이다.

특이한 사실은 이들 고분의 기본구조와 비슷한 고분들이 중앙아시아지방에서 널리 분포되어 있다는 점이다. 물론 중앙아시아의 적석목곽묘는 기마민족의 문화유산이다. 그리고 신라 적석목곽묘의 부장품으로는 금관을 비롯한 귀금속 공예품, 풍부한 각종 기마구騎馬具와 찰갑이 대표적인데, 이들 부장품 역시 그 계통이 북방아시아에서 유래된 유물이며, 그 이전의 토광목곽묘에서는 전혀 출토되지 않았다.

기마민족 신라정복설을 주장하는 학자들은 이러한 신라 적석목곽묘의 구조와 부장품이 그 이전 시기의 토광목곽묘와 단절적인 성격을 갖고 있다는 점에 주목하고 있다. 토광목곽묘가 농경문화적이고 보병적인데 비해, 적석목곽묘는 기본적으로 북방아시아적이고 기마문화적이다.

그들은 이것이야말로 문화교류나 접촉이 아니라 기마민족이 신라에 직접 도래했다는 결정적인 근거라는 것이다. 즉, 이들은 신라에서 적석목곽분이 출현한 것은 3세기 말부터 4세기 초사이에 있었던 동아시아 기마민족 대이동의 와중에서 한 분파가 밀려온 증거라고 주장했다.

이들은 또 신라에서 적석목곽묘가 축조된 시기에 주목한다. 이들 적석목곽묘가 축조된

돌무지덧널무덤 지상 또는 지하에 시신을 안치한 목곽을 수혈식竪穴式으로 설치한 다음, 사람의 머리만한 크기의 냇돌로 목곽을 덮어 적석시설을 하고 다시 그 바깥에 흙을 입혀 다지는 묘제. 아래 사진은 경남 함안 도항리 11호의 돌덧널무덤.

한국사는 없다 | 113

오른쪽 사진은 백제 무령왕릉의 현실. 송산리고분 가운데 전축분인 6호분과 석실분인 5호분의 가운데 자리잡고 있다.

마립간 제17대 내물왕부터 22대 지증왕 4년 중국식 왕호를 칭할 때까지 사용되었다. 『삼국사기』에는 19대 눌지왕부터 사용되었다고 기록되어 있다.

시기는 신라에서 최고 지배자가 마립간麻立干으로 불린 마립간시대였는데, 석씨왕계가 끝나고 김씨 세습왕조의 등장과 더불어 신라가 낙동강 동쪽지방으로 급속히 팽창했던 때이기도 하다. 이 역시 기마민족에 의한 신라 정복의 결과라고 해석했다.

고고학 자료에 치중한 결과

이들의 견해는 얼마나 설득력을 갖고 있을까. 가장 근본적인 한계는 하나같이 무덤 형태의 변화나 유물을 근거로 삼아 지배세력 교체를 주장한다는 점이다. 마치 일본인 에가미가 4세기 말부터 5세기 초에 걸쳐 조성된 일본의 고분문화가 그 이전에 비해 내용상 급변했다는 것을 근거로 기마민족설을 주장한 것과 똑같다.

부여족 남하설을 주장하는 학자들은 북방 유목민족적인 문물과 습속, 묘제를 특징으로 하는 무덤이 김해에 나타나서 선행 분묘를 파괴하고 있음은 특정 민족의 이동에 의해서만 가능하다고 했다. 그러나 선행묘를 파괴하고 그곳에 새로운 묘를 조성하는 행위가 고고학적으로 특정 민족의 도래와 정복으로 해석될 수 있는 것인지는 의문시된다.

경주에서의 적석목곽묘 출현을 근거로 기마민족의 신라 정복설을 제기하는 견해도 마찬가지이다.

가령, 지난 1970년대 초반에 발굴된 백제 무녕왕릉이나 그 옆에 있는 송산리 6호분은 전 시기와 다른 전축분(벽돌무

전축분은 남한지역에서 백제의 공주 도읍기에 처음 출현했으며, 현재 남한지역에 남아 있는 것은 무녕왕릉과 공주 송산리 6호분뿐이다. 아래 사진은 서울 석촌동의 적석총.

덤)이다. 이것은 서울 석촌동의 적석총(돌무지무덤)과는 완전히 다른 형식이다. 따라서 이들의 논리대로라면, 이 시기에 중국 남조의 어느 한 세력이 기존 백제 세력을 정복하고 새로운 왕조를 세웠다고 봐야 한다. 그러나 백제가 5세기 후반경 공주로 천도한 후 중국 남조의 영향을 받아 한동안 전축분을 사용했다는 것은 고고학계에서 반론이 전혀 없는 정설이다.

마찬가지로, 신라에도 문무왕의 죽음과 함께 새로운 왕조가 등장해야 했다. 신라 왕실은 문무왕의 유언대로 그 유해를 화장해 버리고 왕릉조차 만들지 않았던 것이다.

결국 목곽묘나 적석목곽묘의 출현이 바로 '한국판 기마민족설'의 정당성을 뒷받침해주는 근거는 결코 될 수 없다. 더욱이 대성동고분군에서는 한두 차례 발굴했을 뿐인데, 토기류와 무기류, 장신구 등 1천 수 백점의 유물이 출토되었다. 앞으로 얼마나 더 출토될 지는 아무도 모른다. 따라서 출토 유물의 일부가 부여 계통과 유사하다고 해서 부여족 남하설을 주장하는 것은 논리의 지나친 비약이다.

한편, 그들은 대성동고분군에서 출토된 왜계 유물인 파형동기巴形銅器, 통형동기筒形銅器, 벽옥碧玉 제품류 등은 일본의 전기 고분시대 수장首長들의 특수물품으로, 왜의 수장이 가야의 철을 수입하기 위한 하나의 교역품으로 가져온 것이라고 해석한다. 이 주장을 따른다면, 가야 지역에서 왜 계통의 유물이 출토되는 현상은 곧 왜에 의한 가야 정복으로 봐야 할 것이다. 과연 그럴까.

경주의 적석목곽묘에서도 다른 종류의 묘제보다 상대적으로 많은 유물이 출토되었다. 그 종류도 다양해서 각종 귀

문무왕의 유언은 불교법식에 따라 화장한 뒤 동해에 묻으면 용이 되어 동해로 침입하는 왜구를 막겠다는 것이었다.

환두대도 손잡이 머리부분이 고리모양을 이룬 칼. 삼국시대 고분에서 주로 출토된 것으로 칼의 기본형식이다. 사진은 금제환두대도.

금속공예품을 비롯한 장신구, 환도대두를 위시한 도검류, 그리고 무구류와 토기류, 농구류, 식기류 등 당시 일상생활에 필요한 거의 모든 도구와 용품을 망라하고 있다. 하지만 이러한 유물들은 고구려와 백제, 가야 등 당시 주변 나라와 양식이나 재료면에서 거의 비슷한 특징을 보여준다. 오히려 기마민족 도래설을 입증하는 것이 아니라 부정하는 근거가 되고 있다.

결국 우리 학계 일각에서 새롭게 제기되는 '한국판 기마민족설'이 안고 있는 약점은 분명하다. 고고학적 유물·유적의 유사성에 지나치게 집착할 뿐더러 그것을 근거로 삼으려고 일관되게 애쓰고 있다는 점에 바로 문제의 심각성이 있는 것이다. 물론 고고학적 자료를 토대로 삼아 고대사를 이해하는 방법론은 문헌자료의 결핍에서 오는 역사의 공백을 메워주는 순기능적인 면도 있다. 그러나 그 이상으로 집착하면 오히려 역사적 사실과 동떨어진 왜곡된 역사상을 창출하게 된다. 또 문화 양상의 변화에 대해 어떤 때는 정복으로, 어떤 때는 교류 현상이라 하여 자의적으로 해석하는 것도 잘못이다.

한마디로 에가미의 기마민족설을 비롯하여 부여족 남하설과 기마민족 신라정복설은 문헌자료나 고고학적 근거를 지니지 못한 채, 단지 상상력을 발휘하여 만들어 낸 허구의 산물 그 자체라고 볼 수 있다.

신라는 삼국을 통일할 뜻도 능력도 없었다

한국을 빛낸 인물을 손꼽으라고 하면, 대부분의 사람들은 신라 삼국통일의 초석을 다진 김유신金庾信과 김춘추金春秋를 빼놓지 않는다. 그만큼 삼국통일을 높이 평가하기 때문이리라. 학계의 견해도 크게 다르지 않다.

색깔론마저 동원한 삼국통일 예찬론

우리 학계의 통설을 대변한다고 자임하는『한국사 시민강좌』(제5집)를 보자.

"삼국통일의 문제점인 만주 상실과 외세 이용의 두 점을 가지고 삼국통일의 민족사적 의의를 부정하는 것은 정당한 이해라 할 수 없다. … 삼국통일은 3국민을 하나의 국가체제 안에 통합 지배함으로써 하나의 민족국가 형성의 출발점이 되었다는 점에서 그 의의를 인정해야 옳을 것이다. 다시 말하면, 삼국통일에 의하여 3국인이 하나의 주권 밑에 동일한 영토·국민으로 일원화됨으로써 단일적인 민족국가가 성립될 수 있었던 것이다. 이러한 삼국통일에 의한 민족국가의 출발은 통일신라인의 '일통삼한一統三韓' 의식에 의하여 그 동질화가 보다 촉진되었다. 이미 삼국시대부터 형성된 삼국의 동족의식을 토대로 통일신라는 일통삼한의 과감한 민족 융합정책을 추진하여 한국민족의 단일화에 커다란 성과를 거두었다."

요컨대, 신라는 삼국이 하나라는 의식아래 한민족을 통합하려는 뜻을 지니고 삼국통일을 실현했으며, 통일을 이룩한 이후에는 민족융합정책을 과감하게 추진했다는 것이다. 외세의 도움을 받고 고구려가 장악했던 만주대륙을 잃어버린

충남 부여의 정림사지5층석탑. 미륵사지석탑과 함께 백제의 대표적인 석탑이다.

계기가 된 것은 한탄스러운 일이지만 한민족 통합이라는 뚜렷한 목적을 가졌다는 점을 부각시키고 있다.

현재 학계 일부에서는 영토와 인구의 축소, 외세 이용이라는 점을 들어, 신라의 통일은 '진정한 통일'이 아니라고 주장하면서 신라와 발해가 병존한 '남북국시대론'을 제기하고 있다. 그들은 오히려 고려의 통일이야말로 진정한 통일로 간주한다. 이에 대해 신라의 삼국통일 예찬을 주장하는 어느 학자는 색깔론마저 들추어내면서 기존 입장을 옹호하고 있다. 그 한 구절을 인용해 본다.

"신라는 뛰어난 국제감각으로 당시 상황에 대처하면서 기다리며 끈질긴 생명력으로 주체적 역량을 발휘했다. 이것은 한민족의 현재를 가능케 했던 긍지에 찬 역사의 창조이었으며, 신뢰해야 할 우리의 절대적 기반이다. 이같은 의미를 과소평가하며 사이비 민족주의를 허위적 지식으로 포장하여 국가와 민족의 존재를 몰각시킴으로써 젊은이들로 하여금 자기 기반을 부정하도록 오도하는 일이 있다면, 이 사회는 끊임없는 혼란 속으로 빠져들 것이다."

그렇다면 신라의 삼국통일 예찬론자들이 주장하는 그 논거는 얼마나 타당성이 있는 것일까. 과연 신라가 삼국을 하나로 통일하려는 의지를 가졌는지, 통일 이후 고구려와 백제 유민들을 흡수하고 포용하려 애쓰면서 얼마나 민족융합 정책을 펼쳤는지에 대해 따져보자.

남북국시대 학문적 신념에서 남북국시대론을 최초로 전개한 것은 1784년(정조 8) 유득공柳得恭이 엮은 『발해고渤海考』의 서문에서 전개된 이론이었다. 여기서 유득공은 고려가 발해사를 엮지 않은 것은 고려의 힘이 떨치지 못했기 때문이라고 밝히고 있다. 사진은 발해고의 첫부분.

삼국통일 예찬론의 뿌리

먼저 우리 국사학계의 통설로 자리잡은 삼국통일 예찬론

이 어디서 비롯되었는지부터 생각해 보자.

일찍이 하야시 다이스케林泰輔는 저서 『조선사』에서 삼국의 불안전한 통합을 '신라의 삼국통일'로 규정했다. 그 뒤, 일본의 역사학자들은 이를 '신라의 반도통일'이란 이름으로 정의했고, 우리 학계에서도 식민사관을 추종하는 일부 사학자들이 앞장서서 '근대사학'이란 허울 아래 이 논리를 그대로 수용했다.

일본인 학자들이 신라의 삼국통일을 예찬한 이유는 무엇일까. 그것은 그들의 전략적 목표, 즉 만주 지역을 지배하던 고구려와 발해의 역사를 한국사의 범주에서 배제하려는 만선사관滿鮮史觀의 추악한 음모의 산물이었다.

우리 선조들은 삼국통일을 어떻게 평가하고 있었을까. 1145년(고려 인종 23) 김부식이 편찬한 『삼국사기』 열전 김유신조에는 "삼한이 통일되고 백성들이 단결되어 국가가 비록 태평한 데까지 이르지는 못했지만 조금은 편안하게 되었다고 할 수 있다"라는 김유신 자신의 평가를 기록하고 있다. 이 기록은 물론 김유신의 현손인 김장청金長淸이 지은 김유신의 『행록行錄』 10권을 바탕으로 쓴 것이다. 『삼국사기』는 이어 "유신이… 상국(중국)과 함께 모의해서 삼국을 한 집안으로 만듦으로써 빛나는 업적과 명성을 남기고 자신의 일생을 마치게 되었다"라고 평하고 있다.

이처럼 김부식이 삼국통일을 예찬하는 태도는 『삼국사기』 열전이 10권에 모두 69명을 언급하고 있는데, 그 중 3권을 김유신 개인열전에 할당하고 있다는 점에서도 확인할 수 있다. 참고로 열전 제4권에는 을지문덕, 김인문, 흑치상지黑齒常之, 장보고 등 8인, 제5권에는 고구려의 재상 을파소를 비

김장청 김유신의 증손 김융金融이 난을 일으킨 것을 계기로 가문이 몰락하여 집사부의 말단직을 지냈을 뿐이다. 중국 고래의 음양술을 배워 유명한 '둔갑입성법遁甲立成法'을 창안한 김암金巖과 형제간이다.

창조리 고구려 봉상왕 때의 재상. 296년 전연前燕의 침입을 막는데 공을 세웠고 봉상왕이 궁궐 건축 등 왕권 강화를 기도하자 이의 중지를 간하다가 마찰을 일으켜 봉상왕을 폐하고 미천왕을 세웠다.

롯하여 박제상, 온달 등 10인, 제6권은 강수强首, 최치원, 설총, 김대문 등 학자들의 전기가 실려 있다. 제7권은 관창, 계백 등 군인 19명의 전기가 적혀 있고, 제8권은 솔거, 김생 등 11명의 예술인들, 제9권은 고구려의 국상 창조리創助利와 연개소문, 제10권은 궁예와 견훤의 열전 등이다.

『삼국유사』도 마찬가지이다. "왕(김춘추)이 유신과 함께 신통한 계획으로 힘을 합하여 삼한을 통일하고 국가에 큰 공로를 세웠으므로 묘호를 태종이라 했다"라고 적혀, 삼국통일에 대한 고려시대의 평가는 예찬일변도이다.

신라인과 다른 백제·고구려 유민들

삼국통일의 당사자인 신라인들의 생각은 어떠했을까. 말할 나위도 없이 찬양 일색이었다. 예컨대, 686년(신문왕 6) 청주시 운천동에 세워진 신라사적비에는 "삼한을 통합하니 나라의 땅이 넓어졌다"고 하면서 삼국통일의 위업을 기리는 호국불교의 내용을 담고 있다. 894년(진성여왕 2) 시무십여조時務十餘條를 임금에게 상소하면서 골품제 사회의 누적

봉암사지증대사적조탑비 경북 문경의 희양산 남쪽 기슭에 있는 봉암사 경내에 있다(오른쪽 사진). 이 절을 창건한 지증대사가 882년(헌강왕 8) 입적하자, 왕은 당에서 귀국한 최치원에게 비문을 짓게 했다. 아래 사진은 봉암사 전경.

된 모순과 문제점을 제기했던 최치원조차 '봉암사지증대사적조탑비鳳巖寺智證大師寂照塔碑'에다가 "삼국이 이제서야 장하게도 한 집안이 되었구나"라고 적고 있다. 이 비는 924년(경애왕 1)에 세워졌고 최치원이 비명을 지었다.

이렇듯 신라인들의 삼국통일론은 현 학계의 예찬론과 그 맥을 같이하고 있다. 통일의 두 주역 김춘추와 김유신은 한민족 통합이라는 뚜렷한 목표

경북 포항에 있는 형산 황룡사
대웅전의 김유신상

하에 삼국을 통일했다는 것이다. 어떻게 천 년 이상 차이가 나는 세대간에 일치된 견해를 보이는지 놀라울 따름이다.

이번에는 고구려와 백제 유민들의 입장을 살펴보자. 물론 정서적으로 볼 때, 그들이 신라의 삼국통일 예찬론을 받아들이기 어려웠을 것으로 생각된다. 하지만 그들의 표현은 당당했다.

계유명전씨아미타불삼존사면석상 충청남도 연기군 비암사에서 발견되었다. 뒷면에 새겨진 명문에 의하면, 계유년 전씨 일가의 발원으로 조성되었다고 적혀 있다.

673년(문무왕 13) 백제 유민들이 세운 계유명전씨아미타불삼존사면석상癸酉銘全氏阿彌陀佛三尊四面石像의 명문 기사를 보면, 등장하는 인물 가운데 신차원身次願은 백제가 멸망했는데도 여전히 백제의 관등인 '달솔達率'을 사용하고 있다. 달솔이란 백제 16관등 중에서 1품관인 좌평佐平 다음가는 2품관이다.

또 후삼국의 궁예와 견훤이 나·당 연합에 의한 고구려, 백제 멸망의 부당성을 지적하면서 각각 고구려와 백제의 부흥을 표방했을 때, 고구려와 백제 유민들이 열렬히 호응하고 있음은 그들이 심정적으로 신라의 삼국통일에 동의하지 않고 있음을 단적으로 보여준다.

생존하기에 급급했던 신라였는데…

신라는 정말로 삼국을 통일할 의지나 능력이 있었을까. 그것은 신라가 당과 연합하여 백제와 고구려를 멸망시킨 뒤, 한반도에서 얼마나 영토를 확보했는가를 보면 알 수 있다. 안타깝게도 신라는 고구려 영토였던 만주의 요동지방은 말할 것도 없거니와, 백제와 고구려를 정복한 뒤 당나라와 분할하기로 약정했던 평양 이남 지역도 확보하지 못했다. 심지어 한강 이북지역조차 제대로 장악하지 못했다.

왜 이런 형편없는 전과戰果를 가져왔을까. 결론부터 말하면, 신라가 당나라와 동맹을 맺은 목적은 삼국통일이 아니라 단지 자국의 생존 전략에 불과했기 때문이다. 당시 신라로서는 백제와 고구려의 옛 영토를 모두 차지할 의지도 갖고 있지 않았고, 또 그럴만한 능력도 없었다. 신라가 삼국통일을 이룬 전후 사정을 보면 그 배경을 짐작할 수 있다.

삼국시대를 개관하면, 대개 5세기까지는 고구려와 백제가 쌍벽을 이루면서 한반도의 주인이 되려는 경쟁을 계속해 온 형국이었다. 그러다가 6세기에 접어들어 고구려가 절대적 우위에서 남진정책을 추진하자, 백제와 신라가 동맹하여 자존책을 강구하기 시작했다. 특히 신라는 6세기에 들어와 가야를 통합하고 국력을 키워 진흥왕 때에는 고구려와 싸워서 한강유역 중부지방을 차지하는 등 삼국 경쟁의 반열에 적극 동참했다.

이 때부터 삼국 간에는 쉴 새 없이 전쟁이 계속되었는데, 삼국이 국운을 건 본격적인 전쟁의 직접적인 도화선은 642년(의자왕 2) 백제가 신라의 서부 40여 성을 빼앗고, 윤충尹忠 등을 보내 신라의 전략적 요충지인 대야성大耶城을 확보하면서 비롯되었다.

이에 위기의식을 느낀 신라는 김춘추를 고구려에 파견하여 동맹을 맺자고 했다. 신라가 백제에게 멸망하면 고구려는 오히려 동맹국 백제가 강국으로 등장하게 되므로 고구려로서도 신라의 요청에 응할 것으로 생각했던 것이다. 하지만 결과는 실패였다. 고구려는 대륙에서 강적 당나라와 맞서고 있기에 신라보다 백제와의 동맹관계를 유지하는 게 유리했던 것이다. 더욱이 국경을 접하고 있지 않은 백제를 물리칠 이유도 없었다. 물론 한강 유역의 반환을 신라가 거부한 것도 중요한 이유 중 하나였다.

당시 신라가 얼마나 심각한 위기상황에 처했는가는 『삼국사기』 백제본기 의자왕 11년조에서도 그대로 나타난다.

"신라 사신 김법민이 나(당 태종)에게 말하기를 '고구려와

윤충 군사 1만여 명을 이끌고 대야성을 공격했다. 당시 대야성 성주는 김춘추의 사위 품석品釋이었다. 품석은 성이 함락되자 부인과 함께 자결했다. 대야성을 잃은 신라는 서부 국경지역을 대부분 상실하고 지금의 경산군인 압량지방으로 후퇴했다.

김법민 신라 30대 문무왕의 이름. 왕위에 오르기 전, 진덕여왕 때에는 당나라에 가서 외교활동을 펼쳤고, 부왕인 태종무열왕 때에는 파진찬으로서 병부령을 역임했으며, 얼마 뒤 태자로 책봉되었다. 나·당연합군에도 종군했다.

안시성 『삼국사기』 지리지에는 원이름을 '안촌홀安寸忽'이라 했다. 정확한 소재지는 견해가 분분하나 만주 봉천성 해성의 동남쪽에 있는 영성자산성英城子山城으로 추정하는 견해가 가장 유력하다.

아래 사진은 백제가 멸망한 뒤 진주한 당나라의 장수 유인원劉仁願을 기념하여 세운 유인원 기념비. 충남 부여 부소산에 세워져 있던 것을 국립부여박물관으로 옮겼다.

백제는 입술과 이 모양으로 서로 결탁하고 있으면서 마침내 군사를 일으켜 번갈아 침략을 하매, 우리의 큰 성城과 중요한 진鎭을 모두 백제에게 빼앗겨 강토는 날로 줄어들고 위신조차 없어져 갑니다. 원컨대, 백제에 명령하여 빼앗아간 성들을 돌려주게 하십시오."

신라 선덕왕이 김법민金法敏을 당나라에 보내 당시의 상황을 전하고 중재를 요청했다는 기록이다. 결국 신라는 백제의 공격으로 나라가 망할지도 모른다는 심각한 위기의식을 느끼고 있었고, 고구려와의 협상이 결렬되자, 당나라로 눈길을 돌렸던 것이다.

때마침 고구려 정벌을 준비하고 있던 당나라 태종으로서는 신라의 구원요청을 반기지 않을 이유가 없었다. 당시 세계제국 건설의 야심을 품었던 당 태종은 고구려 정복을 도모하지 않는 한, 이 꿈의 실현이 불가능하다고 여기고 있었던 것이다. 왜냐하면 고구려가 신흥 세력인 북방의 돌궐과 연합하여 중국 대륙을 위협하고 있었기 때문이었다.

실제로 당 태종은 644년 직접 군사를 거느리고 고구려 원정에 나섰다가 안시성安市城 전투에서 패배하는 쓰라린 아픔을 맛보기도 했었다. 그리고 신라가 구원을 요청할 즈음에는 소규모 병력을 요동지방에 침입시켰다가

김춘추 당태종으로부터 백제 공격을 위한 군사지원을 약속 받고 귀국한 650년, 그 동안 사용해오던 자주적인 연호를 버리고 당나라 연호인 영휘永徽를 채택함으로써 본격적인 친당정책을 펼치기 시작했다.

물러서는 장기전을 벌이고 있었다.

신라 김춘추의 구원 요청을 받은 당 태종은 이 기회에 아예 백제를 평정하고 이어 고구려까지 정벌하자고 제의했다. 그리고 전후戰後 평양 이남과 백제 지역을 신라에 할애한다는 영토 분할을 밀약했다. 이러한 사실은 『삼국사기』 신라본기 문무왕 11년조에 적혀 있다. 그러나 이 합의는 곧바로 시행되지 않았다. 우선 당은 고구려를 두고 백제를 정벌하기 쉽지 않았으며, 신라 역시 백제의 침입을 방어하는 데도 힘겨웠기에 고구려를 공격한다는 것은 더욱 힘들었다. 더욱이 645년(선덕여왕 14) 요동을 공격하는 당을 도와 신라가 고구려 남경을 침공하자, 그 틈을 타서 백제가 신라의 서변 7성을 차지하기도 했다. 고구려 역시 당의 침입이 없는 시기를 틈타서 신라를 곧잘 침범했었기 때문이다.

649년 당나라에서 고종이 즉위하고, 654년 신라에서 김춘추가 무열왕으로 즉위하고 나서 양국은 백제부터 선공先攻하기로 합의했다. 이어 660년(무열왕 7) 마침내 백제를 멸망시키고 668년에는 고구려까지 정복했다.

정림사지 5층석탑 1층 탑신에는 당나라의 장수 소정방이 백제를 평정한 기공紀功이 해서楷書로 각자刻字되어 있다. 글씨는 '대당평제국비명大唐平濟國碑銘'이다(아래 사진).

하지만 백제와 고구려의 멸망이 곧 신라의 삼국통일은 아니었다. 신라와 연합한 당의 속셈은 백제·고구려뿐만 아니라 신라까지 지배하고자 했던 것이다. 나·당연합군의 대총관 소정방蘇定方이 661년 고구려 평양성을 7개월 동안 공격했다가 실패하고 회군하자, 당 고종이

경주에 있는 태종무열왕릉

"어찌하여 신라는 정벌하지 않고 돌아왔는가?" 라고 물은 것으로 보아, 당은 출정시에 이미 신라 점령계획까지 세우고 있었던 것이다.

때문에 그들은 백제와 고구려를 멸망시킨 뒤, 백제의 옛 땅에 웅진 등 5도독부를, 고구려의 평양에 안동도호부安東都護府를 두고 그 영토를 9도독부, 42주, 100현으로 나누었다. 안동도호부는 그 명칭이 말해주듯, 고구려만이 아니라 백제, 신라까지 총괄하는 기구였다. 말하자면 신라로서는 9년간의 전쟁을 치르면서 당나라의 뒤치닥거리에 국력을 낭비하고, 끝내는 당에 예속될 상황에 직면했다.

이에 신라는 당과의 전쟁에 나섰고, 671년(문무왕 11) 백제 옛 땅을 석권한데 이어 675년(문무왕 15)에는 매초성買肖城 전투에서 당의 20만 대군을 대파했다. 이듬해에는 금강

당은 663년 신라를 계림도독부로, 신라왕을 계림주도독으로 격하시켜 신라의 자주권마저 빼앗으려 했다.

매초성 그 정확한 위치는 『삼국사기』 지리지에 나오는 고구려 매성현으로 지금의 경기도 양주라는 견해가 있으나 아직 실증되지 않고 있다.

한국사는 없다 | 129

하류 기벌포伎伐浦에서 당의 수군을 격파함으로써 한반도에서 당의 세력을 완전히 축출했다. 이 때 신라가 차지한 영토는 어디까지였을까. 과연 '한반도 통일'이란 단어를 쓸 정도였을까.

평양마저 잃어버린 반쪽통일

삼국통합 직후인 신문왕대(681~692)에 개편된 지방제도를 보자. 당시 전국의 행정구역을 9주로 나누고, 특별히 경주에서 멀리 떨어진 지역을 관할하기 위해 소백산맥 외곽 지역과 김해지역에 5소경 五小京을 설치했다. 그리고 그 행정구획에 따라 군관구와 같은 성격의 10정 十停을 설치했는데, 상주와 웅주, 전주, 양주, 강주, 무주, 명주, 삭주 등 8개 주에 하나씩 두고 한주漢州에는 두 개를 설치했다. 지역도 넓지만 국방상 가장 중요한 지역이었기 때문이다.

한주의 치소治所는 오늘의 경기도 광주지역에 있었다. 그리고 두 개 가운데 하나인 남천정南川停은 지금의 이천, 다른 하나인 골내근정骨乃斤停은 여주에 각각 위치하고 있었다. 이처럼 서북 일선의 중심이 대략 한강 이남지역에 치중된 것으로 보아 신라는 한강 이북지역을 거의 방치하고 있던 것으로 보여진다.

물론 신라는 735년(성덕왕 34) 당나라로부터 패강浿江 이남의 땅에 대한 영유권을 공인받아 그 영토를 넓혔다. 『삼국사기』 신라본기 성덕왕 34년조를 보면 "김의충金義忠을 당나라에 보내 신년을 축하했다. … 의충이 돌아올 때 황제는 조칙으로 패강 이남의 땅을 주었다"라고 적혀 있다.

9주 중국의 옛 우왕禹王 때의 제도를 모방한 것으로 신라·백제·고구려의 옛 땅에 각기 3개의 주를 설치했다.

10정 일명 '삼천당三千幢'이라고도 한다. 남천정·골내근정 외에 음리화정音里火停(상주), 고량부리정古良夫里停(청양), 거사물정居斯勿停(임실), 미다부리정未多夫里停(나주), 벌력천정伐力川停(홍천), 이화혜정伊火兮停(청송) 등이다.

김의충 경덕왕의 장인. 당나라에 다녀온 후 6관등인 아찬으로서 시중에 임명되었고 그뒤 이벌찬까지 승진했다(?~739).

이 때 패강은 어디일까. 예성강으로 보는 견해도 있지만 대동강이 분명하다. 『삼국사기』 지리지 고구려조에 "평양성은 지금(고려시대)의 서경西京이고 패수浿水는 바로 대동강인 듯하다. 무엇으로써 이것을 알 수 있는가.…대동강을 패수라고 한 것은 명백하며 서경이 평양이라는 것도 알 수 있다"라고 기록하고 있다. 결국 신라는 고구려가 멸망하고 반세기가 훨씬 지나서야 비로소 대동강에서 원산만에 이르는 국경선을 설정할 수 있었다.

당나라가 패강 이남의 땅을 신라에게 준 이유는 무엇일까. 당시 만주 지역에서 새롭게 등장한 발해 세력에 위협을 느끼고 있던 당나라는 막상 발해 무왕이 732년 산동성 등주를 침공하자 신라에게 군사동원을 요청했고, 이에 신라가 발해의 남쪽 국경지대인 함남 지방에 출병한 대가였다. 물론 거기에는 패강이 발해의 팽창을 견제하기 위한 요충지라는 계산이 밑바닥에 깔려 있다.

그러나 신라가 이 땅을 행정구역에 편입시킨 것은 한참 뒤였다. 당나라로부터 영유권을 인정받은 지 13년 만인 748년(경덕왕 7) 예성강 연안 지역에 영풍군 등 4군현을 설치했다. 이어 14년 뒤인 762년(경덕왕 21)에는 예성강 북쪽에 오관군 등 6군현을 두었다. 그리고 헌덕왕대(809~825)에 이르러 취성군 등 4군현을 새로 설치함으로써 비로소 대동강 남쪽 연안을 영토로 확정시켰다.

물론 평양은 제외되었다. 평양은 대동강 이북 지역에 위치하고 있었기 때문에 이 때까지 신라의 영토가 아니었다.

만일 신라가 삼국을 통합하여 민족통일을 이루어야겠다는 확고한 의지와 능력이 있었다면 결코 고구려의 상징인

732년 신라는 발해의 남쪽 국경지역을 공격했으나 추위와 눈으로 반 이상의 병사를 잃고 돌아올 수밖에 없었다.

평양을 외면하지는 않았을 것이다. 더욱이 패강 이남의 땅을 확보한 목적이 고구려의 옛 땅을 통합하기보다는 발해의 팽창을 막기 위한 조처였다는 점에서, 신라는 본래 삼국을 통일하려는 뜻이나 그럴만한 능력도 없었던 것이다. 무엇보다도 백제·고구려의 멸망을 가져온 당과의 연합전선이 백제의 잦은 침입으로 위기의식을 느낀 생존전략 차원에서 비롯되었다는 점이 그것을 단적으로 증명한다.

더욱 분명한 것은 신라가 당군을 한반도에서 패퇴시킨 뒤에도 더 이상 북진을 염두에 두지 않았다는 점이다. 고구려 유민들의 활발한 고구려 부흥운동으로 당의 요동 지배가 난관에 봉착하는 등 기회가 있었음에도 신라는 북부 국경 지역에 대해 관심을 나타내지 않았다. 오히려 681년(신문왕 원년) 김흠돌의 난을 계기로 진골들에 대한 숙청을 단행하여 강력한 왕권을 정점으로 한 중앙집권체제 구축에 골몰했다.

김흠돌 김유신·김인문 등을 도와 고구려 정벌에 큰 공을 세운 장군. 딸이 신문왕비가 되었으나 오랫동안 아들을 낳지 못했다. 모반 사건의 구체적인 내용은 나타나 있지 않다.

극단적인 인사차별 실시

끝으로 신라가 삼국통일 이후 민족융합정책을 적극적으로 펼쳤다는 대목을 살펴보자.

흔히 삼국통일 예찬론자들은 백제·고구려 유민을 신라의 관료조직이나 군사조직에 편입시킴으로써 관용을 통한 민족융합의 길을 마련했고, 백제 출신 고승인 경흥憬興 을 국로國老로 맞아들여 민심을 수렴하는 등 민족통합의 당위성을 보여주었다고 했다. 또 통일신라의 불교계의 고승들이 모두 고구려계인 것은 사상계와 학계에 백제와 고구려 유민들이 활약하고 있음을 말해주는 것이라고 했다.

경흥 웅천주 출신으로 681년 문무왕의 유언에 따라 신문왕에 의해 국로가 되었다. 신라 3대 저술가의 한 사람으로 신라 불교를 체계화시키는데 심혈을 기울였다.

신라 관등제도는 제1관등인 이벌찬을 정점으로 이찬, 잡찬, 파진찬, 대아찬, 아찬, 일길찬, 사찬, 급벌찬, 대나마, 나마, 대사, 사지, 길사, 대오, 소오, 조위 등 17관등이다.
그러나 진골은 제1등급인 이벌찬까지 승진할 수 있으나 6두품은 6위(아찬), 5두품은 10위(대나마), 4두품은 12위(대사)까지 승진하는 제한을 두고 있었다.

과연 그럴까. 인사정책을 보면, 신라가 오히려 백제·고구려 유민들에게 얼마나 제도적으로 차별했는지를 알 수 있다. 673년(문무왕 13)에 마련한 백제 유민의 관직 규정을 보면, 백제 유민들은 신라 17관등 가운데 10위(대나마) 이하에만 임명될 수 있었다. 그리고 686년(신문왕 6)에 제정된 고구려 유민에 대한 관직 규정에는 그보다 두 등급 높은 7위(일길찬)까지 올라갈 수 있게 했다. 한마디로 고구려·백제 유민에 대한 극단적인 차별정책이었다.

이처럼 신라가 백제·고구려 유민을 제도적으로 차별했기 때문에 유민들은 망국의 원한을 버리지 못하고 신라에 대해 경계심과 적개심을 키웠으며, 그 결과가 훗날 후삼국시대의 출현으로 표출된 것이다.

한편, 백제와 고구려의 멸망 이후 전개되었던 역사적 사건도 신라의 삼국통일론이 허구에 불과했음을 방증해주고 있다. 고구려에 대한 당의 점령정책은 고구려 유민의 강력

발해의 도읍지였던 중국 길림성 연길시 근교의 동경성

대형은 고구려 후기 직제의 5품쯤 되는 벼슬이다.

안승 고구려 멸망 후 서해의 사야도에 피신해 있다가 검모잠에 의해 한성(지금의 재령)에서 왕으로 추대되었다. 신라에 구원을 요청하자 문무왕은 그를 고구려왕으로 봉했다. 신라에 투항한 뒤에는 금마저金馬渚(지금의 익산)에 자리잡고 보덕국왕으로 봉해졌다.

보장왕 고구려 멸망 후 당나라로 잡혀갔다가 정치의 책임이 왕에게 있지 않다고 하여 당나라로부터 '사평대상백원외동정司平大常伯員外同正'에 임명되었다.

한 저항을 불러일으켰다. 평양 외곽지대에 잔존했던 고구려군은 대형 검모잠劍牟岑의 주도하에 궁모성窮牟城을 근거로 삼아 당나라에 맞서는 등 부흥운동을 활발하게 전개했다. 그들은 왕자 안승安勝을 추대하여 당군과 싸우다가 안승이 신라에 투항한 뒤로는 지역별로 흩어져서 당나라에 대항했다. 그 결과, 당나라는 676년 평양에 설치했던 안동도호부를 요동성으로, 이듬해엔 무순 지방의 신성新城으로 옮길 수밖에 없었다.

이 때부터 당나라는 요동지방의 고구려 유민을 무마하기 위해 보장왕을 요동주도독조선왕遼東州都督朝鮮王으로 봉했는데, 그는 오히려 말갈족과 손을 잡고 고구려 부흥을 도모하다가 실패하여 유배당하기도 했다. 당나라는 이어 그의 손자를 또다시 조선왕으로 삼았지만, 그마저 고구려 부흥세력과 손을 잡아 당나라에 대항했다. 당의 이런 무마책은 안동도호부마저 유명무실해진 상황에서 결코 성공할 수 없었다. 그리고 부흥운동 과정에서 고구려를 계승할 건국역량이 축적되었음은 물론이다.

즉, 고구려의 장군 출신 대조영大祚榮이 696년 고구려 유민들과 말갈인들을 규합하여 만주 동부지역으로 이동하다가 천문령 전투에서 당군을 크게 격파하고, 이어 698년 길림성 돈화현 부근의 동모산東牟山에서 진국振國을 건국할 수 있었던 것이다. 이것이 곧 발해로서, 고구려가 멸망한 지 30년 만의 일이었다.

실제 발해인 스스로도 고구려를 계승했음을 분명히 했는데, 이는 발해 무왕이 일본에 보낸 국

발해의 정혜공주 묘에서 출토된 돌사자

서에서 고구려의 옛 땅을 수복했다고 한 것이나 스스로 고구려국이라 칭한 것 등에서 확인할 수 있다.

결국 신라의 한반도 민족통일은 30여 년만에 또다시 그 의미를 잃은 셈이었다. 7세기 후반부터 10세기 전반에 걸쳐 삼국의 옛 땅인 만주와 한반도에는 신라와 발해가 병존하는 남북국시대가 전개된 것이다.

훈요십조는 조작되지 않았다

공주 근교의 금강 전경

역산 중국 산동성山東省 지난濟南에 있는 산. 천불사가 있다.

패택 중국 강소성江蘇省 풍현豊縣으로 한나라를 세운 유방劉邦의 고향.

"내 듣건대, 순舜은 역산歷山에서 밭을 갈다가 요堯의 양위를 받았고, 한고조漢高祖는 패택沛澤에서 일어나 드디어 한의 왕업을 이룩했다. 나도 평범한 집안에서 일어나 잘못 추대되어 더위와 추위를 무릅쓰고 마음과 몸을 몹시 고달피해가면서 19년 만에 국내를 통일하고 즉위 25년에 몸은 이미 늙었다. 행여나 후사들이 방탕하여 기강을 문란하게 할까 두려워하여 '훈요'를 지어 전하노니, 조석으로 읽어 길이 귀감으로 삼으라."

이 글은 태조 왕건이 후손들에게 남긴 훈요십조의 서론이라 할 수 있는 신서信書의 전문이다. 여기서 '즉위 25년'이란 이 '훈요'를 찬술하던 해로서 942년을 가리키며, 태조는 그 이듬해 이것을 중신 박술희朴述熙에게 전하여 후세의 귀감으로 삼도록 부탁하고는 세상을 떴다.

조작설을 주장하는 사람들

그러나 고려시대 5백 년의 역사를 훑어보면 아버지를 따라 궁예의 휘하로 들어갔다가 23년 만에 새 왕조를 개국한 그의 바람과는 너무 동떨어진 역사를 기록하고 있어서 안타까운 생각이 든다. 다만 본래 왕실 가전家傳의 심법心法으로서 신민에게 공개될 유훈이 아니었는데, 그 내용이 사서史書에 실린 뒤로는 식자 간에 널리 알려졌고, 군왕을 간하는 신하들의 전거典據가 되기도 했다는 점에서 그 의의가 있지 않았을까 싶다.

흔히들 훈요십조를 이야기할 때마다 가장 많이 거론되는 대목이 지역차별의 원조라는 비난과 조작설이다. 지역차별과 관련된 문제는 지역차별 문제에서 자세히 검토하기로 하고 여기서는 조작설을 살펴보기로 한다.

훈요십조 조작설은 일제 시대부터 제기되었다. 이를 제일 먼저 제기한 일본인 학자 이마니시 류今西龍는 열 가지 조목을 하나 하나 문제 삼아 위작된 것이라고 주장했다. 예컨대, 그는 거란과 고려와의 관계를 볼 때, 훈요십조가 제정될 당시에는 고려인들이 거란을 모방하는 풍조는 물론 그 징후도 없었다고 하면서, 제4조 '거란은 금수의 나라이므로 풍속과 말이 다르니 의관제도를 본받지 말라'는 내용은 시대적으로 맞지 않다고 했다. 또 제5조에서 '사중四仲 마다 서경으로 나아가 1백 일을 머물러 안녕을 이루게 하라'고 서경을 중요시하라고 훈시했음에도 태조의 뒤를 이어 왕위에 오른 혜종부터 제5대 경종 때까지 전혀 지켜지지 않았음을 예로 들면서 이 역시 조작되었다고 주장했다.

무엇보다도 훈요십조가 발견된 과정에 의문을 제기하고 그것을 보관했던 최항崔沆과 발견한 최제안崔齊顔의 조작설을 강하게 주장했다. 특히 최항에 의한 조작에 더 비중을 두었는데, 두 사람 모두 신라계라는 점을 문제로 삼았다. 즉, 최항은 신라 말 최치원의 사촌아우이자 '3최三崔'의 한 사람으로 태조 왕건의 참모로 활약했던 최언위의 손자였고, 최제안은 유명한 최승로崔承老의 손자였다. 그리고 최승로는 신라에서 관직 생활을 하던 아버지 최은함崔殷含과 함께 열두 살 때 고려로 귀부한 인물이었다.

그렇다면 정말 그의 주장처럼 왕실의 중요한 문서가 어떻게 사가私家에 보관되어 있었을까. 그리고

사중이란 4계절의 성격이 가장 두드러지게 나타나는 음력 2월과 5월, 8월, 11월을 말한다.

3최 최치원·최승우·최언위를 말한다. 최언위는 신라가 망하자 고려에 가서 태자사부太子師傅가 되었다. 이때 궁원의 액호額號는 모두 그가 선정한 것이었다고 한다(868~944).

최승로 12세 때 태조 앞에서 논어를 암송하여 칭찬을 들었고 원봉성 학사로 학문 연구에 전념했다. 988년 문하시중으로 봉해졌다(927~989).
아래 사진은 『고려사』 열전에서 최승로의 오조五朝 정화에 관한 상소문 부분.

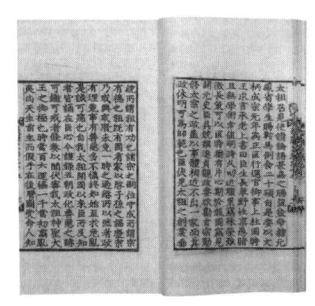

왜 유독 신라계 인물인 최항과 최제안이 관련된 것일까.

훈요십조 발견을 둘러싼 의문

먼저 훈요십조의 전승 과정부터 살펴보자. 943년 4월, 태조 왕건은 숨을 거두기 직전에 박술희에게 훈요십조를 전하고 후세의 귀감으로 삼도록 부탁했다. 물론 훈요가 하루 이틀에 작성된 것은 아닌 것으로 보인다. 각 조항의 말미마다 '마음에 간직하라'는 뜻의 '중심장지中心藏之'라는 네 글자가 쓰여 있는 것을 보면, 평소 틈틈이 메모하여 두었던 것을 죽기 전에 정리한 것으로 여겨진다. 여기서 주목되는 사실은 그것을 전해 받은 인물이 박술희라는 점이다.

박술희는 열여덟 살 때 궁예의 휘하에 들어갔다가 뒤에 태조를 섬기고 여러 차례 공을 세운 인물이었다. 용감했으며 육식을 좋아하고 두꺼비, 개미까지 모두 먹었다고 전하는 사람이었다. 921년(태조 4) 태조가 장화왕후莊和王后 오씨의 소생인 맏아들 무武를 태자로 세우고자 했다. 하지만 그 어머니 집안의 세력이 미약하여 태자 책봉이 어려울까 염려되었다. 어느 날 태조는 오래된 상자에 임금의 옷인 자황포를 담아 오씨에게 주었고, 오씨는 이것을 박술희에게 보여주었다. 이에 박술희는 태조의 뜻을 짐작하고 무를 태자로 삼을 것을 청하여 마침내 무가 정윤正胤되었다.

그는 태조가 임종할 때 나라 일과 훈요십조를 전수 받는 한편, 태자를 새 왕(혜종)으로 옹립하고 보좌할 것을 유언받았다. 그러나 당시 광주지방의 강력한 호족 출신이며 혜종의 장인으로서 권력을 쥐고 있던 왕규王規와 적대관계에

정윤이란 임금의 적자嫡子를 일컫는 말이다.

왕규 광주 지방의 호족 출신으로 두 딸을 태조의 비로 삼게 했다. 혜종이 죽고 그 이복동생(정종)이 즉위할 때 외손인 광주원군廣州阮君을 왕위에 앉히려고 반란을 일으켰다.

박술희 『고려사』 박술희전에는 왕규가 왕명이라고 속여 그를 죽였다고 되어 있으나 당시 왕규 자신도 갑곶에 유배되었다가 곧 살해되었으므로 이 기록을 그대로 믿기는 어렵다.

있었으므로 자신의 신변 보호마저 힘든 상태였다. 항상 군사 1백여 명으로 자신을 호위하게 할 정도였다. 그러다가 혜종이 병석에 눕게 되자, 그만 왕규의 음모에 의해 죽임을 당했다. 그리고 얼마 뒤에는 혜종마저 후사를 결정하지 못하고 병으로 죽고 말았다.

이렇듯 훈요십조를 전수받은 박술희가 비참한 최후를 맞이하고 그 와중에 후사를 결정짓지 못한 정변의 소용돌이 속에서 혜종마저 죽음으로써 훈요십조는 왕실의 은밀한 문서로 남겨질 수밖에 없었다. 더욱이 혜종의 후사가 결정되지 못한 혼란스러운 와중에 정종이 정변을 일으키고 왕위를 이은 당시에는 훈요십조가 정상적으로 전해질 수 있는 상황이 아니었다. 왕실의 여러 전적들과 함께 궁궐 한 구석에 보관된 의미 없는 문서였을 뿐이었다.

김심언 990년(성종 9) 성종에게 봉사奉事를 올려 이때부터 본격화되는 유교적 정치이념 구현에 공헌했다(?~1018).

황주량 학문적인 재주가 남달라 한림원과 사관史館의 요직을 역임했으며 세 차례나 과거를 주관하는 지공거知貢擧를 맡기도 했다. 7대실록 36권을 주관하여 편찬하기도 했다.

최충 문장과 글씨에 능하여 『고려사』 열전에는 해동공자海東孔子라 일컬어진다고 기록되어 있다. 사학12도의 하나인 문헌공도文憲公徒의 창시자이다. 이곳 출신자 중 많은 사람이 과거에 급제하여 성황을 이루었다고 한다(984~1068).

그것이 발견되는 과정은 어떠했을까.『고려사』최제안전에는 "신서와 훈요는 병란兵亂에 분실되었다가 (제안이 이미 죽은) 최항의 집에서 얻어 바침으로써 세상에 전하게 되었다"라고 적혀 있다. 여기서 '병란'이란 1010년(현종 원년) 개경까지 쳐들어 온 거란군의 침입을 말한다.

당시 개경의 궁궐과 기타 중요 건물들이 불타버렸고 동시에 역사서 등 많은 문헌들도 소실되었다. 이에 현종은 피해를 어느 정도 수습하고 난 뒤인 1013년(현종 4) 사국史局을 열고 최항을 감수국사로, 김심언金審言을 수국사로, 그리고 황주량과 최충을 수찬관으로 삼아 실록을 편수하게 했다.

그런데 편찬 도중 책임자인 최항이 1024년에 죽었고 그 뒤 수사修史의 책임을 맡은 최제안이 사료를 수집하기 위해 최항의 집에 갔다가 우연히 그것을 발견한 것이다.

개성 송악산 기슭에 있는 고려의 궁궐터 만월대

최항 1012년 경주의 조유궁朝遊宮을 헐어 그 재료로 경주 황룡사탑을 수리할 때, 자청하여 감독하기도 했다. 또 집에 불경과 불상을 조성하여 승려처럼 지내다가 집을 희사하여 아예 절로 만들기도 했다(?~1024).

강조 1009년(목종 12) 김치양金致陽의 난 때 서북면도순검사로서 난군을 치는 한편, 목종을 폐위하고 현종을 새 임금으로 추대했다(?~1010). 목종은 충주로 가던 중 강조가 보낸 사람에 의해 적성積城에서 시해되었다.

최항이 실록 편찬에 필요한 주요 전적들을 집에 보관하고 있던 이유는 무엇이었을까. 그것은 전란으로 불탄 궁궐이 1014년(현종 5)에야 복구되었기 때문에 최항은 편찬에 필요한 주요 전적들을 임시로 자신의 집에 보관했을 가능성이 농후하다.

일부에서는 권신 강조康兆에 의해 폐위된 목종으로부터 전해 받았다는 견해를 밝히기도 한다. 강조가 목종을 폐하고 현종을 세울 때, 최항은 목종을 따라 시골로 내려가 시종하기로 했는데, 이때 궁중에서 지니고 나온 태조의 '신서'와 '훈요'를 최항에게 맡겨 현종에게 전하도록 했다는 주장이다. 그리고 최항이 그것을 왕실에 바치지 않은 것은 그 내용을 달가워하지 않았기 때문이라고 추측한다. 즉, 자기 집을 절로 삼을 정도로 열렬한 불교 신자이며 신라 출신인 최항으로서는 사원의 남설濫設을 훈계했고 서경을 중시하라는 조항이 꺼림칙했을 것이라는 주장이다.

하지만 당시 고려는 전란의 후유증을 심각하게 겪고 있는 상황을 고려할 때, 이러한 추측은 근거가 매우 취약한 추리 수준에 불과하다. 그보다는 궁궐이 복구되지 않은 상황에서, 최항은 많은 자료들을 모아들여 임시로 자기 집에 보관했을 것이고, 그가 갑자기 죽자 실록 편찬의 책임자가 된 최제안이 사료 수집을 위해 최항의 집에 갔다가 우연히 발견한 것으로 이해하는 게 보다 합리적일 것이다.

훈요십조 전문

이번에는 그 내용의 일부가 조작되었다는 점을 따져보자.

조작설 주장론자들은 태조가 남긴 유언이 아니라 후대에 정치적인 의도 하에서 조작되었다고 주장한다. 우선 훈요십조의 전문은 다음과 같다.

제1조 우리 나라의 대업은 반드시 부처의 호위하는 힘을 입은 것이다. 그러므로 선禪·교敎 사원을 창건하고 주지를 선발하여 각각 그 업業을 다스리도록 했다. 후세에 각 업의 사사寺社가 서로 다투고 빼앗을 것이니, 이를 반드시 금하게 하라.

제2조 도선이 "내가 지정한 곳 외에 함부로 창건하면 지덕地德을 상하게 하여 왕업이 길지 못할 것이다" 라고 하였으니, 후세의 국왕, 공후, 후비后妃, 조신朝臣들이 함부로 원당願堂을 세운다면 큰 걱정이다. 신라 말에 사탑을 다투어 세워 지덕이 손상하여 나라가 망한 것이니, 이를 어찌 경계하지 아니하랴.

제3조 왕위 계승은 맏아들로 함이 비록 상례이긴 하지만, 만일 원자가 어질지 못하거든 둘째 아들에게 전하여 줄 것이며, 그 아들도 그러하거든 형제 중에서 여러 사람의 추대를 받는 자에게 대통을 잇게 하라.

제4조 우리 동방은 예로부터 중국 풍속을 숭상하여 문물 예악을 모두 거기에 좇고 있으나 풍토와 인성이 다르므로 반드시 같이 할 필요는 없다. (더욱이) 거란은 짐승과 같은 나라이므로 풍속과 말이 다르니 의관제도를 본받지 마라.

제5조 나는 우리나라 산천 신령의 도움을 받아 통일의 대업을 이룩했다. 서경의 수덕水德은 순조로워 우리나라 지맥의 근본을 이루고 만대에 대업을 누릴 만한 곳이니, 마땅히 사중월에는 순수巡狩하여 1백 일을 머물러 안녕(태평)을 이

훈요십조 『고려사』 태조세가 26년 4월조와 『고려사절요』 동년 동월조에 있으며, 이는 당시의 실제 상황을 기록한 고려실록에서 인용한 것으로 추정된다. 위 사진은 『고려사』에 실려 있는 훈요십조 첫머리 부분.

한국사는 없다 | 143

> 루게 하라.
>
> 제6조 나의 지극한 바람은 연등燃燈과 팔관八關에 있다. 연등은 부처를 섬기는 것이고, 팔관은 하늘과 5악五岳, 명산, 대천, 용신龍神을 봉사하는 것이니, 후세에 간신이 신위와 의식절차에서 더하고 빼기를 권하지 못하게 하라. 군신이 동락하면서 제사를 경건히 행하라.
>
> 제7조 임금이 신민의 마음을 얻는다는 것은 매우 어려우나, 그 요는 간언을 받아들이고 참소를 멀리 하는데 있으니, 간언을 좇으면 어진 임금이 되고, 참소가 비록 꿀과 같이 달지라도 이를 믿지 아니하면 참소는 그칠 것이다. 또 백성을 부리되, 때를 가려하고 부역을 가볍게 하며 세금을 적게 하고 농사의 어려움을 안다면 자연히 민심을 얻고 나라가 부강해지고 백성이 편안할 것이다. 옛말에 "중重한 포상에는 좋은 장수가 생기며, 활을 벌리는 곳에는 새가 피하고, 어진 정치를 베푸는 곳에는 양민이 있다"고 하지 않았는가. 상벌이 공평하면 음양도 고를 것이다.
>
> 제8조 차현 이남과 공주강 밖은 산형山形과 지세地勢 모두가 배역하니 인심도 또한 그러하니, 그 아래의 주군 사람들이 조정에 참여하거나, 왕후·국척國戚과 혼인을 맺고 정권을 잡으면 혹 나라를 어지럽히거나 혹 통합의 원한을 품고 반역을 감행할 것이다. 또 이 지역 사람으로서 일찍이 관노비나 진·역津驛의 잡역에 속하였던 자가 혹 세력가에 투신하여 요역을 면하거나 혹 왕후의 궁원宮院에 붙어서 간교한 말을 하며 권세를 잡고 정사를 문란하게 하거나 재변을 일으키는 자가 있을 것이니, 비록 양민이라도 벼슬자리에 두지 마라.

연등회 『삼국사기』 신라본기에는 관등 행사가 매년 정월 15일에 있었다고 한다. 고려 초기에도 같은 날짜에 시행되었다가 1010년(현종 1)부터 음력 2월 15일로 바뀌었다.

팔관회 신라 때 네 차례 열렸으며, 고려에 와서는 매년 11월 15일(서경은 10월)에 개최했고 전후 3일간 휴일로 정했다.

오악 동의 금강산, 서의 묘향산, 남의 지리산, 북의 백두산, 중앙의 삼각산을 가리킨다.

용신 『삼국사기』에는 진평왕 50년에 화룡제를 지냈다고 되어 있다. 『문헌비고』에도 용 그림을 걸어놓고 화룡제를 지냈다고 기록되어 있다. 아래 사진은 강원도 평창의 용신당.

연등회는 고려시대에 국가적 행사의 하나였다. 사진은 서울 봉은사의 연등

주공 중국 주나라를 창업한 문왕의 아들. 어린 조카 성왕이 제위에 오르자 섭정이 되어 주왕조의 기초를 닦았다. 예악禮樂과 법도法度를 제정하여 유학자들에게서 성인으로 존숭받고 있다.

제9조 무릇 신료들의 녹봉은 나라의 대소에 따라 마련한 것이니 함부로 증감해서는 아니 된다. 또 고전에 말하기를 "녹봉은 공로로써 하고, 임관은 사정私情으로써 하지 마라"고 했다. 만일 공로가 없는 사람이거나 친척과 가까운 자에게 까닭 없이 녹봉을 받게 하면 백성들의 원성뿐 아니라 그 사람 역시 복록을 오래 누리지 못할 것이니, 극히 경계하라. 또 이웃에 강포한 나라가 있으면 편안한 때에도 위험을 잊어서는 아니 되며, 항상 병졸을 보호하고 돌보아 주어야 하며 요역을 면하게 하고 매년 추기사열秋期査閱 때 출중한 자는 마땅히 승진을 시킬지어다.

제10조 항상 만일을 경계할 것이며 널리 경사經史를 섭렵하여 옛 일을 거울로 삼아야 한다. 주공과 같은 큰 성인도 '무일無逸' 한 편을 지어 성왕에게 올려 그를 경계하였으니,

한국사는 없다 | 145

도선 최치원과 같은 시대의 사람으로 선문구산파禪門九山派 중 하나인 동리산파桐裏山派의 개조 혜철惠哲로부터 인가받아 전남 광양 백계산의 옥룡사에서 독자적인 산문을 개설했다(827~898). 사진은 전남 영암 도갑사에 있는 영정.

이를 그림으로 그려 붙이고 출입할 때마다 보고 살피라.

사찰 남설을 금했는데

이상의 10개 조항 가운데 조작설 주장론자들이 특히 문제로 삼는 구절은 2조와 3조, 8조의 내용이다. 사찰의 남설에 따른 양적 확대를 경계한 조항, 왕위 계승에 관한 내용, 그리고 특정 지역에 대해 경계하라는 조항인데, 이들이 내세우는 근거는 얼마나 신빙성이 있는 것일까.

먼저 제2조에 대해, 도선道詵이 유명해진 것은 고려 현종 때 존호를 받은 이후이며, 그가 활동하던 신라 말에는 그리 대단한 존재가 아니었으므로 도선을 언급한 것 자체가 조작설의 증거라는 주장이다.

그러나 도선은 선종 승려의 한 사람으로 풍수지리설에 정통하여 이미 신라 말에 명망이 높았던 인물이었다. 898년, 72세를 일기로 입적하자, 신라 효공왕이 시호를 내리고 비문 찬술을 명한 사실을 봐도 그의 명망이 얼마나 높았는가를 짐작할 수 있다.

특히 이 조항은 도선의 풍수지리설에 따라 사찰을 창건해야 하며 함부로 절을 짓는 폐단을 경계하라는 뜻이지, 왕건이 도선에게 풍수지리설을 직접 전수 받았다는 의미가 아니다. 물론 왕건은 도선을 직접 만나지 못했다. 하지만 도선의 제자 경보가 왕건에게 귀부한 사실로 미루어, 일찍부터 도

경보 전남 영암 출신. 당나라에 유학갔다가 돌아와 921년 전주 임피군을 지날 때 만난 후백제의 견훤이 스승으로 모셨다. 고려로 통일된 뒤에는 태조에 이어, 혜종·정종의 왕사로 있었다(869~948).

선의 풍수지리설에 대해 많이 알고 있었을 것이다.

조작설 주장론자들은 이 조항이 후대의 왕들에 의해 잘 지켜지지 않았다고 하면서 조작되었다고 주장한다. 왕건의 진짜 작품이라면 후손들이 지키지 않을 리 없다는 것이다. 하지만 이것은 '훈요'의 본뜻을 잘못 이해했기 때문에 생긴 오해이다.

'훈요'의 1조와 2조를 보면, 고려가 부처의 도움으로 건국되고 통일을 이룰 수 있었다고 말하면서, 다른 한편으로 사찰의 무분별한 창건을 경계하라고 했다. 상식적으로 보더라도 사찰의 증가는 곧 승려의 증가로 이어지며, 이것은 생산

도선이 어린 시절을 보냈다고 전해지는 전남 영암의 도갑사

한국사는 없다 | 147

에 종사하면서 세금을 납부해야 하는 백성의 감소를 의미한다. 따라서 위정자의 입장에서 볼 때, 사찰의 무분별한 증가는 바람직스럽지 않다. '훈요'는 바로 이 점을 충고하고 있는 것이다.

물론 이 유언은 잘 지켜지지 않았다. 후대의 왕들은 오히려 사찰을 세우는 데 열심이었다. 때문에 신하들은 사원의 지나친 창건을 왕에게 간할 때, 곧잘 이 '훈요'를 인용했다.

1067년(문종 21) 문종이 흥왕사興王寺를 덕수현에 창건하고 그 현縣을 양천으로 옮기려 할 때, 문하시중 최유선崔惟善은 "우리 태조의 훈요에 '도선이 산천의 순역順逆을 관찰하여 가히 사찰을 세울만한 땅에 건설하지 않음이 없으니, 후세의 임금 및 신료들이 다투어 원우願宇를 건설하여 지덕을 훼손하지 말라'고 하였습니다. 폐하는 어찌하여 백성들의 재물과 힘을 낭비하여 나라의 근본을 위태롭게 합니까"라고 간언했다.

문종은 신하들의 반대에도 불구하고 흥왕사를 완성했는데, 그 규모가 무려 2천8백 칸에 달하고 공사 기간 또한 12년이 걸렸다. 절을 낙성한 뒤에 수많은 승려들이 모여들었지만 계행戒行이 청정한 자만을 1천여 명 뽑아 9일간 연등대회를 개최했다. 이 절의 초대 주지였던 의천義天은 훗날 이곳에서 속장경 간행사업을 펼치기도 했다. 이로 미루어, 문종은 선조(태조 왕건)의 유언도 중요하지만 부처의 공덕이 더 절실하다고 판단한 것으로 보인다.

그러나 훈요를 지키려는 노력 또한 꾸준했음을 엿볼 수 있다. 가령, 1122년 인종이 열다섯 살의 나이에 즉위하자, 장인 이자겸李資謙이 국정을 마음대로 처리했다. 이에 문신 최

흥왕사 경기도 개풍군 덕적산 남쪽 기슭에 있다. 몽고의 병란으로 소실되었다가 1330년 화엄종 승려들이 9년간 공사하여 이전 모습을 되찾았으나 조선시대에 들어와 폐허화되었다.

의천 흥왕사 주지로 있으면서 요·송 등에서 불교서적 4천여 권을 모았으며 교장도감敎藏都監을 설치하여 이들 경서를 간행했다. 그 목록『신편제종교장총록新編諸宗敎藏總錄』3권에는 1,010부 4,740권의 목록이 담겨 있다.

기우崔奇遇는 "폐하께서 새로 보위에 올라 간사하고 아첨한 자를 가까이 하고 사대부는 멀리 하니, 원컨대 항상 편전에 거동하시어 유신儒臣에게 국사를 자문하시고 한결같이 태조의 유훈을 따르십시오"라고 간언했다.

또 무신 최충헌崔忠獻은 1196년 무신 집정자 이의민李義旼을 죽이고 정권을 장악한 뒤, 폐정廢政의 개혁을 위한 봉사십조封事十條를 명종에게 올렸는데, 여기서 그는 "옛 정치를 개혁하고 새로운 정치를 도모하여 태조의 바른 법을 한결 같이 준행하소서. 태조께서는 반드시 산천의 순역에 따라 사찰을 세워 지리에 따라 편안케 했는데, 후대에는 산천의 길흉을 불문하고 불우佛宇를 세워 지맥을 손상시켜 재변이 자주 일어났습니다. 폐하는 비보사찰裨補寺刹 이외에는 없애어 남겨 두지 못하게 하소서"라고 밝혔다.

봉사십조 최충헌의 집권 명분 성격이 강하지만 폐정을 시정하려는 충정이 담겨 있었다. 비보사찰 외의 사찰을 도태시키라는 내용은 제9조에 들어 있다. 그러나 실권을 장악하고 나서는 오히려 그 내용이 무색할 만큼 탐학과 횡포가 더 심했다.

그런가 하면, 고려 말에 이르러 유학자들이 불교를 배척할 때 '훈요'를 자주 인용하기도 했다. 예컨대, 공양왕이 연복사演福寺 탑의 중창 공사를 시작하려 하자, 공사비가 엄청나다는 이유를 들어 신하들이 반대했다.

당시 김자수金子粹는 태조의 유훈을 어기는 것이라고 전제하고 "백성의 부모가 되어서 어찌 얻지 못할 복을 맞이하고자 백성에게 화를 끼치는 것이 옳은 것인가. 또 어찌 불법을 신봉하고 크게 탑을 세운 뒤에야 나라의 운명이 길 것인가"라고 직언했다.

김자수 고려말 정세가 어지러워지자 일체의 관직을 버리고 고향 안동에 은거했다. 조선 개국 후 태종이 형조판서로 불렀으나 나가지 않고 자손들에게 묘갈墓碣을 만들지 말라는 유언을 남기고 자결했다.

이 때 가장 격렬하게 불교 배척의 상소를 올린 박초朴礎는 "우리 태조가 나라를 통일한 처음에 깊이 징계하여 후대의 군신들이 사사로이 원찰을 세우는 것을 금했으나 태조의 유훈을 체득치 못하고 구습에 따라 암자를 짓고 탑을 세우

왼쪽 사진은 전남 영암 월출산에 있는 도갑사의 도선수미비

는 폐해가 더욱 심하니 애통하지 않으리까"라고 했다. 이 때문에 그는 공양왕의 미움을 받아 처형당할 뻔했는데, 정몽주와 정탁의 도움으로 풀려나기도 했다.

물론 이들 배불론자들의 주장과는 달리 불교를 옹호하는 측에서도 이 '훈요'를 인용하여 숭불정책을 주장하기도 했다. 그들은 "태조는 건국한 후 산천의 순역을 보고 지맥을 살펴서 절을 짓고 불상을 만들어서 복을 빌고 화를 물리쳤다. 이것은 우리나라 왕업의 기본이다"라고 주장했다.

이렇듯 고려시대에는 훈요십조를 사실로 받아들였고, 그 것을 지키려 애썼음이 확인된다. 따라서 일부분이 지켜지지 않았다고 해서 그것을 조작의 근거로 삼을 수는 없다. 더욱 이 훈요십조는 태조가 지을 때의 시대상황을 반영한 정치철학이다. 시대적 상황이 바뀌었는데도 그것을 곧이곧대로 따를 것을 고집한다면 오히려 더 큰 문제가 아닐까. 선조의 유훈을 기본으로 삼으면서 시대에 맞게 변화를 추구하는 것 또한 지극히 정상적인 정치행위인 것이다.

다음으로 왕위 계승에 관한 3조에 대한 조작설을 보자. 일반적으로 왕위 계승은 장자를 통해 이루어진다. 조선시대에도 적장자 계승을 원칙으로 했고 고려시대 역시 마찬가지였다. 그런데 태조 왕건은 적장자에게 왕위를 물려주는 것을 원칙으로 삼되, 적장자 계승만을 고집하지 않았다.

조작설 주장론자들은 바로 이 점에 주목하여 후대에 조작되었다고 한다. 즉, 제2대 임금인 혜종과 3대 임금인 정종은 어머니가 달랐는데, 혜종이 죽자 정변을 일으켜 왕위에 오른 정종이 자신의 왕위 계승을 합리화하기 위해 조작했다는 것이다.

정종 태조의 둘째 아들이며 어머니가 충주 호족 유긍달의 딸이다. 혜종의 뒤를 이어 945년 즉위했다. 서경의 왕식렴王式廉 세력의 도움으로 왕규 등 정적을 제거하고 정권을 잡았다(재위 946~949).

그러나 이 주장은 고려 사회의 전통을 이해한다면 전혀 문제될 것이 없다. 왜냐하면 고려시대는 물론이고 조선시대 전기까지만 해도 장자는 다른 자녀와 똑같이 재산을 상속받았고 제사 역시 자녀들이 돌아가며 지냈던 것이다. 따라서 왕위 계승 역시 굳이 맏아들만을 고집할 이유가 없었다.

이 조항은 고려 사회의 전통에 기반을 둔 사회적 특성을 보여주는 것이다. 때문에 조작설을 주장하는 사람들 역시 뚜렷한 근거를 제시하지 못하고 있다. 단지 정황만을 언급할 뿐인데, 이것은 훈요십조를 억지로 정치상황에 꿰맞춘 결과밖에 안 되는 것이다.

신라계와 백제계의 싸움?

마지막으로 호남지역 차별논쟁을 불러일으킨 8조에 대해 보자. 조작설 주장론자들이 내세우는 논거는 다음과 같다.

첫째로 혜종의 뒤를 이어 왕위에 오른 정종이 자신의 입장을 합리화시킬 목적으로 조작했다는 것이다. 즉, 혜종의 모후인 장화왕후 오씨는 나주 출신이고 그 자신은 충주 출신이라는 것이다.

둘째로 이 조항이 왕건의 작품이라면 나주 출신 장화왕후의 아들인 혜종을 후계자로 삼았으므로 그 자신이 어긴 셈이 되므로 성립될 수 없다는 것이다.

셋째로 '차현 이남과 공주강 외'의 사람들에게 벼슬을 주지 말라는 조항은 백제계를 차별하기 위해 신라계에서 조작한 것이라고 했다. 훈요십조가 신라계의 집안에서 발견된 것이라든지, 태조 왕건이 후백제인들을 미워했다거나 관직

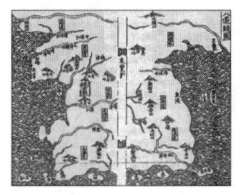

신증동국여지승람 조선 성종 때 편찬한 동국여지승람을 중종의 명에 따라 이행, 윤은보, 신공제, 홍언필 등이 1530년 완성한 관찬지리서. 55권25책. 삽입된 지도들은 본래 지지地誌를 읽는데 참고하도록 첨부된 것이다. 사진은 팔도총도.

현재 우리나라에는 우牛·상象·돈豚·장獐이란 성씨는 존재하지 않는다.

등용에서 배제시킨 흔적이 거의 없다는 것이 그 단적인 증거라고 했다.

과연 이들의 논거가 설득력이 있을까. 실제로 태조 왕건의 곁에는 호남 출신 인물들이 다수 포진하고 있었다. 장화왕후를 비롯하여 도선국사, 최지몽, 신숭겸, 박술희 등은 모두 이 지역 출신들이다. 하지만 그렇다고 해서 왕건이 이 지역에 대해 우호적인 생각을 갖고 있었던 것은 아니었던 것 같다.『신증동국여지승람』목천현조木川縣條에 "고려 건국 후 목천 사람이 자주 배반하는 것을 미워하여 그 고을 사람들에게 우牛, 상象, 돈豚, 장獐과 같은 짐승의 이름으로 성姓으로 내렸다"라고 적고 있음은 이 지역에 대한 그의 감정을 엿볼 수 있는 대목이다. 아마도 강제로 통합된 후백제 지역에 대한 불안감 때문일 것이다.

더욱이 그런 감정은 후대에도 상당 기간 계속된 것으로 보인다. 가령, 1010년(현종 1) 거란의 성종이 군사 40만을 거느리고 쳐들어오자, 현종은 강조로 하여금 이를 방어하게 했으나 참패하고 다음 해 개경이 함락되어 남으로 피난했다. 광주, 천안을 거쳐 전주 부근에 이르렀을 때의 상황을『고려사』는 다음과 같이 기록하고 있다.

"삼례역參禮驛에 이르자 전주절도사 조용겸이 야복野服으로 왕의 행차를 맞이했다. 박섬朴暹이 아뢰기를 '전주는 곧 옛 백제인지라 성조聖祖도 또한 미워했으니, 청컨대 임금께서는 행차하지 마십시오' 라고 했다. 왕이 그렇게 여겨 장곡역長谷驛에서 유숙했다."

조작설을 주장하는 사람들은 이 대목에서, 왕건의 훈요십조가 사실이라면 현종은 호남으로 피난하지 않았을 것이라고 주장한다. 하지만 이 견해는 오해에 불과하다. 그때까지 훈요십조는 알려지지 않았으며, 더욱이 현종의 피난 목적지는 왕건이 개척했던 나주였다.

조작설 주장론자들은 또 현종이 신라 왕실 출신 왕후의 손자라는 점을 거론하면서 현종 때에 신라계를 우대하고 후백제계를 견제하기 위해 이 조항을 포함시켰다고 했다. 물론 현종은 신라 경순왕의 사촌누이인 신성왕후의 손자이다. 경순왕이 고려에 항복을 청하자 태조 왕건이 후하게 대접했는데, 이에 경순왕은 자신의 큰아버지 김억렴의 딸을 왕건과 혼인시켰던 것이다. 그리고 성종이 경주 출신 최승로의 시무28조를 수용하여 유교사상에 입각한 중앙집권적 귀족정치를 펼친 이후, 중앙 정치무대에서 신라계 인물들, 예컨대 최항, 최제안 등이 두각을 나타낸 것도 사실이다.

그렇다고 이들이 후백제계의 진출을 억제하기 위해 이 조항을 조작했고 현종이 동조했다고 주장할 수 있을까. 비록 훈요십조를 최항이 보관해 왔고 그것을 최제안이 발견함으로써 세상에 드러났다고 하더라도 조작되었다고 단정지을 수 있을까.

당시의 정치 현실을 보면, 조작설 주장론자들의 주장이 침소봉대되었음을 알 수 있다. 당시 후백제계는 결코 신라계가 두려워하여 견제할 정도의 세력이 아니었다. 태조 왕건의 셋째 아들로서, 정종의 뒤를 이은 광종은 패서지역 출신 개국공신들의 세력을 억제하기 위해 무자비한 숙청을 단행하면서 후백제계를 대거 등용했다. 그러나 뒤이어 왕위에 오른 경종은 반대로 후백제계를 대부분 숙청해 버렸고, 따라서 현종 때에 이르러 후백제계의 세력은 미미했었다.

시무28조 현재 22개조만 전한다. 사찰 남조濫造와 승려의 궁중 출입 및 불상에의 금은 사용 금지, 연등·팔관회 행사의 축소 등 불교에서 파생된 폐단에 대한 비판이 8개 조항으로 가장 많고 민폐의 시정과 민역民役의 감소 등 민생문제가 7개항이다. 전체적으로 군주가 지켜야 할 도리를 강조하고 있다.

광종·경종 혜종, 정종과 달리 광종은 전생애를 통해 호족세력을 숙청하고 왕권을 확보하는데 힘써 혜종과 정종의 아들마저 비명에 죽게 했다. 반면에 경종은 신라계 정치세력을 두둔하는 경향을 보였다.

차별은 호남 아닌 후백제지역

여기서 훈요십조가 후백제지역 차별의 근거로 제시한 '배산역수背山逆水'에 대해 짚고 넘어가야 할 점이 있다.

첫째로 고려의 도읍지 개경을 중심으로 볼 때, 배산역수에 해당하는 지역은 금강이나 차령산맥만이 아니다. 낙동강과 태백산맥도 해당하고 한강 또한 마찬가지이다.

조선 후기의 학자 이익李瀷은 금강의 역수론逆水論에 대해『성호사설星湖僿說』신도한도조新都漢都條에서 다음과 같이 적고 있다.

"공주강이란 금강을 말한다. 이 강은 호남 덕유산으로부터 흘러나와 역류하여 공주의 북쪽을 휘감아 금강으로 들어간다. 신도 계룡산도 역시 덕유산과의 일맥一脈으로 임실 마이산을 거쳐 래룡來龍이 머리를 돌려 조산祖山을 바라보는 공자公字 모양을 이룬다고 한다. 그래서 감여가堪輿家는 금강을 소위 반궁수反弓水라 일컫는다."

금강이 개경을 향해 활을 겨냥하고 있는 듯한 반궁수 형국이기 때문에 흉지凶地라고 한다는 것이다. 이렇게 본다면 결국 배산역수를 언급하면서, 후백제 지역만을 지적한 것은 결국 차별의 정당성을 위해 당시 유행하던 풍수지리설을 끌어들인 것뿐이다.

둘째로 지적할 점은 '차현 이남 공주강 외'가 호남지역 전체를 가리키는 것이 아니라는 사실이다. 나주, 영암 등 전라도의 남서부 일대는 후삼국 초기에 백제의 땅일 때도 있었지만, 왕건이 궁예 밑에 있을 당시 정복한 고려의 땅이었다. 특히 나주 일대는 왕건이 일찍부터 개척한 땅으로, 왕건

성호사설 조선 숙종 때 대학자 이익(1681~1763)이 평생 수시로 지은 글을 모아 편찬한 책. 30권30책. 천지天地, 만물萬物, 인사人事, 경사經史,시문詩文 등 5개 문문門으로 되어 있다.

| **박영규** 935년 장인인 견훤이 아들 신검神劍에게 배신당하고 고려에 투항하자, 왕검과 내통하여 936년 태조의 신검 공격을 도왔다. 그의 세 딸은 왕건의 부인인 동산원부인, 정종의 비인 문공왕후와 문성왕후이다.

이나 고려 왕실에게는 개경 다음으로 중요한 지지 기반이었다. 전라도 순천 일대 역시 마찬가지였다. 견훤이 왕건에게 귀부했고 그의 사위인 박영규가 이어 왕건을 섬기겠다고 했을 때, 왕건은 그를 형님으로 모시겠다고 맹세할 정도였다. 그래서 왕건은 박영규의 딸을 왕비로 맞아들였고, 혜종 또한 그의 두 딸을 비로 맞이했던 것이다. 더욱이 순천은 왕건이 신검의 후백제를 멸망시키는 데 결정적인 역할을 한 지역이다.

이렇게 볼 때, 훈요십조의 8조는 호남 전체를 대상으로 한 것이 아니라 후백제 지역만을 가리키는 셈이 된다. 다시 말하면, 차현(차령산맥), 공주강(금강) 이남의 충청도 지역, 그리고 전라도에서 후백제 영역이었던 지역을 가리키는 것이다. 결코 고려의 영토였던 나주를 중심으로 한 전남 남서부 지역은 아니었다. 참고로 '차현 이남과 공주강 외'가 가리키는 지역이 호남이 아니라 특정 지역을 가리킨다는 주장도 있는데, 이 문제에 대해서는 지역차별 주제에서 다시 검토하기로 한다.

다만 한 가지 의문이 있기는 하다. 왜 '차현'과 '공주강'을 함께 지적했는가 하는 점이다. 필자가 보건대, 그것은 이 조항이 풍수지리설에 바탕을 둔 것이기 때문이다.

풍수지리설은 산의 형상과 물의 흐름으로 지기地氣를 판단하고 명당과 흉한 땅을 지목하기 때문에 당연히 차현과 공주강을 함께 언급해야 한다. 그리고 그 행간에는 풍수지리설을 빌어 차별의 정당성을 확보하고 이를 은유적으로 표현함으로써 특정 지역에 대한 구체적인 언급을 피하려는 정치적인 의도가 숨어 있지 않을까 싶다.

요컨대, 훈요십조의 8조는 호남이 아닌 후백제 지역에 대한 분명한 차별 조항이다. 고려시대 전기를 훑어보면, 후백제 지역 출신 인물들은 광종 때를 제외하곤 별로 등용되지 못했다. 특히 그 핵심 지역인 공주, 전주, 광주 출신은 찾아보기가 어렵다. 그러나 고려시대 전 기간을 놓고 볼 때, 호남지방 출신은 영남지방 출신 못지않게 활발하게 관직에 진출했다.

결론적으로 최초로 일본인 학자가 제기한 훈요십조 조작설은 당시의 낮은 연구 수준과 편향된 시각에서 한국사를 바라본 무지에서 비롯된 것이다. 그런데도 여전히 그의 주장에 동조하며 문제를 해결해 보려는 논자들이 아직도 남아 있다. 특히 우리 사회의 가장 큰 화두인 지역차별과 맞물리면서 훈요십조는 항상 그 원조로 지목받아 왔다.

물론 태조 왕건은 통일 위업을 이룩한 인물이기에 결코 지역차별을 하지 않았을 것이라고 주장하는 사람도 있다. 하지만 그는 후삼국의 격변기를 살아간 노련한 정치가이며, 정변을 일으켜 궁예를 몰아내고 권좌에 오른 인물이다. 무수한 반란과 전쟁을 겪으면서 후삼국을 통일했다.

역사적으로 승자에게는 '포용과 인내'라는 찬사가 주어진다. 그러나 그 이면에는 술수와 분노가 숨어 있기 마련이다. 결국 자신에게 끝까지 저항한 후백제 지역에 대해 그가 분노를 드러내고 차별했다는 것은 어쩌면 지극히 당연한 현상일지 모른다.

전근대시대엔 지역차별이 없었다

태조 왕건과 그의 비 신혜왕후 유씨가 묻힌 현릉. 경기도 개풍군 소재

"차현車峴 이남과 공주강 밖外의 산형지세가 모두 배역하고 인심 또한 그러하니, 그 아래의 주군 사람彼下州郡人이 조정에 참여하고 왕후나 왕실의 인척과 혼인하여 정권을 잡으면, 혹 나라를 어지럽게 하거나, 혹 통합의 원한을 품고 반역을 감행할 것이다."

이 글은 고려 태조가 942년(태조 25)에 자손들에게 훈계하기 위해 지은 '훈요십조'의 여덟 번째 조항으로 『고려사』에 기록되어 있다.

지역차별은 역사적 뿌리 있다는 인식

흔히 우리 사회에서는 지역감정, 지역차별 문제를 거론할 때마다 맨 먼저 후삼국 통일의 주역인 왕건을 떠올리는 사람들이 많다. 바로 이 '훈요십조'에서 지역차별을 조장했다고 생각하기 때문이다. 뿐만 아니라 지역차별은 조선시대에도 존재했는데, 가령, 정여립鄭汝立의 난, 이인좌李麟佐의 난은 각각 호남 차별과 영남 차별의 계기가 되었고, 홍경래洪景來의 난은 서북지방 차별을 계기로 삼아 일어났다고 주장하는 학자들이 많다.

지역차별 문제는 빈부격차, 통일문제와 함께 이 시대 최대의 화두이다. 지역차별에 기인한 지역감정은 정치뿐만 아니라 경제·사회 등 모든 면에서 우리 사회를 갈등과 대결의 사회로 몰아가는 주요한 요인이 되고 있다.

그러나 보다 심각한 문제는 지역차별이 오랜 역사적 뿌리를 갖고 있다는 통념이 깊이 뿌리내리고 있다는 점이다. 때문에 지역차별은 지극히 자연스런 현상이고 우리들이 숙명적으로 받아들여야 한다는 논리를 정당화시켜 주고 있다. 예컨대, 호남은 고려시대부터 차별받아 왔기 때문에 과거 정권에서의 차별은 지극히 당연하다고 주장되기도 한다. 과연 전근대시대에도 오늘날과 같은 지역차별과 지역감정이 존재했는지를 따져보자.

먼저 지역차별의 '원조'로 지목받고 있는 고려 태조의 훈요십조부터 짚어보자. 그 여덟 번째 조항은 풍수지리설을 근거로 하여 차현, 즉 차령산맥 이남과 공주강, 즉 금강 바깥쪽 출신은 인심이 사나워 반란을 일으킬 것이니 등용해서는 안 된다고 되어 있다.

여기서 차령산맥 이남이란 오늘의 천안과 아산 아래쪽, 다시 말해서 충남 남부 지역을 가리킨다는 점에서는 학계의 견해가 일치한다. 그러나 '금강 밖'이 어느 지역을 가리키는 것인지에 대해서는 의견이 분분하다. 그 동안에는 금강 아래쪽인 호남지방으로 보는 게 일반적이었는데, 최근 '밖'이란 아래가 아니라 위쪽을 뜻한다는 견해가 제시되면서 논란이 일기 시작했다.

이들은 '차현'이란 차령산맥 전체를 가리키는 것이 아니라 공주 북쪽에 있는 차령고개를 가리키며, '공주강'이란 금강 전체가 아니라 공주 위쪽을 흐르는 금강의 일부라고 주장한다. 또 '外'란 글자는 '上'과 같은 의미라고 하여 '공주강 외'를 '공주강 밖'이 아니라 '공주강 안'으로 해석한다. 따라서 '차현 이남과 공주강 외'는 호남지방이 아니라 차령고개의 남쪽과 공주강 언저리 혹은 그 북쪽의 좁은 지역을 뜻한다는 것이다.

또 태조 왕건이 궁예를 몰아내자 공주·홍성의 30여 성과

차령고개 충남 천안군 광덕면 원덕리와 공주군 정안면 인풍리의 경계에 있는 고개. 높이 190미터. 봉수산(366미터)과 국사봉(403미터) 사이에 있다.

청주, 천안의 목천木川 등지에서 반기를 들어 왕건의 미움을 산 적이 있었는데, 바로 이들 지역이 그곳에 해당한다고 했다.

하지만 이러한 견해는 객관적인 설득력이 약할 뿐더러 무리한 확대 해석이 아닐까 싶다. 우선 '차현 이남과 공주강 외'라는 글귀 다음에 '저 아래의 주군 사람'이란 구절이 있다. 또 왕조시대에는 항상 왕이 있는 곳을 중심으로 생각하게 마련이다. 따라서 고려시대에 개경을 중심으로 볼 때, 공주강 북쪽이라면 당연히 '공주강 내內'라 했을 것이다. 더욱이 천안의 목천은 차현의 남쪽이 아니라 북쪽에 있으며, 왕건에게 반기를 든 30여 성의 상당수도 차현 북쪽에 위치하고 있다.

왕건이 겪은 위기의 진원지

훈요십조의 지역차별 원조론과 관련하여 우리가 간과하지 말아야 할 점은 '훈요십조 조작설'이다. 일본인들 가운데 훈요십조가 후대에 조작되었다고 주장하는 학자들이 있는데, 이들은 태조 왕건이 중용한 인물에 등용하지 말라고 언급한 지역 출신 인물들이 상당수 포함되었다는 것이다.

18세 때 태조가 삼한을 통일한다는 꿈을 풀이하여 등용된 이래, 항상 태조를 따라다니며 측근 참모로서 총애를 받았던 최지몽崔知夢은 전남 영암 출신이며, 견훤의 사위였다가 왕건과 내통하여 후백제를 멸망시킨 후 좌승左丞이란 벼슬에 올랐던 박영규朴英規는 전남 순천 출신, 그리고 왕건의 둘째부인이며 혜종의 모후인 장화왕후莊和王后 오씨는 전

최지몽 경사에 널리 통달했을 뿐아니라 천문과 복서卜筮에도 정통했다. 945년 혜종이 병이 들어 신덕전에 있었을 때, 왕규가 몰래 혜종의 암살을 꾀했다. 그는 점을 쳐서 혜종에게 변이 생길 것을 알고 거처를 옮기게 함으로써 위기를 모면하게 했다고 한다(907~987).

장화왕후 태조가 궁예의 부하로 있으면서 수군장군水軍將軍으로 전남 나주지방에 출전했을 때 혼인했다. 위 사진은 두 사람이 처음 만났다는 빨래샘 완사천. 지금도 샘물이 솟아나고 있다.

마진 '마하진단'의 약칭으로 '마하'란 범어梵語로 크다(大)는 뜻이고 진단은 'cinitana'의 음역으로 진인秦人이 거주하는 땅이란 뜻이다. 대동방국을 뜻한다.

천수 933년 중국 오대五代의 후당後唐과 국교를 수립하면서 후당의 연호인 장흥長興을 사용하게 되자 폐지되었다.

남 나주 출신이라는 것이다. 그리고 이들은 조작의 주역이 다름 아닌 후대 후백제 출신에게 반감을 품은 신라계인 최항이나 최제안일 가능성이 크다고 했다. 이들은 모두 경주 출신이다.

이에 대해 역사학자 이병도李丙燾는 태조 왕건이 이 지역 출신을 중용한 것은 새로 귀부歸附한 후백제인에 대한 위무책의 하나로 취해졌을 것으로 판단했다. 그는 태조의 입장에서 볼 때, 후백제 지역에서 또다시 나라를 어지럽게 하는 일이 일어나는 것을 가장 우려하지 않을 수 없었을 터이고, 때문에 후대 왕들에게 이 점에 주의를 환기시킨 유훈일 뿐 조작된 것은 아니라고 했다. 그는 또 '공주강 밖' 후백제 지역의 산천이 모두 배역하여 사람들의 성품 또한 그 영향으로 배역성을 띠고 있다고 한 것은 그 당시 이전부터 인습적 지리설에 따른 것일지 모른다는 견해를 밝혔다.

현재 우리 국사학계는 이병도의 견해와 마찬가지로 훈요십조 조작설에 대해서는 부정적이다. 그 결과, 후백제 지역에 대한 차별이 있었다고 보는 것은 통설로 자리 잡고 있다. 그 논거를 살펴보자.

고구려의 부흥을 표방하고 후고구려를 세운 뒤 국호를 마진摩震, 태봉泰封으로 개칭했던 궁예의 실정이 거듭되자, 왕건은 홍유弘儒, 배현경裵玄慶, 신숭겸申崇謙, 복지겸卜智謙 등의 추대를 받아 918년 새 왕조의 태조가 되었다. 철원의 포정전에서 즉위하여 국호를 고려, 연호를 천수天授라 했다. 그러나 그에게는 많은 난관이 가로놓여 있었다.

먼저 안으로는 왕권에 도전하는 적대세력, 특히 '차령이남 공주강 밖' 지역인 청주, 공주, 홍성의 도전에 대처해야만 했다. 즉위한 지 5일째 되던 날, 공주 출신인 마군장군 환선길桓宣吉이 50여 명을 이끌고 내정內庭에 침입하여 태조를 시해하려 했다. 일찍이 아우 향식과 함께 왕건을

전남 나주에 있는 장화왕후 오씨의 유적비

섬기고 추대한 공이 있었으나 논공행상에 불만을 품고 반란을 일으켰던 것이다. 그러나 태조의 태연함에 복병이 있는 줄 알고 의심하여 달아나다가 위사衛士에게 잡혀 죽었다.

그로부터 9일 뒤에는 공주에 주둔해 있던 마군대장군 이흔암伊昕巖이 모반을 도모하다가 발각되어 죽음을 당했다. 이흔암의 처가 환씨인 점으로 미루어 이흔암과 환선길의 모반 사건은 깊은 관련이 있는 것으로 보이는데, 두 사람 다 궁예의 핵심적인 지지세력이었다.

환선길과 이흔암이 모반사건으로 처형되자, 이들과 관련 있는 공주, 홍성 등의 10여 주·현이 두 달 뒤 후백제에 투항해 버렸다. 그에 따라 궁예의 강력한 지지기반이었던 청주 세력도 태조 왕건에게 등을 돌리기 시작했다. 중앙에서는 청주 출신 임춘길林春吉이 반란을 일으켰다가 잡혀 죽었고, 이어 청주 호족인 진선陳瑄이 동생 선장宣長과 함께 반란을 일으키기도 했다.

이렇듯 불과 넉 달 사이에 네 차례의 반란 사건이 발생하

대구 팔공산 자락에 있는 신숭겸의 순절단

견훤 아들 신검에 의해 금산사에 석달 동안 유폐되었다가 나주로 도망하여 왕건에게 투항했다. 상부尙父의 지위와 양주楊州를 식읍으로 받았으나 얼마 뒤 창질이 나서 연산의 불사佛舍에서 죽었다(867~935).

신숭겸·김락 태조가 두 사람의 허수아비를 만들어 복식을 갖추고 자리에 앉게 하자, 두 공신은 술을 받아마시기도 하고 생시와 같이 일어나서 춤을 추기도 했다고 한다. 훗날 이 일화를 전해들은 예종은 1120년 두 공신을 추도하여 '도이장가悼二將歌'를 지었다.

자 태조 왕건은 자신의 정권 유지에 위협을 느낀 나머지 두 달 뒤인 919년(태조 2) 1월에 도읍을 자신의 출신 지역인 송악으로 천도했다..

한편 밖으로는 강대한 후백제의 견훤 세력에 맞서 싸워야만 했었다. 고려가 건국하자 견훤이 사람을 보내 왕건의 즉위를 축하했고, 925년에는 서로 인질을 교환하는 등 화친을 도모하기도 했지만, 두 나라는 실제로는 잦은 세력 다툼을 벌이고 있었다. 특히 신라가 왕건과 연합하여 견훤에 대항하는 형국이었다.

927년(신라 경애왕 4) 견훤은 지금의 상주인 근품성을 공격하고 영천을 거쳐 경주로 진격하여 포석정에서 경애왕을 살해하고, 왕의 종제인 김부金傅를 왕으로 삼았다. 바로 신라의 마지막 임금인 경순왕이다.

이 소식을 듣고 크게 분노한 태조 왕건은 직접 기병 5천 명을 거느리고 공산公山에서 견훤과 싸웠다. 오늘의 대구 동화사 근처였다. 그러나 이 전투에서 왕건은 오히려 크게 패했고, 견훤군에 포위되었다가 신숭겸, 김락金樂 등의 도움으로 겨우 도망칠 수 있었다. 그 뒤, 왕건은 두 사람의 전사를 애석하게 여겨 지묘사智妙寺를 세우고 명복을 빌었으며, 팔관회 때에는 두 사람의 허수아비에 복식을 입혀 참석시키기도 했다.

이렇듯 고려의 건국과정에서 태조 왕건에게 최대의 위기를 가져다준 인물은 다름 아닌 견훤이었고, 그의 활동무대는 바로 옛 백제 지역이었다. 말하자면 태조 왕건으로 하여금 이 지역 출신에 대한 반감과 두려움을 갖게 만들었고, 따라서 이 지역 출신의 등용을 저지하려 했을지 모른다는 통념이 훈요십조에 반영되었다는 견해이다.

경기도 중심의 고려 인사정책

그렇다면 고려시대에 후대의 왕들이 태조의 훈요십조에 따라 지역차별 정책을 펼쳤는지를 검토해 보자. 먼저 태조 당시부터 보자.

왕건이 고려를 건국한 초기에는 그의 주변에 후백제 출신 인물들이 다양하게 포진해 있었다. 그의 정비正妃 6인에는 고구려와 백제, 신라의 옛 지역 출신이 골고루 망라되어 있는데, 둘째인 장화왕후 오씨가 나주 출신이다. 그녀는 태조의 뒤를 계승한 혜종의 모친이기도 하다. 그리고 부인은 모두 23인이었는데, 백제 지역의 출신이 넷이나 된다. 그 중 전남 순천 출신의 박영규의 딸 동산원부인 박씨가 포함되어 있다. 박영규는 그 뒤 제3대 임금인 정종이 두 딸을 문공왕후文恭王后와 문성왕후文成王后로 맞아들임에 따라 정종에게도 장인이 되었다.

이밖에 후백제 지역 출신으로 등용된 인물을 보면, 개국일등공신으로 공산 전투에서 죽음으로써 왕건의 목숨을 구한 신숭겸이 전남 곡성 출신이고, 환선길의 반역 음모를 적발한데 이어 임춘길의 모반사건을 평정함으로써 새 왕조의 초석을 튼튼하게 다진 복지겸은 충남 면천 출신이다.

고위직 인사로는, 태조가 죽을 때 군국대사軍國大事를 부탁받고 훈요십조를 전수받은 박술희가 충남 면천 출신이고, 견훤에게 소속되어 있다가 아들과 함께 고려에 귀부하여 대상大相에 오른 공직 장군은 충북 매곡 사람이다. 핵심참모

역할을 했던 최지몽은 전남 영암 출신이고 전남 광산 출신인 김길金吉 등도 있었다.

그 자신이 독실한 불교도였던 왕건은 승려들을 우대했었는데, 그가 각별히 숭앙했던 선종 승려 가운데 백제 지역 출신이 상당수 포함되어 있었다.

무위사 주지로 일하며 군법사軍法師가 되어 왕건을 돕다가 궁예에게 죽임을 당했고 훗날 왕건이 건국한 후 왕사王師로 추존한 승려 형미逈微는 전남 강진 출신이다. 또 왕건이 사신을 보내 대궐로 초청하고 흥왕사興王寺 황주원黃州院에 머무르게 했으나 태조에게 '국가와 백성의 행복이 무엇인가를 항상 잊지 말아야한다'고 조언한 뒤 곡성 동리산으로 되돌아간 승려 윤다允多는 전남 나주 출신이다. 그리고 전라도 임피臨陂에서 견훤을 귀의시켰고 태조를 비롯하여 혜종, 정종 등 여러 왕들에게서 존경을 받았던 승려 경보慶甫는 전남 영암 출신이고, 태조로부터 '국사'의 예우를 받

형미 당나라에 14년간 머물면서 도응道膺의 법을 전해받고 돌아와 전남 강진의 무위사에 8년간 머물렀다(864~917). 시호는 선각국사. 사진(왼쪽)은 무위사 선각대사변광탑비.

윤다 선승이면서 임종 때까지 계율로써 스승을 삼으라고 당부할 만큼 율법을 중시했다. 일찌기 현풍玄風을 크게 떨쳐 신라 효공왕이 조서를 보낼 정도였다(864~945). 시호는 광자대사. 사진(가운데)은 전남 곡성의 태안사 광자대사탑비.

현휘 왕건 및 충주지역의 호족들과 깊은 인연을 맺고 있었다. 제자가 3백여 명에 달했다고 한다(879~941). 시호는 법경대사. 사진(오른쪽)은 주지로 있던 충주 정토사 옛터의 법경대사자등탑비.

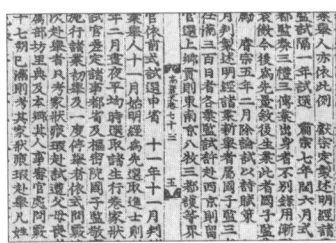

『고려사』 열전에는 후비전后妃傳 2권, 종실전宗室傳 2권, 제신전諸臣傳 29권, 양리전良吏傳 1권, 충우전·효우전·열녀전·방기전·환자전·혹리전酷吏傳 1권, 폐행전嬖幸傳 2권, 간신전 2권, 반역전 11권의 총 50권으로 되어 있다. 총 1,008인의 기록이 수록되어 있다. 사진은 고려사에 실린 과거 실시에 관한 기록.

으면서 충주 정토사淨土寺에서 수많은 사람들에게 종지宗旨를 가르쳐 명성을 떨쳤던 승려 현휘玄暉는 전남 남원 출신이다.

이처럼 왕건의 주변에는 후백제 출신의 인물들이 상당수 자리 잡고 있었다. 그가 후백제 출신 인물들을 차별하지 않았다는 반증인 것이다.

다음으로 태조 이후를 보자. 김성준은 세종의 명을 받아 정인지, 김종서 등이 1451년(문종 원년)에 완성한 『고려사』 열전과, 1530년(중종 25) 이행李荇과 홍언필洪彦弼이 편찬한 인문지리서 『신증동국여지승람新增東國輿地勝覽』을 중심으로 태조부터 17대 왕인 인종 초까지의 관인들의 출신지를 분석했다. 그에 따르면, 경기도가 50명으로 가장 많았고, 경상도 36명, 황해도 29명, 충청도 22명, 전라도 21명, 강원도 15명의 순이다. 이 통계를 보더라도 후백제 출신, 특히 논란 중인 호남 출신이 관직 등용에서 별다른 차별대우를 받지 않았음을 알 수 있다.

여기서 눈길을 끄는 것은 경기도 출신이 가장 많다는 점이다. 그것은 태조 왕건의 본거지가 송악을 중심으로 한 것이기 때문일 것이다. 그리고 경상도 역시 다른 지역에 비해 비교적 많은 관리를 배출했는데, 이 역시 당시 경상도 인구가 여타 지역에 비해 압도적으로 많은 것을 고려한다면 충분히 수긍되는 대목이다.

현재 고려시대 도별 인구 수를 확인할 수 있는 자료는 존재하지 않는다. 결국 조선 초 통계자료를 가지고 추정할 수밖에 없는데, 전근대 사회에서는 폭발적인 인구 증감 현상이 일어나지 않기 때문에 조선 초나 고려시대 인구 수는 거의 비슷했을 것이다. 『신증동국여지승람』에 따르면, 1404년 (태종 4) 도별 인구수는 경상도 9만 8천9백15명이고, 평안도 5만 2천8백72명, 충청도 4만 4천4백76명, 전라도 3만 9천1백 51명, 황해도 2만 9천4백1명, 강원도 2만 9천2백38명, 함경도 2만 8천6백93명이다.

인종 이후에는 어떻게 달라졌을까. 이 때는 김부식이 『삼국사기』를 편찬하던 시기였는데, 경기도보다는 경상도가 월등히 많았음을 알 수 있다. 즉, 경상도가 2백26명이고, 전라도 1백25명, 경기도 94명, 충청도 72명, 강원도 48명, 황해도 41명이다. 이 자료 또한 호남 출신이 결코 차별대우를 받지 않았음을 다시금 확인시켜 주고 있다.

조선시대엔 어떠했을까

조선시대에도 지역차별이 있었는지에 대해 살펴보자. 일반적으로 학계에서는 임금을 배반하여 반란을 일으킨

정여립이 최후를 맞이한 전북 진안의 죽도

반역향 영조 때 간행된 『속대전』에는 반역자가 거주하던 고을을 강등시켰으나 『속대전』 반포 후에는 태생읍胎生邑을 강등하는 사례가 보인다. 실제로 강등된 사례를 보면, 1403년(태조 3) 조사의趙思義의 난으로 인한 영흥의 강등, 세조 때 이시애의 난으로 길주가 강등된 것을 비롯하여 세종 때의 남해, 광해군 때의 충주, 선조 때의 안악, 숙종 때의 가평, 영조 때의 서산·청주, 정조 때의 안동·공주 등이다. 특히 충주는 광해군·영조·순조 연간에 걸쳐 6차례나 강등되었다.

일련의 정치적 사건으로 반역향叛逆鄉이란 낙인이 찍히면 해당 지역 출신자들이 관직 진출에서 차별대우를 받았으므로 지역차별이 존재했다는 견해를 택하고 있다. 그리고 그 대표적인 사례로서, 호남 차별론의 근거가 되는 정여립의 난, 영남 차별의 계기가 되는 이인좌의 난, 그리고 서북 차별을 명분 삼아 일으킨 홍경래의 난 등을 제시하고 있다.

먼저 조선시대에 호남 차별의 계기가 된 것으로 흔히 이해되는 정여립의 난부터 보자.

정여립은 전주 출신으로, 열다섯 살 때 익산군수인 아버지를 대신하여 일을 처리한 적도 많았는데, 그럴 때면 아전들이 부친보다 더 어려웠다고 한다. 통솔력이 있고 두뇌가 명석하여 일찍부터 경사經史와 제자백가서에 통달했으며, 1570년(선조 2) 식년문과에 급제한 뒤로는 이이李珥와 성혼成渾의 각별한 후원과 촉망을 받는 서인西人으로서 사람들의 이목을 끌었다.

그러나 1583년 예조좌랑이 되고 이듬해 홍문관 수찬이 된 뒤로는 당시 집권 세력인 동인편에 붙었고, 오히려 이이와 성혼을 공격하여 서인들로부터 '스승을 배신한 자'라는 비난을 받았다. 그리고 이를 불쾌히 여긴 선조로부터 배척당하자 벼슬을 버리고 고향으로 돌아갔다.

그러나 동인 사이에는 여전히 영향력이 있어서 감사나 수령 등 지방 관리들이 다투어 그의 집을 찾았고, 특히 전라도 일대에 그의 명망이 높았다.

그 무렵, 그는 진안 죽도竹島에 서실을 지어 놓고 대동계大同契를 조직하여 매달 활을 쏘는 사회射會를 열었다. 이 대동계는 1587년(선조 20) 왜구들이 전라도 손죽도에 침범했을 때, 당시 전주부윤 남언경의 요청을 받고 출동하여 왜구를 물리쳤을 정도로 널리 알려진 조직이었다.

그 뒤, 그는 대동계의 조직을 황해도 안악과 해주 등지로 확대했는데, 이 과정에서 서인 송익필宋翼弼의 사주를 받은 황해도관찰사 한준韓準, 안악군수 이축李軸 등의 고변으로 역모사건의 주모자로 몰렸다. 1589년(선조 22) 관련자들이 차례로 잡히자, 아들과 함께 죽도로 피신했다가 관군의 포위가 좁혀지는 것을 보고 자결하고 말았다.

그런데 이 사건과 관련해서 '무옥誣獄'이라는 주장과 '모역謀逆'이라는 정반대되는 주장이 조선시대부터 대립되어 왔다. 하지만 당시에는 정여립이 도망친 일이 역모의 증거로 굳어져 국청이 열리고 서인인 정철鄭澈이 위관이 되어 조사했는데, 이 과정에서 동인의 지도자로 활동하던 수많은 사람들이 처형 또는 유배당했다. 특히 이발李潑은 정여립의 집에서 자신이 보낸 편지가 발견되어 다시 불려가 고문을 받다가 죽었으며, 그의 형제, 노모, 자식까지도 모두 죽임을 당했다.

이 사건에 연루되어 3년 여에 걸쳐 화를 입은 인물이 무려 1천여 명에 달했는데, 그 중에서도 가장 큰 피해를 입은 사람들은 정여립의 출신지인 전주 지역의 사대부들이었다. 특히 전라도는 반역향으로 지목되어 그 때부터 호남 출신 사대부들의 관직 진출이 제한을 받았다는 것이 학계의 주장이다.

다음으로 홍경래의 난을 보자. 잘 알려진 대로 홍경래의 난은 1811년(순조 11) 홍경래, 김사용, 우군칙, 이희저, 김창시 등이 중심이 되어 일으킨 대규모 농민반란이다. 10여 년

정철 정여립의 모반사건 당시, 동인들의 탄핵으로 대사헌에서 물러나 전남 담양에서 4년간 은거생활을 하고 있었다. 이때 '사미인곡' '속미인곡' '성산별곡'을 지었다.

이발 82세 된 그의 노모는 형벌이 너무 지나치다고 꾸짖으면서도 끝내 역모에 관한 일을 승복하지 않았으며, 문생과 노비들도 모두 엄형을 가했으나 승복하는 자가 없었다고 한다.

홍경래 등은 당시 잠채광업潛採鑛業이 성행하여 각처의 빈민들이 광산촌에 운집해 있다는 점에 착안하고 운산 초래봉 밑에 광산을 열어 노동자들을 모았다.

간 준비되었던 조직적 반란이었고, 서북인에 대한 조선왕조 집권층의 차별정책에서 비롯된 것으로 알려져 있다.

이들은 역노驛奴 출신으로 무역을 통해 부를 축적한 가산의 부호 이희저李禧著의 집이 있는 다복동을 거점으로 삼아 군사들을 모집하여 훈련시켰다. 처음 동원된 군사들은 주로 광산 노동자로 위장하여 모집한 사람들이었는데, 대부분 지도부가 제시한 돈에 고용된 집단이었기 때문에 용병의 성격을 지니고 있었다.

이들은 남진군·북진군으로 나뉘어 거병한 지 열흘 만에 별다른 관군의 저항을 받지 않고 가산, 곽산, 정주, 선천, 철산 등 청천강 이북 전역을 장악했다. 하지만 지휘부인 부농, 상인층과 일반 병졸을 구성하는 소농, 빈농, 유민 등이 갖는 대립적 성격 때문에 하층민들의 자발적인 참여를 유도해 내

대동여지도의 평북 정주 부분

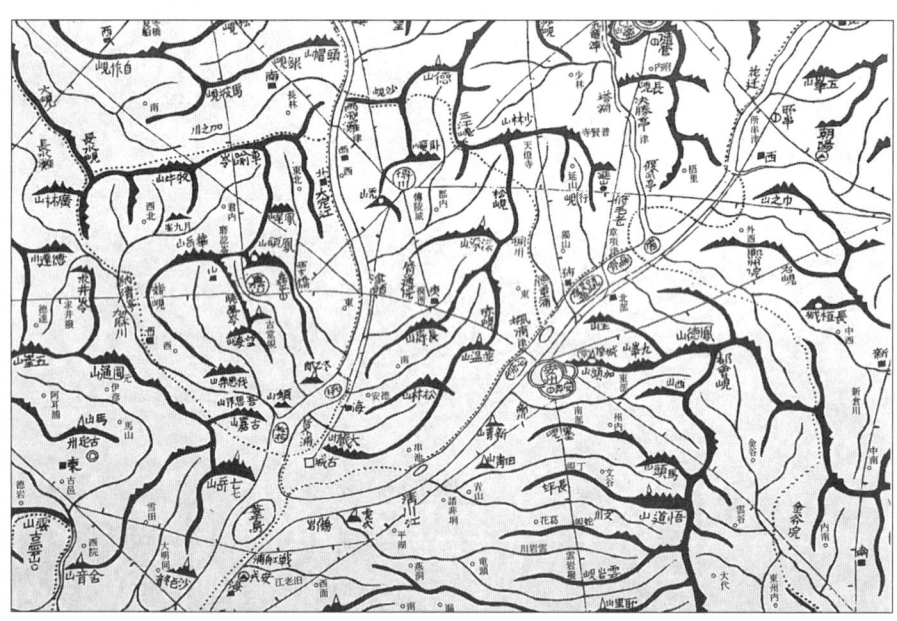

지 못했고, 특히 농민들의 지지를 받지 못한 탓에 전열을 가다듬은 관군이 반격해오자 점차 수세에 몰리게 되었다.

결국 박천 송림리 전투에서 크게 패하고는 정주성으로 퇴각하여 장기전에 돌입했다. 이 과정에서 관군의 초토화 전술로 피해를 입은 농민들이 합류함으로써 이들은 관군에게 완전히 포위된 상황에서도 거의 4개월간 맞서 저항할 수 있었다. 성내의 주력부대가 용병 성격의 광산 노동자들이 아니라 관군의 초토 전술로 인해 자진하여 합류한 농민들이었기 때문이다. 게다가 이들은 관군의 약탈로 피해를 입은 성 밖의 농민들로부터 지지와 성원을 받고 있었던 것이다.

그러나 관군의 화약 매설에 의한 성의 폭파로 농민군은 진압되고 생포자 가운데 남정 男丁 1천9백여 명과 홍경래 등 주모자가 모두 처형되었다.

그럼 홍경래의 난은 서북인에 대한 지역차별 때문에 일어났을까. 이들이 내건 격문을 보면 "조정에서는 관서 關西 를 버림이 분토 糞土 와 다름없다. 심지어 권세 있는 가문의 노비들도 서토 西土 를 보면 반드시 평안도 놈이라고 일컫는다. 서토에 있는 자로서 어찌 억울하고 원통하지 않은 자 있겠는가" 라는 구절이 있다. 학계에서는 이 구절을 내세워, 서북인의 푸대접에 대한 반발이라고 파악하고 있다.

마지막으로 이인좌의 난을 계기로 영남이 반역향으로 낙인찍혔고 이 지역 출신들이 차별을 받았다는 통념에 대해 살펴보자.

조선의 20대 임금 경종과 21대 영조 때에는 서인에서 분당한 노론과 소론의 정쟁이 치열했던 시기였다. 특히 경종 때는 경종을 지지하는 소론과 경종의 뒤를 이을 왕제 王弟

인 연잉군(후에 영조)을 지지하는 노론의 다툼이 격렬했다.

특히 경종은 숙종 말년에 세자 대리청정을 할 때에도 정사에 별로 관여하지 않았고, 재위 중에도 국사를 제대로 처리하기 어려웠으므로 노론측은 경종의 무자다병無子多病을 이유로 연잉군의 세제 책봉과 세제 대리청정을 서둘렀다. 그러자 소론측은 경종을 보호한다는 명분으로 신임사화申任士禍를 일으켜 김창집, 이이명, 이건명, 조태채 등 노론 사 대신이 사형 당했다. 그러나 경종이 재위 4년 만에 죽고 영조가 왕위를 계승하자, 노론이 정권을 잡고 신임사화의 옥사를 문책하기 시작했다. 이에 자신들의 정치적 지위를 위협받게 된 소론 강경파는 정계에서 차별 대우받던 남인들을 포섭하여 영조와 노론의 제거를 계획했다.

특히 강경 소론파였던 이인좌는 경종이 영조와 노론에 의해 독살 당했다고 믿고 선왕(경종)의 복수를 명분으로 소현세자의 증손인 밀풍군 탄坦을 추대하고 무력으로 정권 쟁탈을 꾀했다.

그는 스스로 대원수라 칭하고 1728년(영조 4) 상여에 무기를 싣고 청주성에 진입해서 충청병사 이봉상을 살해하고 청주성을 점령했다. 이어서 각처에 격문을 돌려 병마를 모집하고 관곡을 풀어 나누어주는 한편, 군대를 이끌고 서울을 향해 북상했다. 하지만 안성에서 도순무사 오명항吳命恒이 이끄는 관군에게 패하고 죽산으로 도망쳤다가 마을 사람들에 잡혀 서울로 압송되었다.

이 때 호남에서는 태인현감 박필현과 담양부사 심유현이 군사를 이끌고 참가할 예정이었으나 합류하지 못했고, 영남 지역에서는 정온鄭蘊의 4대손인 정희량鄭希亮이 이인좌의

오명항 정여립의 난을 토평하여 우찬성을 제수받았으나 자신이 이인좌와 같은 소론이란 점을 자책하고 사퇴를 청했다. 효성이 지극하여 효자정문이 세워졌다(1673~1728).

동생 이능좌와 함께 안음과 거창을 점령했고, 이어 합천과 함양을 점령하는 등 기세를 올렸으나 이들 역시 진압되고 말았다.

이인좌의 난은 당시 조정에 엄청난 충격을 주었던 것 같다. 난이 일어난 지 무려 50여 년이 지난 1780년(정조 4)에 대구에다가 '평영남비平嶺南碑'를 세운 것을 보면 그 후유증을 얼마나 심각하게 생각했는가를 짐작할 수 있다. 말하자면, 이 비석이야말로 영남을 반역향으로 지목하여 적대시해 왔음을 단적으로 드러낸 상징인 것이다.

때문에 기록을 보면, 당시 영남 출신 사대부들은 정조 중년에 이르기까지 거의 1백년 가까이 정치적으로 박해를 받아 고위직에 오를 수 없었다고 믿고 있었다. 『일성록日省錄』 정조 10년 1월 22일조에 "근 백년 이래 현관顯官이 아주 드물기 때문에 고가잔예故家殘裔가 겨우 혼벌로서 면면히 끊이지 않는 형세를 유지한다"라고 기록되어 있다. 아마도 이인좌의 난 때문에 영남이 차별받았다는 학계의 통념은 이런 속설을 근거로 한 것이 아닐까 싶다.

일성록 주로 국왕의 동정과 국정을 기록한 일기로 현재 1752년(영조 28)부터 1910년까지의 기록만 남아 있다.

오히려 수도권 집중이 문제

이러한 학계의 통념은 얼마나 믿을 만한가. 결론부터 말하면, 조선시대의 문과 급제자를 출신지별로 살펴볼 때, 학계의 통념은 전혀 근거가 없다.

일반적으로 조선시대에 관직에 나아가는 길은 문신집단, 무신집단, 생원·진사를 포함한 음서蔭敍 집단의 셋으로 나뉜다. 조선왕조가 처음 마련한 과거제도의 기본 방침은 생

음서 부조父祖의 음덕蔭德에 따라 그 자손을 관리로 서용하는 제도. 고려 성종 때부터 공신뿐 아니라 5품 이상 고급관리를 대상으로 실시되었다.

한국사는 없다 | 175

원·진사 시험에 합격한 후 성균관에 입학하여 일정 기간 수학한 자만이 문과에 응시하는 것이었다. 하지만 실제에 있어서는 생원 또는 진사의 자격을 취득하지 않고 직접 문과에 응시하는 경우가 있었다.

이러한 현상은 후대로 내려올수록 더욱 많아져 조선시대 말기에 이르면 단연 압도적인 현상으로 자리 잡고 있다. 송준호의 연구에 따르면, 말기(1801~1884)에는 문과 합격자 중 생원·진사 시험을 거쳐 온 사람이 전체의 10퍼센트도 되지 않을 만큼 격감했다.

또 정치제도상으로도 문신의 구조적인 우위가 보장되어 있었다. 『경국대전』 이전吏典 경관직京官職 규정에 따르면, 당하관을 모두 문관으로 임명하도록 제한하고 있는 관서로는 의정부, 이조, 병조, 예조, 경연, 승정원, 사간원, 홍문관, 예문관, 춘추관, 성균관, 봉상시, 교서관, 세자시강원 등이었다. 이들 관서들은 정책 결정과 인사권 등 정치적 실권만이 아니라 정치이념 및 정치교육, 역사편찬, 과거 실시 등을 모두 장악하고 있었다. 따라서 이들 관서에 실무 책임자인 당하관을 문관으로 쓴다는 것은 당상관이 문관임을 당연히 전제로 하고 있다.

결국 조선시대에 고위 관직에 나갈 수 있는 거의 유일한 통로는 문과였고, 당시 통치기구의 구성원들 역시 이들 문과 출신자들을 주축으로 구성되고 운영되고 있었다. 문과 출신자들이 조선시대의 정치·사회적 지배세력의 핵심을 이루었던 것이다.

따라서 조선시대에 문과 합격자의 거주지별 비율을 살펴보면 과연 지역차별이 존재했는지, 그 정도가 얼마나 심각

당상관·당하관 문관은 정3품의 통훈대부, 무관은 정3품의 절충장군, 종친은 명선대부, 의빈은 봉순대부를 기준으로 삼았다. 이들은 의복 착용과 가마 이용에서 구별되었다.

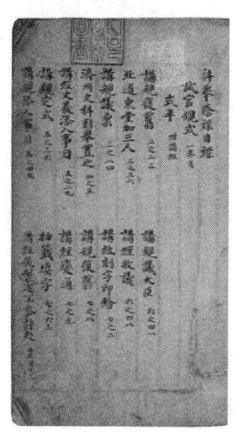

식년시 크게 소과小科·문과(大科)·무과·잡과가 있다. 소과는 생원·진사의 복시, 문과는 복시·전시, 무과는 복시·전시, 잡과는 역과·의과·음양과·율과의 복시를 실시했다. 합격 정원은 문과 33인, 무과 28인, 잡과 38인으로 정해져 있다.

별시 1456년(세조 2)에 처음 실시되었으며 문과·무과만 열었다. 초시와 복시 2단계의 시험에 의해 급락을 정했다. '외방별시外方別試'라 하여 일정한 지방에서 행하기도 했다.

국조문과방목 조선시대 문과 급제자의 인명록. 16권8책. 사본. 이밖에『국조방목』『등과록 등과록』 등의 이름으로 10여 부가 있다. 아래 사진은 과거 합격자를 기록한 명부.

했는지를 확인할 수 있다. 여기서는 송준호와 와그너, 남지대 등의 연구결과를 참고하여 문과 합격자의 거주지별 비율을 살펴보기로 한다. 다만 각 연구자들 사이에 약간의 차이가 있기 때문에 편의상 남지대의 연구를 토대로 했다.

문과에는 3년에 한 번씩 정기적으로 과거시험을 치르는 식년시式年試와 왕실의 경사 등에 따라 부정기적으로 시행하는 별시別試가 있었다. 현존하는『국조문과방목國朝文科榜目』에는 영조 때부터 부분적으로 문과 합격자의 거주지가 본관과 함께 기재되어 있고, 정조 이후에는 거의 모든 급제자의 거주지가 밝혀져 있다. 따라서 거의 모든 문과 합격자의 거주지가 밝혀진 정조 이후의 문과 합격자 통계를 근거로 지역차별 문제를 분석해 보기로 한다.

남지대의 연구에 따르면, 1776년부터 1863년까지, 즉 정조 때부터 철종 때까지의 문과 식년시 합격자는 1천2백18명이고 별시 합격자는 1천5백30명으로 모두 합해서 2천7백48명에 이른다. 이들을 거주지별로 보면, 서울이 1천42명으로 전체의 37.9퍼센트를 차지하고, 이어 평안도가 4백10명(14.9퍼센트), 경상도 4백2명(14.6퍼센트), 경기도 2백90명(10.6퍼센트), 충청도 2백47명(9퍼센트), 전라도 1백82명(6.6퍼센트), 함경도 82명(0.3퍼센트), 강원도 65명(0.2퍼센트), 황해도 28명(0.1퍼센트)의 순이다. 서울과 경기도를 합하면 경인 지역이 1천3백32명으로 전체의 거의 절반인 48.5퍼센트를 차지하는 셈이다.

이 수치는 무엇을 뜻하는 것일까. 한마디로 경인 지역 출신들이 관직을 독점했기 때문에 여타 지역 출신은 그 정도의 차이는 있지만 대부분 차별대우를 받았음을 말해준다.

다시 말하면, 조선시대에는 지역차별이 문제가 아니라 경인 지역 독점이 문제였던 것이다.

더구나 경인 지역을 제외한 여타 지역 출신은 지역별로 미세한 차이는 보이지만 고위 관직에 오르는 데에도 엄청난 차별대우를 받았다. 과거 급제자 중 당상관의 일차적인 후보집단을 선정하는 '도당록都堂錄'을 보면 지방 출신자가 매우 드물었음을 알 수 있다.

가령, 정조~철종 연간의 '도당록'에 오른 인물의 거주지를 보면, 서울지역이 75.8퍼센트, 경기지역이 8.8퍼센트로 수도권에 무려 84.7퍼센트가 집중되고 있음을 알 수 있다. 그야말로 비수도권 출신자들은 정도의 차이는 있을지언정 하나같이 차별대우를 받고 있었다. 이러한 현상은 실제 당상관에 오른 인물들에서 더욱 확연하게 드러난다. 정조~철종 연간의 문과 합격자 가운데 당상관에 오른 비율은 경인 지역 출신이 무려 90.1퍼센트에 달하고 있다.

요컨대, 고려시대와 마찬가지로 조선시대에도 학계의 통념과 달리, 오늘날 우리 사회의 가장 심각한 문제인 지역차별은 결코 존재하지 않았다. 다만 지역차별이 아닌 경인 지역 독점이 문제였던 것이다.

사실 경인 지역 출신의 고위관직 독점 현상은 광복 직후까지도 지속되고 있었다. 대통령 직속기구인 중앙인사위원회가 2001년 3월 16일에 발표한 '역대 정권의 지역별 인사 운용실태 분석결과 및 대책'이란 자료를 보면, 이승만 정권에서 정무직의 경우, 경인 지역 출신이 압도적으로 높았다. 정무직 임명 숫자가 지역 인구비율과 같을 때를 0퍼센트로 볼 때, 경인 지역 비율이 28퍼센트인 반면에 호남지역은 -9

도당록 홍문관 교리 등을 선발하기 위한 선거기록. 홍문관에서 1차 작성한 본당록本館錄을 의정부의 당상, 관각館閣과 이조의 당상이 모여 수정·가감하여 작성한다.

퍼센트, 영남은 -10퍼센트였다.

　그럼 오늘날 우리가 인식하고 있는 지역차별은 어디서 비롯되었을까. 앞에서 살펴보았듯이, 역사적 사건에서 근원을 찾는 학계의 통념은 그 설득력이 약하다.

　필자가 보건대, 우리 사회의 지역차별, 지역감정은 오랜 전통을 지닌 역사적 산물이 아니라 현대정치사에서 불순한 동기를 지닌 소수의 정치가들이 권력을 쟁취 혹은 유지하기 위해 다수의 민중을 이용한 사례에 지나지 않는다고 본다.

　예를 들어, '역대 정권의 지역별 인사 운용 실태 분석결과 및 대책'이란 자료를 보면, 박정희 정권 때부터 영남 출신이 대거 약진했음을 보여주다가 전두환·노태우 정권에 이르러 더욱 심화되었음을 알 수 있다. 즉, 영남 출신은 1972년까지 인구비율보다 6퍼센트 높았다가 1980년대에 들어서서는 20퍼센트로 껑충 뛰어 심각한 지역편중 양상을 보여준다. 결국 '망국병'이라 불리는 우리의 지역차별은 군사정권의 출현이 계기였던 셈이다.

미륵신앙은 체제변혁사상이 아니다

"이 시기에는 현세에서 얻지 못한 복락을 미륵신앙으로 해결하려는 움직임도 있었다. 미륵신앙은 일찍부터 왕조 말기의 변란 세력에 의해 변혁사상으로 이용되어 왔다. 심지어는 살아 있는 미륵불을 자처하면서 고통과 불안에 허덕이고 있던 민중을 현혹하는 무리도 나타났다."

이 글은 현행 고등학교 역사교과서에 실려 있는 한 대목으로서, 여기서 '이 시기'란 조선 후기를 말한다. 미륵신앙彌勒信仰이 왕조 말기마다 체제변혁사상으로 이용되어 왔다는 이 설명은 물론 학계의 통설을 반영한 것이다.

현재 학계에서는 미륵신앙이 전통시대 혼란기에 기층민의 사회운동 이데올로기로서의 역할을 담당한 것으로 파악하고 있다. 즉, 기존 사회를 전면적으로 부정하고 새로운 이상세계의 실현을 약속하는 메시아니즘인 체제변혁사상이라는 것이다.

미륵세계는 유토피아?

잘 알려진 대로 미륵신앙의 중심은 미륵 Maitreya이다. 원래 '친우'를 뜻하는 미트라 Mitra로부터 파생된 이 단어는 자비라는 뜻을 내포하고 있고, 미륵불이라고 할 때 '아직 오지 않은 부처'를 가리킨다. 하지만 미륵신앙을 믿는 이들에게는 '멀지 않은 장래에 올 부처'인 당래불當來佛이다.

그 멀지 않은 장래가 언제쯤일까. 석가모니가 입멸入滅한 후 56억 7천만 년이 되는 때, 즉 인간의 수명이 8만세가 될 때에 이 사바세계에 태어나서 성불하고 3회의 설법으로 2백 72억 명을 교화한다고 했다.

왼쪽 사진은 충남 논산의
관촉사 석조미륵보살입상

이토록 산술적 계산으로는 거의 오지 않을 세월인데도 동아시아에서 전개된 미륵신앙운동에서는 메시아인 미륵이 멀지 않은 장래에 곧 출현할 것이고, 현실적으로 일어나고 있는 지배자의 착취, 기근과 질병, 전쟁 등은 바로 미륵 출현의 전조前兆로 해석되어지는 게 일반적이었다.

때로는 기존 왕조의 해체를 바라는 기층민에게 미륵 출현이 눈앞에 다가왔다는 주장이 절실하게 느껴지며, 개인적 구원 차원 혹은 그것을 뛰어 넘어 기존 왕조에 적극적으로 저항함으로써 다가올 미륵 하생下生의 미륵세계를 준비하는 종교적 비밀결사운동으로 발전해 나갔다.

이들이 믿고 있는 미륵세계란 어떤 세계일까. 『불설미륵대성불경 佛說彌勒大成佛經』이란 경전의 내용을 보자.

우선 미륵세계의 땅은 평탄하게 넓고 토지가 비옥하여 농작물이 풍성하다. 잡초와 병충해가 없어서 한번 심어 일곱 번 수확한다. 그곳에 사는 사람들에게는 질병, 탐욕, 성냄, 어리석음이 없고 또한 악인의 패단과 도적의 환란이 없으므로 도시와 촌락 모두 대문을 잠그지 않는다. 물론 고뇌와 재해, 전쟁과 기근, 독해毒害 라는 재난도 없다. 마찬가지로 굶주림과 공해도 없다. 따라서 사람들은 자비심으로 공경화순恭敬和順하여 모든 욕심을 제어하고 모든 이들이 한 가족처럼 말씨도 겸손하다.

그야말로 미륵세계는 고통받은 이들에겐 유토피아 그 자체이다. 과연 그런 세상이 올까.

신라 말의 혼란기에 궁예弓裔는 미륵불을 자칭하면서 당시 억압과 고통받던 기층민들에게 미륵세계 건설을 약속했다. 심지어 자신의 왕조를 미륵세계라 선언할 정도였다. 고

불설미륵대성불경 『미륵상생경』 『미륵하생경』과 함께 미륵삼부경彌勒三部經으로 불린다. 미래 용화세계의 상황, 미륵의 탄생과 성장, 미륵의 출가와 성도, 미륵불의 설법과 제도, 미륵불의 입멸 등으로 구성되어 있다. 사진은 충남 부여 무량사의 미륵보살도. 1627년 작.

려 말 우왕 때의 이금伊金도 미륵불을 자칭했던 인물이었다. 그러나 궁예가 미륵세계 건설에 실패한 정치적 패배자가 되었듯이 그 역시 실패하여 혹세무민의 죄로 처형당했다. 조선 숙종 때에 승려 여환呂還도 미륵신앙으로 농민들을 무장시켜 서울 입성을 꾀하다가 발각되어 처형당했다. 결국 미륵세계를 현실에서 이룩하고자 꿈꾸던 인물들의 노력은 실패하고 만 셈이다.

미륵세계 건설을 꿈꾼 궁예

미륵신앙은 이상사회 실현을 갈구한다는 점에서 현실개혁사상으로 나타난다. 그렇다면 우리 역사상 미륵신앙을 추종했던 인물들이 보여준 현실사회에 대한 개혁의지는 어떻게 표면화되었을까. 과연 학계의 통설처럼 이상사회를 건설하려는 체제변혁사상으로 규정지을 수 있을까.

현재 이금이나 여환 사건의 관련 자료가 많이 남아 있지 않고, 또 이들의 시도 또한 실패하여 그들이 꿈꾸던 이상세계의 구체적인 실체를 파악하기 어렵다. 따라서 여기서는 자신이 세운 왕조 태봉을 미륵세계라고 선언한 궁예를 중심으로 살펴보기로 한다.

『삼국사기』열전 궁예조를 보면, 그는 스스로를 미륵불이라 자처했고, 머리에는 금책을 쓰고 방포를 입고 있었다. 맏아들은 청광보살青光菩薩, 둘째 아들은 신광보살神光菩薩이라 했다고 기록되어 있다. 이렇듯 두 아들과 함께 미륵삼존불을 표방하고 있음은 표현상으로나마 미륵세계, 즉 이상세계를 건설했음을 선언한 것이다.

> 청광보살은 관음觀音을 뜻하며 신광보살은 아미타阿彌陀를 상징한다. 신라 법상종에는 미륵불과 미타彌陀를 모시면서 정토淨土를 중시하는 교단과 미륵불과 지장地藏을 모시면서 계율을 중시하는 교단으로 나뉘어져 있었는데, 궁예는 전자에 속했다.

범패 인도의 소리라는 뜻. 830년 당나라에서 돌아온 진감선사眞鑑禪師가 쌍계사에서 제자들에게 가르친 것이 처음이다.

불설미륵하생성불경 구원久遠한 미래에 미륵이 이 세상에 태어나서 부처가 되고 상카왕을 비롯한 많은 중생들을 교화하는 것을 주제로 삼고 있는 경전. 현재 우리나라 사찰 건물 중 용화전龍華殿은 이 경에 근거하여 미륵불을 봉안하고 있다.

또 궁예가 외출할 때는 반드시 백마를 타고 채색비단으로 말갈기와 꼬리를 장식했으며 동남동녀童男童女를 시켜 깃발, 양산, 향화香花를 받들고 앞에서 인도하게 했다. 그리고 비구 2백여 명을 시켜 범패梵唄를 부르며 뒤를 따르게 했다고 기록하고 있다.

이런 모습은 미륵불이 마치 용화수 아래에서 행한 세 번의 설법 장면을 연상케 한다.『불법미륵하생성불경佛法彌勒下生成佛經』에 따르면, 미륵불이 설법을 할 때, 길거리에는 갖가지 번개幡蓋를 세우고 여러 가지 향을 태워 그 연기가 구름 같으며, 제석帝釋은 여러 천왕들과 함께 수많은 악기로 불덕佛德을 노래로 찬양하고, 하늘의 꽃들이 비 오듯 뿌려 부처를 공경한다고 되어 있다. 그리고 마침내 많은 중생을 구제하며 그들과 함께 기도굴窟에 올라 산봉우리를 손으로 깨면 그 속에서 대가섭大迦葉이 나타나 석가의 승가이의 僧伽梨衣를 미륵에게 바치게 되는데, 이때 비로소 모든 사람이 평등하고 온갖 고통으로부터 해방된 이상세계가 펼쳐진다는 것이다. 따라서 궁예가 백마를 채색비단으로 장식한 것이나, 동남동녀로 깃발과 양산과 향화를 받들게 한 것이나, 비구에게 범패를 부르게 한 것 등은 이상세계의 실현을 선언한 것이나 다름없다.

그럼 궁예는 왜 자신이 미륵불임을 자처했을까. 불교에서는 미륵이 출현하기 이전의 세계를 '말법末法 사회'라고 한다. 말법시대는 백성들이 빈궁하여 절도를 일으키고, 그것을 계기로 살인과 전쟁, 죄악, 배신이 난무하면서 인간의 수명까지 단축되는 극도의 혼란기이다.

신라 말기에는 이 말법사상이 크게 유행했었다. 888년(진

위홍 경문왕 때는 왕의 동생으로, 헌강왕·정강왕 때는 왕의 작은아버지로, 진성여왕 때는 왕의 작은아버지에다 정부情夫로 정계의 실력자였다. 그가 죽자 진성여왕은 애통해 하며 혜성대왕이란 시호를 주었다.

성여왕 2)에 각간 위홍魏弘과 대구화상大矩和尙이 왕명에 따라 향가집 『삼대목三代目』을 편찬했는데, 그것이 그들이 상대·중대·하대의 3대 중 하대에 살아간다는 말법의식을 나타낸 것이다. 최치원이 '봉암사지증대사적조탑비'에서 신라 불교사를 시대 구분하고 헌덕왕대 이후 자신이 살고 있는 시기를 제3기로 파악하고 있는 것과도 같은 맥락이다.

말법의식은 9세기 말 선사들의 비문 속에 보다 뚜렷하게 나타난다. 예컨대, 위에서 언급한 '봉암사지증대사적조탑비'는 882년 입적한 지증대사를 기리기 위해 최치원이 비명을 지었는데, 여기서 지증대사는 하생한 미륵불로 칭송받고 있다.

실제로 신라 말은 극심한 혼란기였다. 진성여왕 때부터 전국적으로 농민봉기가 빈발했고, 이어 신라는 후삼국으로 분열되었다. 그리고 삼국간의 영토가 수시로 바뀔 정도로 전쟁이 계속되어 극도로 불안정한 상태가 지속되고 있었다. 이런 시대적 상황에서 미륵신앙도 크게 유행했다. 당시 백성들은 미륵이 출현하여 극도로 혼란한 사회를 종식하고 이상세계를 실현시켜 주기를 간절히 갈망했기 때문이다.

결국 궁예는 이러한 사회 분위기 속에서 스스로 미륵불임을 자처함으로써 자신이 세운 정권을 정당화·합리화했을 것이다. 물론 혼탁한 사회를 개혁하려는 강한 의지를 표출시키려는 뜻도 있었을 것이고, 궁극적으로 미륵의 교화로 사회를 개혁하면서 이상세계의 건설도 꿈꾸었을 것이다.

그렇다면 그가 891년 자립하여 후고구려를 세운 뒤 918년 멸망할 때까지 28년 동안 다스렸던 왕국의 현실은 어떠할까. 과연 미륵신앙 추종자들이 꿈꾸는 이상사회에 접근하

한국사는 없다 | 185

려는 노력이 엿보일까. 아니, 미륵신앙을 어떤 수단으로 사용했을까. 먼저 궁예가 국가를 건설해 가는 과정을 보자.

끊임없이 시도했던 중앙집권화

신라 경문왕의 아들이라고도 전하는 궁예는 본래 세달사에서 출가하여 '선종'이란 법명을 받은 승려였다. 그러나 신라가 혼란스럽자 승려의 옷을 벗어던지고 반란세력에 가담했다. 처음에는 기훤箕萱의 수하였으나 기훤이 잘 대우해 주지 않자 양길梁吉의 부하로 들어갔다. 그리고 894년(진성여왕 8) 오늘의 강릉인 명주 일대를 점령하고 난 뒤 장군으로 추대되었다.

장군으로 추대되었다는 것은 독자적인 세력을 형성했다는 뜻이다. 신라 말기에 호족들이 장군의 칭호를 사용한 것은 기록상 그가 처음이었다. 신라에서 장군은 진골 귀족이 독점하는 직위였기 때문에 궁예가 장군으로 추대된 것은 이미 상당한 세력기반을 가졌음을 뜻한다.

이렇듯 반란에 가담한 지 불과 3년 만에 뛰어난 정치 감각과 군사능력으로 반란 세력의 지도자로 등장한 궁예는 이어서 인제, 화천, 금화, 철원 등 신라의 동북 지역을 장악하고, 896년(진성여왕 10) 왕건의 아버지 왕륭王隆이 귀순해 옴으로써 비로소 나라를 세울 수 있는 세력 기반을 확보했다.

898년(효공왕 2)에는 패서도浿西道와 한산주漢山州 관할의 30여 고을을, 900년에는 충주, 청주, 괴산까지 차지하고 마침내 901년(효공왕 5) 스스로 왕이라고 칭하고 국호를 '고려'라고 불렀다.

기훤이 신라 진성여왕에 반기를 든 거점은 지금의 죽산인 죽주竹州였고, 양길은 지금의 원주인 북원北原이었다.

오른쪽 사진은
경북 상주의 견훤산성

나라 이름을 '고려'라고 한 데에는 까닭이 있었다. 『삼국사기』 궁예조를 보면, 궁예가 "이전에 신라가 당나라에 청병하여 고구려를 격파했기 때문에 평양의 옛 서울이 묵어서 풀만 성하게 되었으니 내가 반드시 그 원수를 갚겠다"고 말한 것으로 기록하고 있다. 즉, 고구려계 유민의 지지를 확보하기 위한 것이다.

다시 말하면, 궁예가 나라를 세웠을 당시에는 독자적인 세력을 갖추지 못하고 있었다. 『고려사』 세가世家 태조조를 보면, 왕륭이 자신의 연고지인 송악에 대한 기득권을 유지하게 해주고 더욱 강화시켜주어야만 궁예에게 협력하겠다고 말한 것으로 기록되어 있고, 898년 귀순한 패서 지역의 대호족 박지윤朴遲胤도 고구려 유민을 대변하는 대표적인 세력이었던 것이다. 이것은 『삼국사기』 신라본기 효공왕 2년조에 "궁예가 패서도와 한산주 관내 30여 성을 취했다. (이로 인해 궁예는) 비로소 송악군에 도읍했다"는 기록에서도 확인할 수 있다.

그런데 궁예는 나라를 세운 지 3년이 되는 904년에 수도를 송악에서 철원으로 옮겼다. 『삼국사기』 궁예조에는 궁예가 청주민 1천 호를 이주시키고 그 다음에 수도를 옮겼다고 적고 있다. 왜 철원과 가까운 지역 주민 대신, 멀리 떨어진 청주민들을 이주시킨 것일까.

박지윤 대모달음장인 아버지 직윤直胤이 평주(평산)에서 십곡성(곡산) 등 13개 성을 설치하고 궁예에게 귀부한 뒤로 이 지역의 대호족이 되었다. 왕건의 후삼국 통일에 협력하여 벼슬이 삼중대광에 이르렀고, 딸은 태조에게 출가하여 성무부인聖茂夫人이 되었다.

궁예가 출가했다는 강원 영월의 세달사지

> 궁예는 898년(효공왕 2) 후고구려를 건국하여 스스로 왕이라 칭하고 연호를 무태武泰라 칭한 아래, 904년 도읍을 철원으로 옮기면서 국호를 마진, 연호를 성책聖冊으로 고쳤고, 911년에는 국호를 태봉, 연호를 수덕만세水德萬歲로 개칭했다. 914년에 다시 연호를 정개政開라 고쳤다.

말할 나위 없이, 거기에는 중앙집권적인 왕권 강화를 향한 의지가 강하게 반영되어 있다. 고구려의 중심지였던 송악에서 철원으로 천도한 이후, 신라의 제도를 모방하여 관제를 정비하고 국호를 고려에서 마진摩震으로 바꾸었는데, 이것은 모두 고구려 옛 지역인 패서 지역의 자치지향적인 호족 세력과의 연합을 청산하고 독자적인 세력을 기반으로 한 중앙집권정책을 통한 왕권 강화를 추진하기 위한 것이었다. 그렇다면 왜 청주민이었을까.

통일신라의 수도 경주는 국토의 중심지가 아니라 동남 지역에 치우쳐 있었다. 때문에 신라는 그 보완조치로서 지금의 김해, 충주, 원주, 청주, 남원 등 다섯 곳에 5소경五小京을 설치하고 경주의 진골이나 6두품 출신 귀족세력을 이주시켜 통치하게 했다.

따라서 청주는 옛 신라의 세력이 강한 지역이었고 중앙집권 지향의 진골 귀족세력이 장악했던 지역이었다. 궁예가 철원으로 천도를 결정한 후 그 주요 세력 기반을 진골 등 경주 출신 귀족으로 삼았던 것은 그들이 고구려계 유민을 대변하는 자치지향적 호족세력과는 달리 중앙집권지향적이었기 때문이었다. 물론 신라의 왕자 출신이라는 그 자신의 출신 배경과도 무관하지 않을 것이다.

독자적인 연호를 사용한 것도 같은 맥락이었다. 주지하다시피, 우리 역사에서 독자적인 연호 사용은 국가의 대외적인 자주성을 나타내는 동시에 대내적으로 왕권 강화를 지향한다는 의미도 지니고 있다.

> **광평성** 그 우두머리를 광치내匡治奈라 했고, 그 아래에 병부兵部, 대룡부大龍部, 수춘부壽春部, 봉빈부奉賓部, 의형대義刑臺, 납화부納貨府, 조위부調位部, 내봉성內奉省, 금서성禁書省, 남상단南廂壇, 수단水壇, 원봉성元鳳省, 비봉성飛鳳省, 물장성物藏省 등을 두었다.

천도 이후에는 광평성廣評省을 비롯하여 19개의 주요 부서를 설치함과 동시에 정광正匡 이하 9품계의 관등을 마련

전남 화순 운주사의 미륵불상들

했고 지방제도도 정비했다. 하나같이 중앙집권책을 통한 왕권 강화를 겨냥한 것이었다.

그러나 그의 중앙집권화에 여전히 성공하지 못했다. 911년에 국호를 태봉泰封으로 다시 바꾸고 순군부徇軍部와 내군內軍을 설치했으며 인사권을 관장하던 내봉성內奉省을 서열 9위에서 2위로 승격시켰던 것이 그 단적인 증거이다.

순군부의 설치는 병부가 군사 업무를 독점함으로써 야기될 수 있는 왕권에 대한 위협을 예방하는 조치였던 것으로 보여진다. 『고려서』 열전 환선길조를 보면, 순군부는 군령권을 관장하는 기관이었다. 따라서 병부는 군정권만을 갖고 있었고 서열 역시 순군부에 뒤졌다. 친위군인 내군 설치 역시 군부를 강력하게 통제하려는 필요에서 설치된 기관이라는 점에서 같은 맥락으로 이해된다.

이렇듯 끊임없이 왕권 강화를 추진해온 궁예가 선택한 수단은 무엇이었을까. 당연히 당시 풍미하던 미륵신앙이었다.

왕권 강화를 위한 묘책

당시 미륵신앙은 꽤나 보편화되어 있었다. 『삼국유사』에 수록되어 전해지고 있는 통일신라시대의 미륵불상에 얽힌 수많은 설화들이 그것을 웅변한다. 더욱이 궁예는 승려 출신으로 불교에 대해 상당한 조예를 가졌을 것으로 보인다. 따라서 그가 스스로를 미륵불이라 칭하고 두 아들을 보살이라 한 것은 왕권 강화를 추진하기 위한 수단이었다.

이른바 '미륵관심법'이란 것도 자신의 왕권 강화에 반대하는 자치지향적인 호족 세력을 숙청하거나 그럴 가능성이 있는 세력의 출현을 억제하기 위한 수단이었다. 궁예가 '미륵관심법'으로 모반의 혐의를 씌워 호족 세력의 대표격인 왕건을 제거하려 했던 경우가 그 대표적인 사례일 것이다.

이렇게 보면, 궁예는 처음에는 미륵불을 내세워 왕권 강화를 도모하다가 일정한 수준에 이르자 '미륵관심법'을 내세워 반대 세력을 억압하고자 했던 것이다. 우리 역사상 실재했던 미륵신앙이 이상사회의 도래를 약속하는 메시아니즘이 아니라 왕권 강화를 뒷받침하는 사상으로서만 기능했음을 궁예는 확실하게 보여주고 있는 것이다.

그렇다면 고려 우왕 때 미륵불이라고 자칭했던 이금은 어떠할까. 아이러니하게도, 그는 불교의 억압을 강요하던 유생들에게 억압의 좋은 구실을 만들어준 장본인이었다. 당시 민중 가운데 특히 무당들이 그를 믿고 따랐는데, 이들은 그의 말을 좇아 성황당과 사묘四廟의 신위를 철거하기까지

『삼국유사』에 수록된 통일신라시대의 미륵불상 설화를 보면, 경덕왕 때의 고승 태현은 항상 용장사茸長寺의 미륵장륙석상을 돌았는데, 그 미륵상도 얼굴을 돌렸다는 설화, 죽은 아이를 묻었던 땅에서 미륵석상이 나왔다는 조신調信의 꿈 이야기 등이 대표적이다.

관심법 자기 마음의 본질을 분명히 관찰하는 불교 수행방법의 하나. 천태종에서는 자기 일념一念의 마음을 공空, 가假, 중中으로 보는 일심삼관一心三觀의 수행방식을 강조한다.

이금 우매한 백성들이 그의 말을 믿고 쌀이나 비단, 금·은 등을 보시하고 소·말이 있어도 버리지 않았다. 이들의 횡포가 심해지자 청주목사 권화權和가 그의 도당을 체포했고 왕의 명으로 1382년 처형했다.

했던 것이다. 한마디로 그는 고통받는 민중을 구제할 미륵불이 아니었고 민중들을 우롱하다 처형당한 사이비에 지나지 않았다.

못생긴 돌부처 세운 사람들

미륵신앙은 우리 역사상 궁예의 예에서 볼 수 있듯이 기존 질서가 극도로 혼란한 시기에만 부각된 것일까. 물론 그

개성에 있는 고려 초기의 미륵사 석불입상

렇지 않다. 우리나라 지명이나 산 이름, 절 이름을 보면, '미륵, 용화, 도솔' 등 미륵신앙과 관련되는 단어가 유달리 많다. 또 절에는 미륵불을 봉안한 미륵전이 흔하고, 미륵신앙에 얽힌 설화가 민간에 널리 퍼진 것을 보면, 미륵신앙이 얼마나 보편화되었는가를 짐작할 수 있다.

또 마을 입구나 인근 야산에 미륵불이 있는 지역도 많다. 이들 미륵불은 특정한 사찰과 관계없이 마을 단위로 세워진 것이 특징이다. 그 외형은 거칠고 투박하여 마치 농민들의 소박한 종교적 심성을 보여주는 것처럼 보인다. 한마디로 조각미나 불교적 예술성을 거의 찾아보기 힘든 못생긴 서민풍의 돌부처이다.

이런 미륵불은 왜 세웠을까. 시대적으로 보면, 미륵불 조성은 삼국시대까지 거슬러 올라간다. 우리나라에서 가장 오래 되었고 가장 큰 석탑의 잔영으로 유명한 전북 익산의 미륵사彌勒寺가 그 대표적인 예이다. 『삼국유사』 무왕조에는 백제 무왕이 선화공주의 부탁으로 익산 금마면 용화산 아래에 절을 건립하고 미륵사지 석탑을 조성했다고 한다. 지금은 전하지 않지만, 미륵사에 미륵불이 있었을 것임을 추측하기란 어렵지 않다.

그러나 이때의 미륵불은 우리가 흔히 볼 수 있는 소박한 미륵불과는 그 성격이 근본적으로 달랐다. 삼국시대의 미륵신앙은 미륵사 창건 연기설화에서 볼 수 있듯이 국가적이고 왕조적·귀족적 차원에서 이루어진 것들이다.

고려시대에도 미륵신앙이 확산되어 미륵불이 많이 조성되었는데, 논산 은진면 반야산의 관촉사灌燭寺 미륵석불이 보여주듯이 거대한 것이 특징이었다. 이런 미륵불 역시 지

> 도솔이란 욕계육천慾界六天의 넷째 하늘. 안팎으로 두 개의 원院이 있는데, 내원은 미륵보살이 살면서 석가의 교화를 받지 못한 중생을 위해 설법하며, 외원은 천중天衆이 환락하는 곳이라고 한다.

> 고려 후기에 들어와 민간에서는 미륵불이 하생하여 교화하는 용화회에 참여하여 미륵불에게 향을 공양할 수 있기를 발원하며 향목香木을 해변에 묻어두는 풍속이 행해졌다. 대표적인 것은 고성 삼일포 매향비와 사천 매향비이다.

오른쪽 사진은 전북 익산에 있는 미륵사지 서탑

배층의 주도하에 사찰이나 청정도량淸淨道場에 세워진 것으로, 마을 입구나 인근에 서 있는 미륵불과는 달랐다.

이처럼 삼국시대나 고려시대에 만들어진 미륵불들도 존재하지만, 현존하는 서민풍의 미륵불의 대부분은 조선 후기에 만들어졌다. 남원 미륵리의 미륵불은 1644년, 청주 용정동의 미륵입석은 1652년, 부안 읍내에 있는 당간입석은 1671년에 조성된 것들이다. 임진왜란과 병자호란 이후에 세워진 셈이다.

이 미륵불을 세운 사람들은 누구일까. 특정 사찰과 관계없이 마을 단위로 세운 점, 그리고 그 위치로 미루어 마을 주민인 농민들임이 분명하다.

유교를 지배이념으로 하는 조선왕조는 조직적인 불교 억제정책을 추진했다. 사전寺田과 사노비寺奴婢의 몰수, 불교 종단의 정비, 승려 도첩제度牒制와 승인호패제僧人號牌制의 실시 등으로 불교계를 크게 위축시켰다. 부녀자들의 사찰 출입을 금하거나 사원을 파손하는 등 조직적으로 불교 탄압을 자행하기도 했다. 게다가 임진왜란과 병자호란으로 수많은 사찰은 방화되거나 약탈 또는 파괴되었다. 그러나 폐사지廢寺址에 쓸쓸하게 남은 불상과 석탑이 오히려 미륵불로 신앙되기도 했다.

미륵불이 아닌 불상이 미륵불로 신앙되는 대표적인 경우는 전북 정주시 고부면 하정리에 있는 비로자나불毘盧遮那佛을 들 수 있다. 비로자나불은 모든 부처님의 진신인 법신불法身佛로서 석가불이 분명한데도 이곳의 비로자나불은 마을과 논이 내려다보이는 낮은 산등성이에 서 있다. 그리고 마을 주민들은 이 석불을 석가불이 아닌 미륵불로 신앙

승려도첩제 군역 면제자인 승려를 억제하여 군정軍丁을 확보하려는 목적과 억불정책이란 두 가지 목적에서 고려말 제도화되었고 조선시대에 강화되었다. 1461년(세조 7) 승인호패법을 제정하여 도첩제를 대신했는데, 1469년 폐지했다가 1541년(중종 20) 다시 시행했다. 이처럼 도첩법은 시행과 폐지를 거듭했고 엄격하게 실시되지도 않았다.

비로자나불 범어로 '태양'이란 뜻. 보통 사람의 육안으로는 볼 수 없는 광명의 부처로 화엄경의 본존이다. 법당에서는 보통 지권인智拳印을 하고 결가부좌한 자세로 앉는데, 고려말부터 왼손을 오른손으로 감싼 모습으로 표현하는 경우가 많았다.

왼쪽 사진은 전남 화순 운주사 미륵마애불. 오른쪽 사진은 전북 고창에 있는 선운사 동불암마애불

하고 있다. 이처럼 조선 후기에는 마을 입구나 인근 야산에 자연입석으로 미륵불을 조성하여 신앙했고, 폐사지 등에 위치한 석불도 미륵신앙의 대상이 되는 경우가 허다했다.

그렇다면 조선 후기에 농민들이 미륵불을 조성하고 신앙의 대상으로 삼은 까닭은 무엇일까. 그것은 물론 이상사회인 미륵세계를 실현시켜 줄 메시아 미륵불의 도래를 열망했기 때문이다. 임진·병자의 양란을 겪고 난 그 시절, 농민들은 부패한 벼슬아치들과 양반들의 억압과 수탈, 횡포 등으로 농토를 빼앗기거나 스스로 농토를 버리고 떠났다. 더욱이 계속되는 자연재해로 농사는 엉망이었고 전염병은 창궐하여 이중으로 고통받는 처지였다. 심한 굶주림으로 허약해졌기에 질병에 대한 면역력이 떨어져 한 번 전염병이 창궐하면 수많은 사상자를 냈다.

이때 막연한 기대감을 자극한 것이 미륵세계였다. 전쟁과 그에 따른 배고픔, 그리고 질병에 시달리던 백성들에게 미륵세계는 고통으로 가득 찬 세상에서 탈출할 수 있는 이상향이었다. 특히 전란이 끝났는 데도 여전히 억압과 착취를 당했던 농민들로서는 지배층의 수탈로부터 수호해 주고 질병과 재앙 등에서 구원해 줄 미륵세계가 절실했다. 바로 이 때문에 마을 입구나 인근 야산에 자연석으로 미륵불을 세우고 신앙했던 것이다.

조선 최대의 미륵 사칭사건

이러한 미륵신앙의 성격은 1688년(숙종 14)에 일어난 여환의 역모사건 관련자들의 의식세계에서 단적으로 확인할 수 있다. 먼저 사건의 전말을 살펴보자.

승려 출신인 여환이 양주군 청송면을 중심으로 미륵신앙을 널리 퍼뜨렸고, 그를 따르는 무리들이 차츰 강원·황해도로 퍼져갔다. 여환은 "7월에 큰 비가 와서 도성이 무너질 것이다"라고 하면서 추종자들에게 장검과 군복을 준비시켰다. 폭우로 도성이 무너질 때 대궐로 쳐들어갈 계획을 세우고 무장한 신도들을 양주 대전리로 집결시켰다.

여환은 풍수가인 황회, 최영장군의 영靈이라 자칭하는 정호명, 무당 출신 원향과 계화 등 주모자 10여명과 함께 상경하여 비가 오기를 기다렸으나 하늘은 오히려 맑기만 했다. 이에 그는 하늘을 우러러 아직은 공부가 이루어지지 않아 하늘이 응하지 않는다고 탄식하면서 다음날 양주로 돌아갔다. 보름 쯤 지나서 이 사건이 조정에 알려지자, 여환 등 주모자들은 처형당해 그들의 허망한 꿈은 끝났다.

그러나 이들은 거사가 성공하면 분명히 억압과 착취가 없는 새로운 세상이 열릴 것이라고 믿고 있었다. 이 사건의 법정기록인 『역적여환등추안逆賊呂還等追案』을 보면, 이들은 "석가의 시대는 다했으며 미륵의 시대가 온다. 세상도 다른 시대가 반드시 온다"고 믿고 있었다. 즉, 시기를 잘못 선택했기 때문이지, 비가 오는 시기를 잘 선택하기만 했던들 성공할 수 있었을 것이라고 생각했던 것이다.

여환의 추종자들이 미륵신자가 된 동기는 무엇이었을까. 놀랍게도 치병治病과 면화免禍 등 개인적인 기복 때문이었다. 역모라는 생각은 털끝만큼 하지 않았다. 예컨대, 이원명이란 관련자는 다음과 같이 진술하고 있다.

"나는 가신家神이 심히 악하여 병환이 끊이지 않는데, 황회가 내게 이르기를 '나의 성귀聖鬼를 받들어 너의 악신을 쫓으면 자연히 질병이 없어질 것이며 집안이 평안해질 것이다'라고 하므로 미열한 나는 그 말을 믿고 쌀 한 되쯤 황회에게 주고 양재讓災했을 뿐입니다."

또 다른 관련자 김시동은 다음과 같이 진술했다.

"황회는 영이靈異한 술術이 있어 능히 귀신을 쫓는다 하므로 나는 귀신이 빌미가 되어 신통한 근신이 있기 때문에 그를 불러 신

양재란 신령, 귀신에게 빌어서 재앙을 물리치는 것을 이르는 말. 불교에서는 천재지변 소멸을 기원하는 의식을 말한다.

왼쪽 사진은 금강산에서 출토된 금제미륵보살좌상
오른쪽 사진은 전북 김제 금산사 미륵전의 미륵장륙상

당을 지었는데, 우리 집만이 아니라 오십로동의 사람들은 많이 황회의 술에 혹해서 성위聖位를 배설한 집이 열세 집이나 되고 영평, 연천, 삭녕 사람도 역시 많이 추존 왕래했습니다."

말하자면 이들은 대부분 이상세계 실현에 대한 열망 때문이 아니라 개인적인 기복을 위해 미륵신앙을 추종한 것이다. 당시 비교적 질서가 안정되었다는 점을 염두에 둔다면, 미륵신앙은 사회가 비교적 안정된 시기에는 메시아니즘이 아니라 개인적 기복신앙으로 받아들여졌음을 보여준다. 그리고 이때 마을 각지에 미륵불이 세워졌을 것이다.

경기도 안성의 궁예미륵

시대따라 달라지는 미륵신앙

조선 후기의 미륵신앙의 또 하나의 특징은 다양한 성격과 폭넓은 포용력을 지니고 있었다는 점이다. 즉, 장승이나 솟대, 기자석, 성기석性器石 등 민간신앙 대상들이 가진 신앙적 성격과 기능들을 포용해 갔다. 그것은 마을 미륵이 당산 신체로서 마을을 수호하는 신상神像, 장승이 지닌 맥이기능인 방어·벽사적 신상, 득남을 위한 기자상祈子像, 풍요와 생산을 가져오는 기복신앙의 기능 등을 담당한 데서도 알 수 있다.

마을을 수호하는 미륵불은 주로 마을 입구에 세워졌다. 이런 장치는 마을에 도적과 외적이 침입하여 약탈하고 전염병이 엄습하여 생명을 앗아가는 것을 막기 위한 것으로, 방어·벽사적 역할을 기대하여 설치한 것들이다. 한마디로 장승과 기능이 유사하다.

임진왜란과 병자호란 이후, 농민들의 가장 큰 공포의 대상은 전염병이었다. 하지만 의학이 발달하지 못한 그 시절에는 주술적인 방법에 의한 치병 효과를 기대할 수밖에 없었다. 따라서 사람들은 전염병으로부터 마을을 방어할 목적으로 마을 입구에 미륵불을 세웠던 것이다.

이밖에 두드러진 남아선호 현상에 따라 득남을 위한 기자신앙의 대상으로, 그리고 무병장수와 가업 번성 등 개인적인 소원 성취와 관련된 복을 가져주는 대상으로 모셔졌다.

결국, 조선 후기의 미륵신앙은 현실의 온갖 억압과 고통을 극복하려는 소박한 농민들의 주술적·종교적 대응인 셈이었다. 따라서 미륵신앙을 단순히 메시아니즘적인 체제변

미륵신앙은 지역에 따라서는 거대한 바위를 미륵존불로 삼기도 했다. 위 사진은 계룡산에서 '미륵존불彌勒尊佛'이란 글씨가 새겨진 바위를 기복 대상으로 삼고 있는 모습.

혁사상으로 규정한 학계의 주장은 한쪽에 편향된 학설이 아닐 수 없다.

지금까지 살펴본 것처럼, 학계의 견해는 기존 체제가 민중의 기본생활을 유린하고 억압하던 극도로 불안정한 시기에 한정된 결론이다. 기존 질서가 비교적 안정된 시기에는 오직 치병이나 득남, 수호 등 개인적 기복신앙의 역할만을 했을 뿐이다.

더욱이 불안정한 시대라 할지라도 현실사회에서 미륵신앙 추종자들이 실현하려 했던 새 세상은 경전에 그려진 미륵의 이상세계와는 달랐다. 그들이 꿈꾸던 세계는 현실세계에서 이루어질 수 없는 말 그대로 이상사회였다. 다시 말해서, 그것은 단지 이상일 뿐이었고, 현실 속에서 자신들의 힘으로 이룰 수 있는 사회는 기존 왕조를 대체한 새로운 왕조일 뿐이었다.

실학은 조선왕조체제 유지위한 보수개혁사상

전남 강진의 다산초당

사람들이 실학實學이란 단어를 들을 때, 가장 먼저 떠올리는 의미가 무엇일까. 아마도 자유성, 실증성, 실용주의, 민족의식 등 서구의 근대사상과 관련된 용어들일 것이다. 이것은 물론 실학을 근대적 성격을 지닌 지적운동으로 규정한 학계의 통설에서 비롯된 것이다.

현행 고등학교 국사교과서의 실학 관련 내용을 보자.

"양반사회의 모순이 심각함에도 불구하고 당시의 지배이념이었던 성리학은 그 사회적 기능을 다하지 못하고 있었다. 이에 일부 학자들은 사회 모순을 시정하기 위한 사회개혁론을 적극 제기하였다. 이른바 실학이 대두한 것이다. 즉, 실학은 조선후기의 사회·경제적 변동에 따른 여러 사회적 모순에 직면하여, 그 해결책을 구상하는 과정에서 나타난 사회개혁론이었다. 성리학을 비판하면서 현실생활과 거리가 먼 당시의 정치와 문화를 혁신하려는 움직임은 18세기를 전후하여 활발하였지만, 그 싹은 이미 16세기 말에 움트고 있었다."

실학자들은 주자학을 극찬했다

현재 학계에서는 실학에 대해, 당시 지배이념이던 성리학을 비판하면서 대두한 새로운 학풍, 그리고 조선 후기의 사회적 모순을 해결하려는 사회개혁론이라는 주장이 통설로 자리잡고 있다. 또 교과서에서 "18세기를 전후하여 크게 융성하였던 실학은 민족적, 근대지향적 성격의 학문으로서 그 역사적 의의가 매우 컸다"고 기술한 것처럼 근대지향적인 학문으로 높이 평가하고 있다.

한국사는 없다 | 203

정자 중국 송나라의 유학자 정호와 정이. 형제간으로 정호는 우주의 본성과 사람의 성이 본래 동일한 것이라 했고, 정이는 처음으로 이기理氣철학을 제창하고 유교 도덕의 철학적 기초를 부여했다.

육경 『시경詩經』『서경書經』『예기禮記』『악기樂記』『역경易經』『춘추春秋』. '경'이란 '상尙'을 뜻하며, 사람이 항상 좇아야 할 도리를 말한다.

주자어류 중국 남송의 학자 여정덕黎靖德이 1270년 주자의 어록을 집대성한 책. 140권.

홍대용 경학보다 경제·과학에 전심했다. 지전설地轉說과 우주무한론宇宙無限論을 주장하면서 화이華夷의 구분을 부정하고 우리 민족의 고유성을 강조했다.

과연 실학이 학계의 주장처럼 주자학을 비판했고 그 대안으로 대두한 근대지향적인 성격의 학문적 운동이었을까. 우리들이 너무나 당연시해서 의심조차도 하지 않았던 이 문제를 곰곰이 따져보자.

먼저 실학자들은 주자학을 얼마나 비판했을까. 놀라운 일은 그들이 비판하기는커녕 오히려 높이 추켜세우고 있다는 사실이다.

이익은 『성호사설』 정주성인조에서 "정주程朱가 맹자 이전에 있었다면 반드시 성인으로 지목되었을 것"이라고 언급하여 정자程子와 주자朱子를 성인 못지않게 추앙하고 있음을 보여준다. 정약용 역시 주자의 학문적 권위를 높이 평가하고 있다. 그의 저서 『여유당전서與猶堂全書』 시문집에 보면 "주자는 육경六經을 깊이 연구하여 진위를 판별하고 사서四書를 드러내어 심오한 뜻을 밝혔다"고 적고 있다. 또 "역대 선유先儒의 논의를 살펴건대, 주자의 설만이 참으로 확실하고 평정하다. 「주자어류朱子語類」에 실린 천만 가지 말마다 모두가 요체에 들어맞으니 내가 무엇을 덧붙이겠는가"라고 하여 주자의 학문적 권위를 비판하기는커녕 오히려 절대화하고 있음을 보여주고 있다.

그야말로 홍대용洪大容이 "주자학은 중정中正하여 편벽되지 않으니 공맹孔孟의 정맥正脈이다"라고 평가한 것처럼, 실학자들은 주자나 주자학을 비판하지 않았다. 오히려 유학의 정통이 주자학임을 분명히 하여 그 가치를 높이 평가하고 있다.

이러한 실학자들의 인식은 이른바 사회개혁론에서도 명백하게 드러난다. 조선 후기에 들어와, 조정의 가장 큰 현안

유형원의 반계수록에서
전제 및 노예 부분

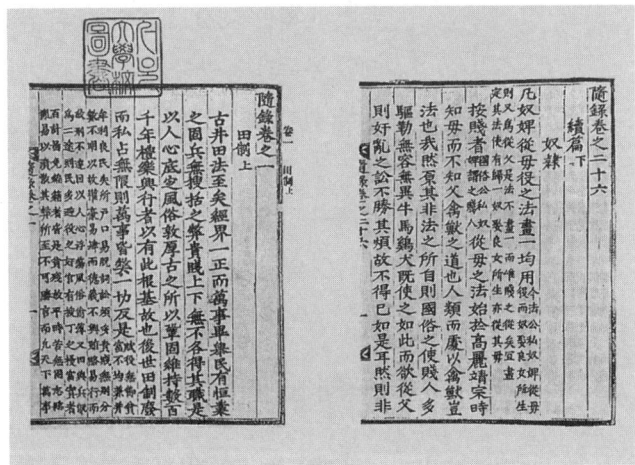

은 양반 지주들의 토지 독점에 따른 세입 부족과 농민층의 빈곤이었는데, 이 때문에 실학자들은 앞을 다투어 토지개혁안을 제시하고 있다.

먼저 당시의 실정을 보자. 양반 지주들은 토지를 독점했음에도 불구하고 지방관과 아전들에게 뇌물을 주는 등의 방법으로 자신들의 토지를 세금 징세대장에 올리지 않았다. 중앙 관리들과 결탁하여 퇴행적인 토지 세제를 유지하려 애쓰기도 했다.

예컨대, 1769년(영조 43)까지 토지대장인 양안量案에 등재된 토지는 1백31만 결結이었지만 80만 결에 대해서만 과세할 수 있었다. 임진왜란이 끝나고 1백50년이 지났음에도 불구하고 조정의 세입 기반은 여전히 전쟁 이전(170만 결) 수준에 이르지 못했던 것이다. 따라서 조정의 세원은 위축되고 퇴행적인 조세제도는 오히려 농민 부담만을 가중시켜 농민들은 늘 빈곤에 허덕일 수밖에 없었다.

양안 토지 등급은 6등급, 지형은 방답方畓·직답直畓·제답梯畓·규답圭畓 등으로 구분하여 기재했다. 법제적으로 20년마다 한번씩 양전量田을 실시하여 작성하되, 호조와 해당 도·읍에 한 부씩 보관하도록 되어 있다.

결 토지를 6등급으로 나누고, 1등전 1결의 넓이는 9859.7평방미터이다. 임진왜란 이후 변해서 1634년(인조 12)부터 1만 809평방미터로 바뀌었다.

그에 따라 조선 후기에 일부 관리들과 학자들이 조정의 세입 부족과 농민의 빈궁 문제에 관심을 둔 것은 너무나 당연한 일이었다. 그 중에서도 유형원, 이익, 정약용 등 실학자들은 개인의 토지 소유를 제한하거나, 국가의 모든 토지를 몰수하여 경작자에게 재분배하는 것만이 유일한 해결책이라고 믿고 있었다.

중국 성리학자 모방한 토지개혁론

유형원은 국가가 모든 토지를 국유화하여 평민들에게 동등하게 분급하자는 균전제均田論를 제의했다. 물론 그는 사회 신분이나 역할이 상위 서열에 위치한 관료나 양반에게는 보다 큰 몫을 제공해야 한다고 덧붙였다. 구체적으로 농민 한 사람에겐 1경頃을 지급할 때, 사대부나 관리에게는 2~12경의 토지를 차등을 두어 지급하자는 것이었다.

즉, 개인 소유를 없애고 평민 농민들에게 수입과 생산을 위한 확고한 기반을 보장하는 한편, 정치적·사회적 엘리트들에 대해서는 경제적 기초를 마련해 주자는 주장이었다. 조선왕조체제를 근본적으로 개혁하거나 부정한 것이 아니라 당시의 위계적 사회질서를 유지할 필요성에 따라 제기된 것이다.

이익은 유형원의 제안과 같은 급진적인 방법의 균전론을 피해

유형원 여러 차례 과거에 응시했다가 모두 낙방했고, 32세 때 전북 부안군 보안면 우반동에 은거하여 여생을 보냈다. 『반계수록』 26권도 이곳에서 저술했다(1622~1673).

경 고려 때까지 1경의 넓이는 1만 5447.5평방미터였다. 1436년(세종 18) 경묘보법에 따르면 2만 5945.9평방미터였다.

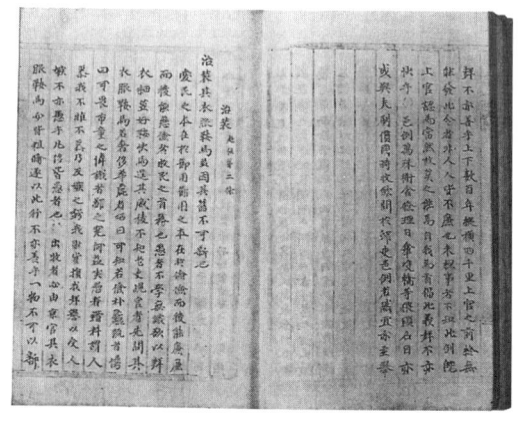

정약용의 목민심서

야 한다고 전제하고, 토지의 사적 소유라는 현실을 인정한 위에서 점진적인 방법을 통해 균전제를 실시해야 한다고 했다. 그는 개인의 사적 소유를 없애고 사회 특권을 철폐하는 조치는 토지 소유자나 지배층의 반발로 좌초될 것으로 인식한 것이다.

개혁이 성과를 거두려면 소유권에 대해 법적 제약을 가하자는 점진주의자들의 접근 방식밖에 없다고 믿은 그는 소수의 토지 독점 현상은 빈민의 토지 방매에서 비롯된 것이라고 생각했다. 따라서 빈민의 토지 방매를 방지하기 위해 일정한 토지면적으로써 가구당 영업전永業田을 설정하고 이 영업전 외의 토지매매는 허용하되, 영업전은 일체 매매를 금지하자고 했다. 빈민의 경우에는 토지를 매입하여 그의 영업전 액수를 채울 수 있고, 부민富民의 경우에는 토지 방매나 자손에의 분할상속 등으로 점차 영업전의 규모에 가까워지도록 한다면 균전제는 저절로 이루어질 것으로 보았다.

박지원 역시 토지소유의 상한선을 설정하고 그 이상의 토지 매입을 허용하지 않는다면, 수십 년이 지나지 않아서 매매나 상속 등을 통해 토지 소유가 균등해질 것이라 했다. 한전론限田論을 통해 균전의 취지를 실현하고자 했던 것이다. 서유거와 서응순이 주장한 한전론 역시 박지원의 주장과 유사한 내용이었다.

정약용은 토지분배와 조세 문제에 관해 비현실적이긴 하지만 가장 급진적인 해결책으로 정전제井田制를 제시했다. 그는 개인의 소유권을 위계적인 정치구조 아래 통합된 공동체의 공동소유로 대체함으로써 사유재산과 사회적 특권 모두 사라지기를 바랐다. 토지를 공동소유하면 평등한 토지분

오른쪽 사진은 경기도 안산에 있는 이익 사당

주돈이 북송의 사마광司馬光·왕안석王安石과 동시대의 인물로 도가사상의 영향을 받고 새로운 유교이론(道學)을 창시했다(1017~1073).

박수량 30여년의 관리생활에서 집 한칸을 마련하지 못할 정도로 청렴결백하여 청백리로 칭송받았다(1475~1546).

사림 사림이란 용어는 고려말, 조선초의 시기에도 간혹 쓰였으나 1498년(연산군 4) 무오사화戊午士禍 이후 사화士禍가 거듭되는 가운데 피화자被禍者의 집단성을 표현하는 용어로 사용되기 시작했다. 사림파란 용어는 근대역사학 성립 후에 쓰여진 용어이다.

배는 안 되지만 재부를 평등하게 분배할 수 있다는 것이다.

학계에서는 이들 실학자들의 토지개혁론이 근대지향적인 성격을 내포하고 있다고 평가한다. 그러나 그것은 중국의 성리학자들이 주장한 바를 그대로 따른 것에 불과하다. 북송대에 성리학자들의 연원이 되는 정호程顥를 비롯한 정이, 소식, 주돈이 등이 성리학적 사회질서를 실현하려는 차원에서 제기했던 정전론, 균전론, 한전론 등에 뿌리를 두고 있기 때문이다.

즉, 이익의 주장은 소식의 한전론을 그대로 답습했고, 유형원의 견해는 남송 임훈林勳의 균전론과 같은 성격의 토지개혁론이다. 따라서 실학자들이 균전론이나 한전론을 내세워 소수의 토지 독점을 반대하고 균등 분배를 주장한 것은 오히려 성리학이 추구하는 사회질서를 창출하려 했던 조치에 불과한 것이다.

더욱이 균전제를 실시하자는 주장은 이미 중종대에 주자학 신봉자인 사림파에 의해 제기되었다.『중종실록』13년 5월 27일조의 기록을 보자.

주세붕周世鵬과 깊이 교유했고 유림 사이에 학자로서 존경받았던 사림파의 박수량朴遂良은 중종에게 "우리나라는 백성의 빈부 차이가 너무도 심합니다. 부자는 그 땅이 한량없이 연해 있고 가난한 자는 송곳을 세울 곳도 없습니다. 비록 정전법이 훌륭하다 하더라도 지금은 시행할 수 없으니, 균전법을 시행하면 백성이 실질적인 혜택을 입을 것입니다"라고 건의했던 것이다.

가장 급진적인 정약용의 정전제는 어떠할까. 이 역시 근대지향적 질서가 아닌 성리학적 사회질서를 구축하려는 개

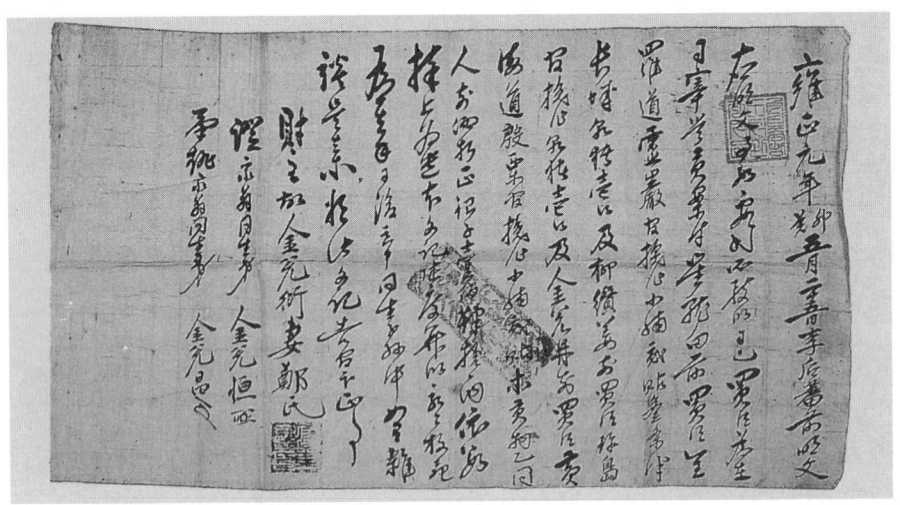

1723년의 토지매매문기

이항로 1866년 병인양요가 일어나자 대원군에게 주전론을 건의했다. 그 뒤, 대원군의 비정 秕政을 비판한 병인상소를 올리고 만동묘의 재건을 상소했다가 노여움을 사서 삭탈관직을 당한 뒤 낙향했다(1792~1868). 최익현, 김평묵, 유중교 등이 그의 문하에서 수학했다.

혁안에 불과하다. 무엇보다도 그의 아이디어가 정자(정호·정이)의 정전론에서 비롯되었고 구한말 대표적인 위정척사파인 이항로·김평묵 등에 의해서도 제기되었다는 점에서 그러하다. 저명한 중국의 성리학자, 그리고 근대 여명기에도 여전히 주자학적 중세질서를 완고하게 고수하려 했던 위정척사파가 제기한 정전론이 근대지향적인 성격을 지닐 수는 없는 노릇이다.

토지세와 균역세가 흔들린 위기상황

실학자들은 왜 조선 중기 이래 사림파가 추구하려 했던 것과 같은 안을 제시한 것일까. 모든 현상이 그 시대의 사회적 산물이라는 점에서 그들이 활동했던 조선 후기 사회를 살펴볼 필요가 있다.

임진왜란과 병자호란을 겪은 조선왕조는 재정 상황이 극

도로 악화되어 갔다. 전후 복구사업에 막대한 비용이 필요함에 따라 중앙정부의 재정 수요가 폭증했지만 전답이 황폐해지고 인구도 대폭 줄어 세원은 오히려 줄어들었다. 정부의 가장 주요한 세수 기반인 토지 결수가 1백70만 결에서 임진왜란 직후에는 54만 결로 격감할 정도였다.

법제상으로 20년에 한 번씩 토지조사사업을 시행하도록 규정하고 있지만 제대로 시행된 적이 거의 없었다. 1820년 (순조 20)에 시행된 조사사업은 무려 1백 년 만에 실시된 것이다. 이토록 토지조사사업이 제대로 시행되지 않은 까닭은 많은 비용과 행정의 이완, 그리고 대토지 소유자인 양반들의 방해 때문이었다. 더구나 토지를 조사하더라도 양반 지주들은 대부분 허위기재하기 일쑤였다. 그 결과, 앞서 지적한대로 1769년(영조 43) 전체 1백31만 결의 토지 가운데 80만 결에 대해서만 과세할 수 있었다.

퇴행적인 부세賦稅 구조 역시 조정의 세입 기반을 침식했다. 물론 그 부담의 대부분은 농민들에게 전가되었다. 양반 지주가 대부분 소유한 토지는 비옥하고 생산성이 높지만, 여기에는 세금을 적게 책정했기 때문이다.

17세기 말, 토지에 대한 세금을 보자. 세 가지 종류가 있었다. 첫째로 순수한 의미의 토지세이다. 여기에는 상대적으로 낮은 결당 4두의 낮은 세율이 적용되었다. 둘째로 결당 12두를 부과하는 대동미이다. 셋째로 녹봉 없는 아전들에게 주는 인정세를 포함한 각종 부가세 등이다.

법제상으로 볼 때, 토지세는 결당 20두 남짓 되었다. 하지만 실제로는 결당 1백 두이다. 『만기요람萬機要覽』 재용편 財用篇에 적힌 이 기록을 학계에서도 인정하고 있다. 그리고

대동미란 대동법大同法에 의거하여 공물 대신 거두어들이던 쌀을 말함.

만기요람 1808년 서영보, 심상규 등이 왕명을 받들어 찬진 撰進한 책. 11권11책. 재용편 6편 62절목과 군정편 5편 23절목으로 되어 있다. 18세기 후반기부터 19세기 초에 이르는 조선왕조의 재정과 군정에 관한 내용들이 집약되어 있다.

관둔전 지방의 행정·군사·교통기관의 운영경비를 보조하기 위해 국가에서 설정했던 토지.

공해전 관청의 공비를 충당하기 위해 지급된 토지. 운영경비와 관리들의 점심값과 조예무례(皂隸) 등 천역자들에 보수를 지급하기 위한 것이다.

궁방전 후비, 왕자대군, 왕자군, 공주, 옹주 등 궁방에서 소유 또는 수조권收租權을 가진 토지. 면세의 특권과 그 전호들에게 여러가지 요역을 경감해 주는 혜택이 주어졌다.

임진왜란 이후 양역良役의 폐해는 극심했다. 이를 시정하기 위해 양역변통론良役變通論이 제기되고 결국 균역법으로 낙착되어 균역청을 설치하고 1750년(영조 26)부터 실시했다. 아래 사진은 균역청에서 논의된 제반 사항 및 왕복문서 등을 수록해 놓은 『균역청등록』.

일제시대의 자료인 『이조시대의 재정 李朝時代의 財政』에 따르면 1결당 산출량은 가장 척박한 토지가 1백50두, 가장 좋은 땅이 9백 두였기에 실제의 토지세율 역시 가장 비옥한 땅이 11퍼센트, 가장 좋지 않은 토지가 76퍼센트로 각기 달랐다. 어찌 보면, 극단적인 사례일지 모르지만, 대부분의 학자들이 인정하고 있다.

군정의 폐단 역시 심각한 수준이었다. 임진왜란 이후 정부는 늘어난 재정수요를 충당하기 위해 기부한 곡식의 양에 따라 관직 임명장을 내주고 군역세 면세를 보장하는 이른바 공명첩空名帖을 광범위하게 판매했다. 미래의 국가세입을 저당하는 결과를 가져온 것이다.

또 당시 평민들은 관둔전官屯田이나 궁방전宮房田, 공해전과 같은 특정 기관에 투탁投託하거나 향교의 교생이나 서원의 원생으로 적을 올려 군포세 부담에서 벗어나려 했다. 『효종실록』 2년 7월조를 보면, "지금의 사족士族으로서 교적敎籍에 속한 것을 싫어하지 않는 자가 없으므로 전국의 교생은 모두 평민과 서얼의 자식들이다" 라고 적혀 있다. 임진왜란 이후 대부분의 교생들은 본래 군역을 부담해야 하는 계층이 차지하고 있음을 말해준다. 이처럼 향교에 적을 두는 방식 등으로 평민 역시 군역을 면제받을 수 있었으며, 그 숫자는 『인조실록』 4년 윤6월 을묘조의 기록에 따르면 무려 4만여 명에 달한다. 물론 군적을 조작하여 사사로운 이익을 도모하려는 아전들의 협잡도 있었다. 그러나 군적 조작을 제외하면, 대부분 합법적인 방법이었기 때문에 군정 폐단의 원천은 바로 제도적 모순에서 비롯된 것이었다.

1553년(명종 8) 혹심한 재해를 당한 경상도지방의 기민을 정부의 힘으로 구제할 수 없게 되자, 조정은 50석 내지 1백 석을 국가에 납속한 자에 대해 사족에게는 관직 제수, 죄인에게는 면죄, 공사노비에게는 면천종량의 은전을 베풀었다. 그 뒤, 계속되는 재난과 변방의 소요 때문에 이 납속제는 계속 실시되었으며 1592년(선조 25) 임진왜란으로 그 절정에 달했다.

어쨌든 군역 면제자는 증가했고 이를 부담해야 할 평민의 숫자는 줄어들었다. 『영조실록』 영조 8년 1월 을해조에 실려 있는 문서 '균역사실책자均役事實冊子'를 보면, 전국의 호구 숫자는 1백34만 호이다. 이 가운데 72만 호 가량이 가족을 부양하는 남자가 한 사람이거나 빈곤한 호구로서, 군포세 납부를 면제받는 범주에 속하는 사람들이었다. 따라서 이들을 빼고 나면, 군역을 부담해야 할 호구는 대략 62만 호 정도인데, 그 5분의 4가 관리와 향품鄕品, 관속, 역리, 승려처럼 군역을 면제받는 범주에 속했다. 결국 전체의 8퍼센트인 10만 호 50만여 명이 양정良丁의 군포를 부담해야 했다.

사정이 이러할진대, 향리들로서는 군포 할당량을 채우기 위해 불법적인 방법을 동원할 수밖에 없었다. 잘 알려진 대로 촌락을 떠나거나 죽은 사람이 생기면 인척이나 이웃으로부터 군포를 징수했고, 군포가 합법적으로 면제되는 60세

조선시대 군사훈련장으로 사용되던 수원 화성의 동장대 부근

이상의 노인과 어린아이까지 군적에 올렸다.

왕조체제 유지위한 개혁주의자들

이렇듯 국가재정의 양대 축인 전세와 군역세의 기반이 크게 위축된 상태에서 조정이 택한 방법은 무엇일까. 다름 아닌 환곡이었다.

본래 환곡은 춘궁기에 곡식을 대여해 주었다가 추수기에 10퍼센트의 이자를 덧붙여 되돌려 받는 영세농민 보호책으로 시작되었다. 하지만 재정 부족이 심화되자, 조정은 환곡의 이자를 챙기는 데 목적을 둠으로써 그 폐해가 심각해졌

환곡 환곡제도가 처음 실시된 것은 고구려 고국천왕 16년(194)의 진대법賑貸法이었다. 이어 고려 성종 5년(986)에 태조 때 설치된 흑창黑倉을 의창義倉으로 개칭하면서, 933년 상평창을 설치하면서 본격적으로 실시되었다.

충남 아산 공세리 조창지에 있는 옛 관리들의 공적비들

다. 농민의 구휼과 복지에 기여한다는 본래의 취지는 사라지고 농민을 착취하는 것으로 변질된 것이다.

18세기경 서울과 지방을 막론하고 대부분의 관아에서는 이자를 붙여 비축곡을 대여했다. 앞서 언급한 자료『이조시대의 재정』에 따르면, 경기도에만도 무려 2백여 개에 달하는 환곡 창고가 있었는데, 그야말로 전국의 군현 또는 그 이하의 면 단위까지 있을 정도였다.

이 자료에 따르면, 1725년 국가 전체의 비축 환곡이 41만 6천9백 석이었으나 50여 년 후인 1776년에는 1백37만 7천 석으로 3배 가까이 늘어났다. 다시 30여 년 뒤인 1807년에는 9백99만 5천5백99석이라는 천문학적 수치에 이르렀다. 이 중 백성들에게 대부한 양은 7백30만 8천3백19석이었다.

한 일본인 학자(麻生武龜)의 연구에 따르면, 같은 해 6백 69만 9천4백99석의 환곡에 대한 이자가 72만 7천28석이었다. 이 가운데 11만 4천8백63석은 비상용으로 남겨놓고 61만 2천1백64석을 국가재정으로 지출했다. 당시 호조의 전세 수입이 11만 7천 석, 대동법 시행을 관장하던 선혜청 宣惠廳에서 최대한 거두어들일 수 있었던 대동미가 2만 석(만기요람 재용편 참조) 남짓이었음을 고려할 때, 환곡 이윤 세입이 얼마나 큰 것인가를 짐작할 수 있다.

보다 중요한 사실은 당시의 비축 환곡이 1천만 석에 달한다는 것은 장부상에만 있는 허수虛數라는 점이다. 수세기 동안 거두어들인 이자를 환곡제도에 재투자하지 않고 일반 행정경비로 전용했기 때문에 그같이 엄청난 양의 환곡이 모일 수 없었을 것은 당연하다. 따라서 1800년 이후 나라에 기근이 들었을 때, 구휼사업을 충원한 재원은 환곡이 아니라

대동법 농민이 호역戶役으로 부담했던 온갖 세납稅納을 모두 전세화田稅化하여 1결에 백미 12두씩 징수하고 이를 관청에 배분하여 연간 소요물품 및 역력役力을 민간으로부터 매입 사용하거나 고용 사역하게 한 제도. 1608년(광해군 원년) 경기도에 처음 시작되었으며, 1708년(숙종 34) 황해도까지 점차 확대되었다.
사진은 1659년에 건립된 경기도 평택의 대동법시행기념비.

한국사는 없다 | 215

공명첩 매매 또는 개인의 기부에 의존했던 것이다.

문제는 빌려준 환곡의 양이 장부상에 비해 부족할지라도 거두어들이는 환곡의 원곡元穀과 이자는 같아야 했다. 따라서 농민들은 대여 받은 양보다 훨씬 많은 양의 곡식을 갚아야만 했다. 자연히 원성이 높을 수밖에 없었다. 1862년 전국적인 농민봉기가 일어난 것도 이러한 환곡의 폐단에서 비롯된 것이었다.

한마디로 조선후기는 양반 사대부의 재부財富 독점과 퇴행적인 부세구조로 말미암아 조정의 재정은 극단적인 적자 상태였고, 그 결과, 재정의 대부분을 영세농민 복지제도인 환곡 수입으로 충당하고 있었다. 말하자면 조선왕조체제는 해체 위기상황에 직면해 있었다.

실학자들이 토지제도 개혁에 관심을 둔 것도 바로 이러한 위기상황을 인식했기 때문이리라. 그들은 토지제도 개혁을 당장 실시하지 않으면 만성적인 빈곤상태에 처한 농민이 봉기를 일으키면 조선왕조체제는 곧 붕괴될 것으로 여겼던 것이다.

정약용이 "곰곰이 생각해 보면, 하나하나의 털끝만한 것까지도 병들지 않은 것이 없다. 지금 곧바로 개혁하지 않으면 반드시 나라를 망치고 말 것이다"라고 단정(『여유당전서』 1집)지을 정도였다. 이익 역시 저서 『성호사설류선星湖僿說類選』 기한작도조飢寒作盜條에서 "우매한 백성들은 굶주림과 추위에 못 이기며 도적질하여 사는데, 이는 마치 이가 옷틈에 있으면서 사람을 물지 않고는 살 수 없는 것과 같다"고 지적하여 농민의 빈곤 문제를 해결하지 못하면 농민봉기가 일어날 것이라 경고했다. 그는 같은 책의 인정국조人情國條

성호사설류선 학자 안정복이 스승 이익의 저술인 성호사설을 분야별로 중요하다고 생각한 부분을 선정하여 정리한 편서. 10권10책. 필사본.

에서도 "황건적이 일어나 한나라는 마침내 망했는데, 이런 행적을 교훈으로 삼아야 한다"고 하여 농민봉기가 일어나면 조선왕조는 멸망할 것이라 했다.

결국 실학자들은 해체 위기에 직면한 조선왕조체제를 유지하기 위한 방안으로 토지제도를 비롯한 각종 사회개혁론을 제시했던 셈이다. 그리고 그 개혁론이 바로 오늘날 실학으로 지칭되고 있는 것이다. 따라서 실학은 조선왕조체제라는 중세적 사회질서를 유지하기 위한 보수적인 개혁론일 뿐 결코 근대지향적 사상이라고 볼 수 없다.

노비제 강화 통한 양반우대론

실학자들이 근대지향적인 사상가가 아니라 성리학적 중세체제 옹호론자였다는 점을 보다 구체적으로 따져보자.

정약용은 『목민심서』 변등조辨等條에서 수령들에게 자기 관할 지역 내의 귀족들을 예우하도록 당부하고 있다. 여기서 귀족은 양반을 가리킨다. 그는 양반이란 표현은 그 원래의 뜻에 따라 문·무 관리에 대한 지칭으로만 써야 하며, 양반으로 불리는 계층은 '귀족'이라 불러야 마땅하다고 했다. 말하자면 양반우대론을 펼치고 있다.

그가 양반을 '귀족'이라 불러야 한다고 주장한 이유는 무엇일까. 양반은 과거에 입사入仕했던 사람들의 후손을 말하는데, 입사했다는 것은 곧 군자가 되었다는 것을 뜻한다. 즉, 학문과 덕행에서 사회의 스승이 되고 지도자가 될 만한 자격을 갖추고 있다는 것이다. 그와 같은 자격을 인정받아 관리로서 부름을 받고 일선에 나아가 지도자로서의 직책을 수행했다는 이야기이다. 그리고 그들의 후손이 비록 입사하지 않았다고 해도 대대로 학문을 닦고 예를 실천하기 마련이기에 귀족이라는 것이다. 시대가 내려올수록 귀족은 많아지고 관직의 수는 일정하여 궁벽한 지방일수록 그런 현상은 더욱 더 심해지지만 그들은 귀족이므로 귀족으로서 예우해야 한다는 주장이다.

이 말의 뜻은 무엇일까. 정약용으로서는 단순히 양반을 예우한다는 문제가 아니라 정치·사회의 기강을 바로잡는 기본이라고 생각했던 것 같다. 실제로 그것은 정치적·사회적으로 조선시대를 지배했던 이념인 동시에 풍토였다.

예컨대, 당시 정책 입안자들은 "민심은 잃어도 되지만 사대부의 인심은 잃으면 안 된다民心可失 士心不可失"는 주장을 자주 내세웠다. 이익 역시 "4대에 현관顯官이 없는 사람은 군액軍額에 충당한다고 하나 벌열세족閥閱世族들의 경우 설사 그들이 여러 대 동안 벼슬을 하지 않았다고 해도 그것을 이유로 그들을 졸지에 군오軍伍에 편입시켜 미천한 백성들과 동일하게 다룰 수 있겠는가"라고 주장했다.

실학자들의 양반우대론은 노비제를 강화해야 한다는 신분관에서 보다 뚜렷하게 드러나고 있다. 가령, 정약용은 임진왜란 때에는 사족들이 많은 노비를 소유하고 있었기에 의병을 일으킬 수 있었지만, 홍경래의 난 때에는 한 집에 한 사람의 노비도 낼 수가 없어서 의병을 조직할 수 없었다고 고백하고 있다.

그는 이러한 현상이 1731년(영조 7) 노비의 양인 처 소생을 모두 양인으로 하는 종모종량법從母從良法 실시 때문에 일어났다고 전제하고, 따라서 옛 노비법을 회복하지 않으면

벌열세족이란 나라에 공로가 많고 벼슬 경력이 많은 집안을 말함. 약칭 '벌족'이라 한다.

고려시대 이래 노비의 혼인은 동색혼同色婚만 인정하는 것을 원칙으로 삼았고 양천교혼良賤交婚은 인정하지 않았다. 따라서 소생자녀는 모계를 따르도록 했다. 그 뒤, 양천교혼이 점차 늘어나자, 부모 중 한쪽만 천인이면 천계賤系를 따르도록 했다. 그 결과, 군역 부담계층인 양인의 수가 감소함에 따라 조정에서는 종부법從父法을 적용하여 평민으로 만들어주었다. 그러나 그 적용은 서인·남인의 집권이 교체될 때마다 번복을 계속했다가 1731년(영조 7)에 종모법으로 확정되었다.

송시열 보수적인 정통 성리학자. 양반의 우월성과 노비제를 인정하고 여성의 효행, 정절, 순종 등을 강조했으며 중국적·주자학적인 것을 숭상했다(1607~1689).

나라의 난리와 멸망을 구제할 수 없었다고 주장했다. 조선 왕조의 존립을 위해서는 사족 보호가 필요하고, 사족을 보호하기 위해서는 노비제의 강화 및 유지가 필요하다는 견해였다.

그가 언급한 종모종량법은 1669년(현종 10) 송시열의 건의에 따라 처음 시행되었지만, 1690년(숙종 16)에 '송시열의 법'이란 비난을 받고 파기되었다가 1731년에 다시 시행되었다. 결국 실학의 집대성자로 알려진 정약용조차 대표적인 주자학자로서 지극히 보수적인 인물이었던 송시열보다 더욱 보수적인 성향을 보인 것이다.

유형원은 송시열과 마찬가지로 종모종량법을 실시해야 한다고 주장했다. 그러면서 공로와 재능 있는 자에게 면천免賤이라는 특권을 줌으로써 노비의 숫자를 점차 줄여가자고 했다. 정약용의 제안보다 진전된 내용이지만, 그렇다고 해서 신분제 그 자체를 부정한 것은 아니었다. 『반계수록磻溪隨錄』 노비조에서 "귀한 자는 남을 부리고 천한 자는 남에게 부림을 당하는 것은 변경할 수 없는 법칙"이라 주장한 인물이기 때문이다.

이익 역시 예외는 아니었다. 노비 소유를 억제해야 한다고 주장하여 유형원의 제안보다는 온건한 편에 속한다. 그는 노비 소유를 1백 명으로 제한해서 그 이상과 5세 이하의 노비는 양인화 하되, 그 방법은 노비 스스로가 관에서 정한 저렴한 가격을 부담하면 해방되도록 하자는 것이었다.

문제는 이들이 문제를 제기한 배경이 근대지향적인 인권 사상에 입각하지 않았다는 점이다. 국역國役을 부담하는 양인층이 급격히 감소하자, 노비 증가를 억제하여 국가 재원의 감축을 방지하려는 절박한 상황에서 생각해 낸 것이다. 당시 그들은 "노비가 점차 많아져 10명 중 8~9명이나 되고 양인은 점점 줄어 열 명 가운데 한두 명이 될 뿐이다"라는 유형원의 언급처럼 노비 증가가 가장 시급히 해결해야 할 문제라고 여겼다. 따라서 그들의 제안은 국역을 부담하는 양인층 확보라는 국가재정 확충의 일환에 불과하다.

요컨대, 정도의 차이는 있을지언정 실학자들은 극히 보수적 신분관을 갖고 있었다. 그들의 학문인 실학 역시 근대지향적인 학문은 아니었다.

'실학'이란 용어는 고려 말부터 쓰였다

여기서 우리들이 흔하게 사용하는 '실학'이란 용어에 문제점은 없는지를 따져보자. 학계에서는 흔히 조선 후기에 일어난 새로운 학풍을 '실학'이라 일컬어 왔고 지금까지 거의 관용적으로 답습되어 사용해 오고 있다. 이때 실학의 개념은 근대사상적 요소를 지닌 개념으로 정립되어 있다.

하지만 실학이란 용어는 조선 후기에 사장詞章이 아닌 경학經學을 공부하는 것, 즉 강경講經을 실학이라 칭했다.『헌종개수실록』원년 1월 신사조를 보면 "나라 사람들이 강경을 업으로 하는 것을 실학이라 한다"고 적혀 있다. 더욱이 이러한 개념은 이미 고려 말과 조선 초에 정립되어 있었다.

세종 12년 8월에 과거시험 방식을 둘러싸고 신료들 사이에 논쟁이 있었는데, 당시 권근과 변계량은 사사로운 개인 감정이 개입될 여지가 많다고 하여 제술製述만으로 과거시험을 치루자고 했다. 이에 허조許租는 강경 시험의 실시를

권근 성리학자이면서도 사장祠章을 중시하여 경학과 문학을 아울러 연마했다. 1407년 최초의 문과 중시重試에 독권관讀卷官이 되어 변계량 등 10인을 뽑았다(1352~1409).

변계량 문장에 뛰어나 거의 20년간 대제학을 맡아 외교문서를 작성했고 과거의 시관으로 선비를 뽑는 일에 공정을 기했다. 고려말과 조선초의 정도전, 권근에 이은 관인문학가의 대표적인 인물이다(1369~1430).

허조 황희와 함께 조선의 어진 정승으로 명성을 떨쳤다. 경사에 정통했고 강직한 성품을 지녔으며 검소하게 생활했다. 흉년이 들자 '내 무슨 마음으로 배 불리기를 바라겠는가?' 하며 죽을 먹었다 한다(1369~1439).

황현 1430년 변계량과 함께 문과초시 때 강경 중 두 가지 시제만을 뽑아 제출할 것을 건의하여 실시하게 했다. 그러나 유학자들이 초록집抄錄集에만 의존하고 경학을 경시한다는 건의에 따라 다시 경서강독經書講讀이 시행되었다(1372~?).

이제현 고려에 성리학을 처음 들여온 백이정의 제자, 『사서집주四書集註』를 간행하여 성리학 보급에 힘쓴 권보의 문생이요 사위였고 제자가 이곡李穀과 이색이었다(1287~1367). 그의 『역옹패설』은 이인로의 『파한집』, 최자의 『보한집』과 함께 고려시대 3대 비평문학서로 평가받고 있다. 아래 사진은 이제현의 글씨.

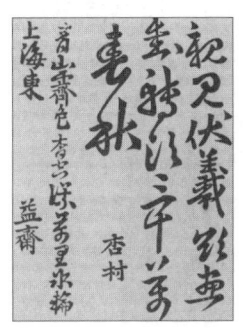

주장하면서 반대했는데, 그는 경학 공부가 곧 실학이라고 밝혔던 것이다. 사장이 교화와 정치, 즉 경세치용에 무익無益하다고 여겼기 때문이었다. 세종 12년 8월 22일 황현黃鉉 등도 경학 공부의 부흥책을 건의하면서 "시詩, 부賦 등의 사장은 유자儒者의 말기末技에 불과하며, 정치와 교화에 아무런 도움을 주지 못한다"고 했다.

그럼 당시 실학이란 용어의 참뜻은 무엇이었을까.

성리학은 고려 말에 이미 수용되었는데, 한나라 이래 유교 본래의 목적인 수기치인修己治人을 몰각한 채 사장에 치우친 한·당漢唐 이래의 유학을 비판하고 수기치인을 주창한 학문이다. 때문에 유학자들은 사장과 대립된 개념으로서, 교화와 정치에 유용한 학문인 성리학을 실학이라 칭했다. 고려 말의 성리학자 이제현李齊賢의 『역옹패설』에 실린 글을 보자.

"지금 전하께서 진정 학교를 넓히고 상서庠序를 일으키며 육예六藝를 높이고 오륜의 가르침을 밝혀 선왕의 도를 천명한다면, 누가 참 선비를 배반하고 중을 따를 것이며, 실학實學을 버리고 장구章句만 익히는 자가 있겠습니까. 앞으로 자질구레한 글귀나 다듬는 무리가 경서를 밝히고 덕행을 닦는(經明行修) 선비로 변하는 것을 볼 수 있을 것입니다."

여기서 '실학'이란 고려시대에 유행한 '시부장구詩賦章句의 학學'인 사장을 버리고, 경서를 밝히면서 덕행을 닦는 '경명행수의 학'인 실학으로 돌아간다는 것을 뜻한다. 말하자면 고려시대의 '사장의 학'에 대립되는 의미에서 새로 수용된 성리학을 가리키는 것이다.

물론 성리학에서는 자기수양, 즉 수기의 방법은 성현의

서적을 널리 읽되, 이를 단지 훈고적으로 연구·해석하는 것이 아니라 자신의 체험과 결부시켜 해석함으로써 성현의 참된 정신을 파악하고 실천하는 것을 으뜸으로 삼고 있다.

이때 수양은 '수양을 위한 수양이 아니라 경세치용을 위한 것이다. 유교 본래의 목적인 수기치인의 효과를 기대하는 것이다. 성리학자들이 '강경'을 가리켜 '실학'이라고 칭한 것도 교화와 정치에 유용한 생활관과 경세론을 제공해 주는 실제적 학문이란 의미에서 비롯된 것이다.

결국 고려 말과 조선 초의 유학자들이 언급한 '실학'이란 말은 좁은 의미인 '강경'이 아니었다. 그리고 유명한 글이나 문장을 뽑아 외우는 '사장'과도 달랐다. 경서를 외우되, 뜻을 밝혀 경세치용에 유용한 학문이었던 것이다.

그러나 성리학은 조선후기에 이르러 형식적인 이론에 치우치기 시작했다. 민생문제 등 현실 문제에 대한 논의를 도외시한 채, 당쟁의 도구화된 예송禮訟이나 이기철학二氣哲學의 공허한 논쟁에만 열중하는 경향을 보였다. 그 결과, 일부 관료와 학자들은 주자학 본래의 정신인 수기치인으로서의 학문, 즉 실학으로 돌아가야 한다고 주장했다. 당시 인물을 평가할 때, 실학적인가 아닌가를 중요한 기준으로 삼은 것도 이러한 분위기를 반영한 것이다.

예를 들어보자. 『숙종실록』 숙종 4년 1월 계유조에 따르면, 이희조李喜朝는 생전에 유현儒賢이라 일컬어졌지만 오직 문장에만 능했을 뿐 실학이 없었다고 하여 부정적인 평가를 받았다. 반면에 『숙종실록』 46년 12월 기유조에 따르면, 이세필李世弼은 정사의 시무에 실제적인 뚜렷한 목적을 가지고 있다 해서 실학의 인물로 찬양하고 있다.

예송 조선 현종·숙종 때에 왕실의 상례에 대해 서인·남인이 벌인 논쟁. 내면적으로는 성리학의 핵심문제이면서 왕위계승 원칙인 종법宗法의 이해 차이에서 비롯된 율곡학파인 서인과 퇴계학파인 남인간의 정권 주도를 둘러싸고 일어난 성리학 이념논쟁이었다.

이희조 송열의 문인. 1721년 신임사화 때 영암으로 유배가던 중 죽었다. 영조 때 유생들의 상소로 신원伸寃되어 좌찬성에 추증되었다(1287~1367).

이세필 1674년(현종 15) 제2차 복상문제로 송시열이 삭직당하자, 송시열과 모르는 사이였지만 송시열의 원통함을 호소하는 상소를 올렸다가 영광에 유배되었다. 이 때 5년 동안 한번도 문밖을 나가지 않았다고 한다(1642~1718).

문제는 이렇듯 통시대적으로 존재했던 실학이 왜 특정한 시기, 즉 조선 후기의 고유한 사상으로 자리 잡았는가 하는 점이다.

한마디로 그것은 실용적이고 실증적인 연구를 통해 민생 문제나 사회개혁을 추구한 학문임을 역사상으로 부각시키려는 의도에서 출발했기 때문이다. 예송이나 이기철학의 공허한 논쟁을 벌이면서 민생 문제 해결을 위한 사회개혁 논의를 도외시한 조선 후기 성리학자들과의 차별화를 꾀한 것이다. 그리고 한걸음 더 나아가, 조선후기 사회가 중세 봉건체제를 벗어나 근대사회로 이행하는 과도기이므로 실학의 사회개혁적 사상이 결국에는 중세체제를 부정하고 근대체제를 지향하는 것일 수밖에 없다는 결론으로 귀결했기 때문이다. 결국 어느 시대나 존재했던 경세치용적 학풍이 오늘날에는 근대사상적 요소를 지닌 개념으로 정립되어 조선후기의 고유한 용어로 정착되어 버린 것이다.

조선 후기에 신분제는 해체되지 않았다

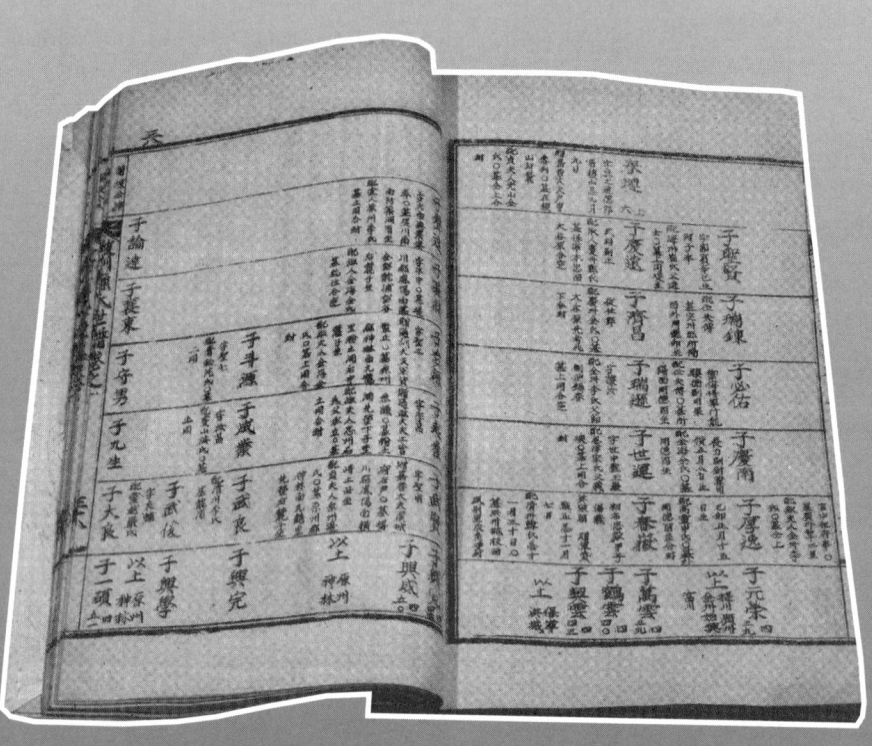

양반 늘고 상민 줄었다는 학계 주장

임금이 조회를 받을 때, 남쪽을 향한 국왕에 대해 동쪽에 서는 반열이 동반(문반)이고 서쪽에 서는 반열이 서반(무반)이다. 그리고 이 두 반열을 통칭하여 양반이라 했다.

본래 양반이란 관제상의 개념이었다. 976년(고려 경종 1) 전시과田柴科를 실시하면서 시작된 이 관제는 조선시대에 들어와서는 지배신분층을 지칭하는 개념으로 바뀌었다. 그리고 그 숫자 역시 고려 후기보다 현격하게 줄어들어 소수의 특권층으로 자리 잡기 시작했다. 그러다가 임진왜란을 계기로 양반 가운데 많은 사람들이 몰락했고, 18~19세기경에 이르러서는 신분제의 문란과 함께 신분이동이 활발하게 전개되어 그 숫자가 대거 늘어났다. 이때 군공軍功, 납속納粟 등 합법적인 절차를 거친 사람들도 많았지만 상당수가 유학모칭幼學冒稱이라든가 족보 위조 등 불법적인 방법을 통해 양반 이동을 꾀했다는 것이다.

그리하여 천인은 양인으로, 양인은 중인, 중인은 양반으로 각각 신분 상승이 이루어짐에 따라, 결과적으로 다수의 양반과 소수의 상민·천민으로 신분구조가 변모되었다는 것이다. 이때부터 '양반이니, 평민이니, 천민이니' 하는 신분 차별은 거의 유명무실해졌다는 것이 바로 학계의 통설이다. 이런 학계의 주장을 받아들여 일반인들은 우리 족보의 대부분이 이때부터 위조되었고, 족보란 믿을 만한 것이 못된다고 여기고 있다.

과연 족보가 이때 조작된 것일까. 아니, 당시 신분제가 정말로 해체되었을까. 18~19세기 신분구조의 변화에 대한

전시과 모든 직산관職散官을 공복의 빛깔에 따라 4단계로 나누고 제1단계인 자삼층紫衫層을 제외한 나머지를 문반·무반·잡업으로 구분하여 각 품(5~10품)에 따라 전시田柴를 지급했다.

납속 조선 전기부터 있었다. 1485년(성종 16) 기근으로 기민구제책이 막연할 때, 사노 임복林福이 쌀 3천 석을 납속하고 아들 4명을 평민으로 만든 사례가 있었다.

왼쪽 사진은 가계 구성이 계통적으로 적혀 있는 파주염씨세보

중인 중인이란 용어는 조선시대에 중간신분층의 뜻뿐만 아니라 중등 정도의 품격이나 재산을 가진 사람이란 뜻으로도 쓰였다. 조선 전기에는 후자의 뜻으로 많이 쓰였지만, 후기에 오면서 주로 전자의 뜻으로 쓰여졌다.

학계의 통설은 중·고등학교 교과서나 대학 교재에도 그대로 반영되어 있다. 이제부터 그 진실을 찾아보자.

우선 조선 후기에 신분제가 해체되었다고 주장하는 논거를 보자. 이 학설을 처음 주창한 사람은 일본인 학자 시카다 四方博였다. 그는 조선시대 때 작성된 대구부 호적을 조사·분석했는데, 그 요지는 다음과 같다.

1690년(숙종 16)에 대구 지역 10개 면의 호구는 총 3천1백56호였으나 1858년(철종 9)에 이르러서는 2천9백85호였다. 전체 인구가 1백70년 만에 5.4퍼센트 줄어든 것이다. 문제는 이 기간에 양반호兩班戶가 2백90호에서 2천99호로 무려 6.2배 이상 격증했고, 상민호常民戶가 1천6백94호에서 8백42호로 절반 정도 줄어들었으며, 노비호奴婢戶는 1천1백72호에서 44호로 무려 96퍼센트 감소했다는 점이다. 말하자면 9.2퍼센트에 불과하던 양반호가 전체의 70.3퍼센트로 격증했고, 53.7퍼센트의 상민호가 28.2퍼센트로, 37퍼센트의 노비호가 1.5퍼센트로 크게 감소함으로써 전체적으로 양반의 급속한 증가와 상민·노비의 감소 현상을 보이고 있다는 것이다.

이러한 현상에 대해, 그는 양민이 상민 또는 그 아래의 신분으로 전락한 반면에, 상민은 양반으로, 천민은 상민 또는 양반으로 상승했기 때문이라고 했다. 말하자면 조선 후기에 양반층이 급격히 증가했다고 결론지었다.

노비 통속적으로는 '종'이라 불렀는데, 노는 사내종, 비는 계집종을 뜻한다. 천인의 대표적인 존재였다. 아래 사진은 전남 장성 필암서원에 있는 공노비의 호적인 노비안奴婢案.

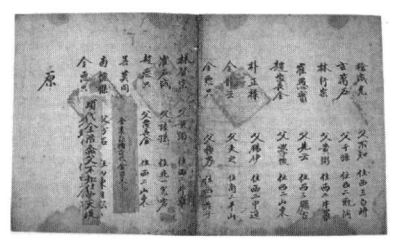

그의 주장은 그 뒤 많은 국내외 학자들의 연구에 의해 거듭 확인되었다. 가령, 김영모는 1684년에 4.6퍼센트의 양반호가 1870년에는 0.8퍼센트로 감소하고 양인호가 17.4퍼

유학 벼슬을 하지 아니한 유생. 임진왜란까지의 조선 전기에는 경중사학京中四學 학생과 지방향교 교생들이 사마시司馬試나 문과에 나갈 때에 '유학'이라 불렀고, 17세기에 들어오면서 유생이 살아 있을 동안 '유학'으로, 죽으면 '학생'으로 불리었다. 위 사진은 이명기의 송하독서도.

호적 현존하는 조선의 호적을 보면, 호와 구의 도망, 사망, 별거 등 인구의 동태를 밝히고 장님이나 벙어리 등 중대한 신체적 장애를 적고 노비는 그 신분의 유래 외에 소속관계까지 밝히고 있다는 점이 특징이다.

센트에서 4.7퍼센트로, 노비가 37.6퍼센트에서 2.2퍼센트로 줄어든 것에 비해, 준양반호는 14.8퍼센트에서 41.7퍼센트로, 중인호는 3.0퍼센트에서 16.6퍼센트로, 그리고 천양은 7.4퍼센트에서 11.2퍼센트로 증가했음을 밝히고 있다.

또 소머빌 J. N. Somer Ville은 울산부 호적조사를 통해 1729년 유학幼學(10.4퍼센트)과 향반(14.5퍼센트)이 1804년에는 34.0퍼센트로 증가되었고 중간계급도 같은 기간에 11.8퍼센트에서 15.7퍼센트로 약간 증가했다고 했다. 반면에 상민은 같은 기간에 47.2퍼센트에서 48.0퍼센트로 거의 증가되지 않았으며, 노비는 26.5퍼센트에서 0.5퍼센트로 격감했다고 했다.

결국 조선의 신분구조는 17세기 말까지 소수의 양반과 다수의 상민·노비로 구성되어 있었으나 말기에 올수록 다수의 양반과 소수의 상민·천민으로 변화했다는 주장이다.

유학이 모두 양반은 아니다

호적상으로 밝혀진 이와 같은 사실은 과연 믿을 수 있을까. 호적 조사에서 나타난 신분 변화와 마찬가지로 사회계층적 지위의 변화가 실제로 일어나고 있었느냐 하는 의문이 제기된다. 다시 말해서, 그러한 변화가 호구상으로도 일어났느냐 하는 점이다. 왜냐하면 당시의 호적대장에 누락자가 많았기 때문이다.

그러나 보다 근본적인 문제는 이들의 연구결과, 양반의 증가에 있어서 유학이 차지하는 비중이 거의 대부분이라는 점이다. 예컨대, 1858년(철종 9) 대구부 호적의 경우, 양반호

태조호적 원본. 조선시대에는 호적을 통해 신분 그 자체를 확인하는 기능을 중시했다.

가운데 유학이 차지하는 비율은 무려 89.8퍼센트였다. 다른 연구자들이 분석했던 호적들 역시 그 비율은 비슷했다. 말하자면 유학이 곧 양반이라는 점을 전제로 삼고 있는데, 이처럼 '유학=양반'이란 등식이 과연 타당한 것인지 의문시된다.

조선시대에는 과거 합격자나 전·현직 관리가 아닌 경우에 호적이나 향안鄕案에다가 유학이라 적는 것은 관례이자 규정이었다. 통덕랑通德郎이나 승의랑承議郎 같은 일정한 품계의 소지자가 아닌 경우에도 마찬가지였다. 이들은 죽을 때까지 유학으로 칭해졌는데, 문제는 유학이라 칭하는 사람들이 모두 양반 신분이 아니라는 점이다. 만일 이 '유학=양반'이란 등식이 성립되지 않는다면 조선 후기에 양반층이 급격히 증가했다는 학계의 통설은 설득력을 잃게 된다.

실제로 일부 학자들은 '유학=양반'이란 등식의 한계에 대해 문제점을 제기하면서 양반층이 결코 급증하지 않았다는 견해를 밝히고 있다.

가령, 최승희는 유학이 법제상 양반의 직역職役인 것은

향안 지방자치기관인 유향소留鄕所를 운영하던 향중사류鄕中士類들의 명부. 여기에 기록되어야만 비로소 양반으로서의 대우를 받고 좌수, 별감에도 선출될 수 있었다.

통덕랑·승의랑 통덕랑은 정5품 문관의 품계. 통선랑의 위, 조산대부·조봉대부의 아래. 승의랑은 정6품 문관의 품계.

사실이지만 그 신분적 지위가 변동되어 왔고, 호적상 유학의 모록冒錄도 후대로 내려오면서 더욱 많아졌기에 호적상 유학으로 기재되었을지라도 사회적으로 모두 양반으로 취급받지 않았다고 했다. 특히 19세기에는 중인층도 유학으로의 직역 기재는 용인되었기에 중인 신분의 유학도 존재했다는 점을 강조했다.

이해준은 1832년 진주향교를 중수하기 위해 관내의 호구를 대상으로 물재를 거두어들이고 이를 사용한 내역을 기록한 『진주향교수리시물재수집기 晉州鄕校修理時物財收集記』를 이용하여 최승희의 주장을 뒷받침하고 있다.

당시 진주 관내의 총 호수는 1만 8천6백1호이고 이 가운데 양반호인 유호儒戶는 4천4백18호(23. 8퍼센트)였다. 이것을 다시 원유元儒와 별유別儒로 나누어 보면, 원유는 2천1백31호(11. 5퍼센트)이며, 별유는 2천2백87호(12. 3퍼센트)이다. 결국 19세기에 이르러서도 진주 지방의 양반 수, 그 중에서도 오리지널한 전통적 양반(원유)은 소수에 불과했다.

성여신成汝信이 편찬한 『진양지晉陽誌』 고적조古蹟條에 "영남의 인재 중 절반은 진주에서 나왔다"고 기록될 정도로 인물을 많이 배출한 지역이 이 정도일진대, 여타 지역은 짐작하기 어렵지 않을 것이다. 결국 호적상의 유학을 모두 양반신분으로 확정하고 통계 처리하여 얻어진 결론은 허위일 가능성이 높다.

여기서 보다 중요한 점은 양반에는 '품관品官양반과 유학양반이 있다. 전자는 상층양반이며, 후자는 하층양반이다'라는 것이 학계의 통설인데, 조선 후기의 사대부들은 유학보다 상위 계층인 품관양반조차 엄격한 의미의 양반으로

진양지 1622년(광해군 14)부터 1632년(인조 10)에 걸쳐 성여신이 편찬한 경상도 진주목 읍지. 2책. 필사본. 채색지도가 첨부되어 있다.

좌수 지방자치기구인 향청(유향소 또는 향소)의 가장 높은 직임. 향안에 오른 사족들이 전원 참석하는 향회鄕會에서 50세 이상의 덕망이 있는 자를 선출했다. 선조 이후 수령이 임명함에 따라 별감 이하 향임 인사권과 대민업무를 담당하는 수석 보좌관 역할을 했다.

별감 조선 전기에는 좌수를 도와 지방풍속의 조정과 향리를 규찰했으며, 후기에는 지방행정관아가 맡는 각종 제수祭需, 전곡, 형옥刑獄, 봉수烽燧, 도로와 교량보수 등을 담당했다.

석동유고 1935년 이문재(1617~1689)의 8세손인 남의南儀가 편집간행했다. 8권4책.

정조병오소회등록 1786년(정조 10) 정월 22일 정조가 대신 이하 중인·군사에 이르기까지 3백여 명에게 하교구언下敎求言을 하여 백관들이 이에 진언한 내용을 적은 책. 승정원에서 편찬했다. 3책. 필사본.

취급하지 않았다는 데에 있다. 대개 품관은 수령을 보좌하는 향청의 좌수座首, 때로는 좌수와 별감別監을 뜻하는 말로 사용되었다. 그리고 지금까지 이들을 양반으로 간주해왔지만, 당시 실제 양반들은 이들조차 결코 양반으로 여기지 않았던 것이다. 예를 들어, 남원 출신 이문재李文載의 『석동유고石洞遺稿』에 적힌 기록을 보자.

"본 남원부는 비록 백리지국百理之國이라고 하지만 사류士類가 극히 적고 품관이 무려 5백 호나 되어 중과부적이다. 따라서 이 지방에서는 사론士論이 서지 않고, 공의公議가 행해지지 못하며, 조세와 요역에 관한 처리가 제때에 이루어지지 않고 누적되기만 한다. 더욱이 이 고을 아전들은 간교하기가 이를 데 없어, 백 가지로 백성들을 괴롭힌다. 만일 이들 품관이 고을 기강을 바로 잡을 실무책임자로서, 사론과 공의를 잘 반영하고 아전들의 못된 짓을 단속하며 백성들의 괴로움을 풀어주어 태수로 하여금 힘들이지 않고 다스릴 수 있도록 한다면 그들도 사류임에 틀림없다. 어찌 그들을 품관이라는 이유로 업신여기겠는가."

말하자면, 자기들은 진짜 양반이지만 품관들은 그렇지 않다는 것이다. 그리고 품관의 숫자가 자신들보다 많아 '중과부적'이라고 여기는 등 일종의 대결적인 구분의식마저 갖고 있음을 엿볼 수 있다.

이처럼 품관을 양반으로 인정하지 않는 당시 사대부의 인식은 『정조병오소회등록正祖丙午所懷謄錄』에 수록된 별군직 손상룡孫相龍의 언급에서도 확인된다.

"아무리 양반일지라도 일단 향족鄕族으로 격하되거나 상대를 잘못 택하여 결혼하면 한 집안에서도 상대하지 않았다. … 한 읍내에서 향족과 양반은 극명하게 구별되었다."

물론 같은 양반끼리 차별했다는 언급은 극단적인 표현이다. 그러나 조선의 진짜 양반들은 지금 학계에서 상층양반으로 파악하고 있는 품관을 양반 신분으로 대우하지 않았음을 분명히 말해주고 있다. 그렇다면 품관도 양반으로 인정하지 않는 그들이 품관보다 하급임이 분명한 유학을 양반으로 여길 리 만무하다. 따라서 이들까지 양반으로 파악하여 조선 후기에 양반층이 격증했다는 학계의 통설은 사실을 정확히 반영했다고 볼 수 없다.

불가능한 양반의 신분조작

당시의 기록을 보면, 오히려 조선 후기에 오면서 양반층이 줄어들고 있음을 보여준다. 다시 손상룡의 기록을 보자.

경북 안강의 옥산서원.
이언적의 덕행과 학문을 추모하기 위해 1572년에 세워졌다.

"대저 (경상도) 71주州 가운데 옛부터 양반이 없는 읍은 7곳인데, 이는 대개 해변의 7읍으로 (이곳에는) 본래부터 사족이 없었고 향족만 있었다. 그러므로 (경상도에서) 양반이 없는 읍은 단지 7읍뿐이었으나 (조선) 중기 이래로 과거 출신자가 없고, 또한 (양반) 가문과 결혼에 실패하여 차츰 향족만이 있는 읍이 늘어났다. 이로 인해 양반이 없는 읍이 지금은 15읍이 되었다."

여기서 '지금'이란 1786년(정조 10)을 가리킨다. 그의 말을 정리하면, 한마디로 경상도 지역에서 양반층이 줄어들었다는 것이다. 물론 여기에는 인조반정 이후 충청·전라도를 기반으로 하는 서인이 계속 집권하면서 영남을 기반으로 하는 남인의 과거 합격자가 저조했던 상황도 한몫 했을 것이다. 그러나 확실한 점은 그가 양반의 지속 요건으로 '과거시험'과 '양반과의 결혼'이란 제한된 조건을 언급하고 있다는 점이다. 따라서 호족에 기재된 유학 따위는 고려할 여지도 없는 셈이다.

그렇다면 당시 양반 신분을 조작하는 일은 가능했을까. 결론부터 말하면, 그것은 지극히 어려운 일이었다. 앞서 예시한 문헌에서 손상룡은 "경상도 50여 고을에 사는 양반들은 서로가 서로의 가문 내력을 너무도 잘 알고 있다"고 언급하고 있는데, 바로 이런 상황에서 신분을 몰래 조작한다는 것은 불가능한 일이었을 것이다.

정약용도 이 점에 대해 『발택리지 跋擇里誌』에서 언급하고 있다. 그는 먼저 "양반이란 당연히 어느 한 곳에 터를 잡아 그 곳에서 대대로 눌러 살아야 하며, 그렇지 않을 경우에는 마치 망국자亡國者와 같은 처지가 되어버린다"고 전제하고,

자신의 고향 초천苕川이 잦은 홍수에 농사도 안 되는 데다가 풍속 또한 좋지 않아서 살기 부적합한 환경이지만 떠나지 못한다고 했다. 즉, 상호간에 내력을 너무 잘 아는 진짜 양반들이기에 다른 지역으로 이주해서는 양반 노릇을 할 수 없는 상황이라는 것이다.

더욱이 조선시대에는 어느 지역이든 유림 집단이 있었다. 그들은 향교나 서원을 근거지로 삼거나 향안이나 향약 조직을 통해 자기 고을의 모든 영역에서 지배자 역할을 했다. 그런데 이들 집단의 배타성은 대단했다. 단순히 다른 계층 사람에 대한 것만이 아니었다. 유학자 특유의 결벽성까지 작용하여 씨족간이나 씨족내 각 파간에 존재했던 배타성보다도 더 강했다. 형편이 이러할진대, 누가 양반으로 신분을 조작하여 유림집단에 속할 수 있을까.

향리들이 양반으로의 신분 상승을 열망했지만 좌절한 사례 역시 그것을 단적으로 증명한다. 그 한 사례를 보자.

성주 출신의 향리 지식인인 도한기都漢基는 『관헌집管軒集』의 '송김긍석경창서送金肯石景昌書'라는 글에서, 신분이 미천하기 때문에 재주 있고 뜻이 있어도 양반과 같은 사회적 지위를 누리지 못하거나 정계에 진출하여 사대부의 지배이념인 유교이념을 실천할 수 없음을 한탄하고 있다.

또 『신계집新溪集』의 '내종제장공제문內從弟張公祭文'이란 글을 보면, 예천 출신 향리 지식인 장 아무개는 향리 신분에서 벗어나 유교이념을 실천하려는 뜻을 펼치기 위해 온갖 노력을 다했으나 끝내 실패했음을 밝히고 있다.

조선시대의 신분위계상으로 볼 때, 양반 다음 단계인 향리 계층의 실정이 이러할진대, 그 나머지 계층이 어떠했을

도한기 세속의 명리名利만을 구하는 학문에 힘쓰는 풍토를 개탄하고 30세 이후부터 성리학 연구에만 힘썼다. 가선대부嘉善大夫의 직책이 내려졌으나 받지 않았다(1836~1902). 『관헌집』은 그의 시문집. 본래 46권 20여책이었으나 1926년 장석영이 19권7책으로 간행했다.

것이라는 점은 짐작하기 어렵지 않다.

조선시대 양반의 조건과 품위

　조선시대 양반의 성격이 어떠했기에 그 신분 위조가 이토록 힘들고 거의 불가능했을까. 우선 양반의 개념 자체를 정확하게 규정짓기가 대단히 어렵다. 양반의 기준에 대해 성문화된 규정이 없기 때문이다.

　국사학계에서도 한때 이 문제를 놓고 열띤 논쟁을 벌인 적이 있었다. 이 논쟁에서 양천제良賤制, 다시 말해서 양반이 따로 존재하는 것이 아니라 양인과 천인의 신분만이 존재할 뿐이라는 견해가 제기되었는데, 그것은 『경국대전』을 비롯하여 그 어떤 법전에도 양반에 대한 명문 규정이 없다는 점에 착안한 것이었다. 그러나 당시 양반이란 신분은 법

전남 장성의 필암서원.
김인후의 도학을 추모하기 위해 1590년에 세워졌다.

양반은 '사대부, 사족, 사류, 사림'이라고 불리기도 한다. 사대부란 본래 문반 4품 이상을 대부, 5품 이하를 사士, 낭관郎官이라 한데서 나온 명칭으로 관제상의 문무 양반으로 쓰이기도 했다. 사족은 '사대부지족士大夫之族'의 준말로 사대부가 될 수 있는 족속을 말한다. 조선 초기에는 양반이란 용어 못지 않게 많이 쓰였다. 사류는 사족과 마찬가지의 뜻으로 쓰였고, 사림은 '사대부지림士大夫之林'의 준말로 사대부군士大夫群을 뜻한다. 전체적으로 사대부보다는 사림, 사림보다 사류, 사류보다 사족이 더 넓은 의미의 양반층을 포함한다.

제적인 절차로 제정된 계층이 아니라 사회 관습을 통해 형성된 계층이기에 이 주장은 설득력이 없다.

확실히 조선시대에는 양반에 대해 그 특권적 지위를 언급한 규정이 없다. 그러나 실제적으로는 많은 특권을 누리고 있었고, 그 특권은 국가권력은 물론이고 일반 백성들의 의식 속에도 용인되고 있었다.

정약용은 조선시대 양반의 존재 형태를 『발택리지』에서 다음과 같이 기술하고 있다.

"가문마다 공통의 현조顯祖를 떠받들고 한 곳을 차지하여 씨족이 모여 거주한다. (따라서) 공고하게 유지하기에 (가문의) 근본이 뽑히지 않았다. 가령, 이씨는 퇴계退溪를 (공통의 현조로) 떠받들며 도산陶山을 차지하고, 류씨는 서애西崖를 떠받들고 하회河回를 차지했다."

이 글에 따르면, 양반이 되기 위해서는 두 가지 조건이 있다. 하나는 고위관료나 당대를 대표하는 저명한 학자, 즉 현조를 조상으로 모셔야 한다. 이 때 그 조상으로부터 자신에 이르는 계보 관계가 명확해야 함은 물론이다. 다른 하나는 여러 대에 걸쳐 특정한 행정구역 내의 부락 또는 몇 개의 부락에 집단적으로 거주해야 한다.

앞서 언급했듯이, 정약용이 살기 불편한 고향을 떠나지 못하는 이유는 바로 그것이 양반의 조건 중 하나이기 때문이다. 이처럼 특정 가문이 대대로 거주한 곳을 세거지世居地라고 하는데, 이곳에서는 양반 가문이 동족집락同族集落을 이루며 그 지역을 지배하고 있는 것이 일반적이다.

이와 같은 전통 양반들은 앞서 인용한 손상룡의 말처럼 양반 이외의 신분층과 혼인관계를 맺을 경우에 양반으로 대

"양반을 일컫는 말은 여러가지 인데, 네 마음대로 하라. 더러운 일은 하지 말고 옛일을 본받아 뜻을 세운다. 오경五更에는 항시 일어나서 유황을 뜯어 기름불을 켜고 눈을 코끝을 보이면서 발꿈치를 모아 꽁무니를 괴고 동래박의東萊博議를 얼음에 박밀듯이 외우고 … 소를 잡지 않고 노름을 하지 않는다. 이와 같은 온갖 행동이 양반에 어긋남이 있거든 이 문권을 가지고 관가에 나와 바로 잡을 것이다."(박지원의 '양반전'에서)

우하지 않았다. 즉, 양반 대우를 계속 받으려면 결혼 상대도 같은 양반집단에서 골라야 했다.

양반은 또 박지원朴趾源이 한문소설 '양반전'에서 보여준 것처럼 대단히 복잡하고 힘든 생활양식과 예법을 지켜야 했다. 가장 중요한 것은 조상 제사와 손님 접대를 정중히 행하는 봉제사접빈객奉祭祀接賓客, 그리고 성현들의 학문에 힘쓰면서 이를 자기 것으로 만들기 위한 자기 수양을 쌓는 일이다.

결국 뇌물로서 호적에 유생으로 기재되거나 족보를 적당히 위조한다고 해서 양반 대접을 받는 것이 아니었다. 물론 조선 후기에 들어와, 양반의 법제적 특권인 군역 면제가 문란하게 운영되면서 양반과 다른 신분의 사람들을 정확하게 구분하기 어려워진 것은 사실이다. 그러나 이 상황은 군역 제도 운영의 난맥상에서 비롯된 것이지, 다른 신분의 사람들이 양반으로 신분 상승했기 때문이 아니다.

균역 면제를 위한 모칭유학

그럼 호적에 기재된 유학(유생)을 어떻게 이해해야 할 것인가에 대해 생각해 보자.

당시 유생은 관리가 되기 위해 공부를 하는 학생들이므로 국가 차원에서 군역을 면제해주었다. 따라서 조선 후기에 양반 신분이 아닌 사람들이 유생을 모칭한 것은 대부분 군역을 면제받기 위한 것으로 파악된다. 이들은 향리들에게 뇌물을 주는 등 갖가지 부정한 방법으로 유생 명부에 이름을 올려 군역을 면제받았다. 그 결과, 유학모칭은 당시 조정조선시대에 16세 이상의 남자에게 발급한 호패는 지속적으로 실시되지 못했다. 1413년(태종 13)부터 지속적으로 실시되기 시작한 1675년(숙종 1)까지의 260여년 동안 불과 18년간 실시되었다. 『세종실록』에는 호패를 받은 사람이 전체 인구의 1~2할이라 하고 『성종실록』에는 호패를 받은 사람 중 실제로 국역을 담당한 양인이 1~2할에 불과하다고 기록되어 있다.
오른쪽 사진은 조선시대 호패.

이나 학자들이 군역개혁을 논의할 때면 첫 번째로 거론할 만큼 커다란 사회문제였다.

정약용은 『목민심서』 호적조戶籍條에서 "공사천公私賤까지 유학을 모칭하게 되니, 온 나라 백성들이 모두 유학이 될 것이다"라고 개탄할 정도였다. 그는 자신이 지방관으로 있을 때, 모칭유학을 엄금해야 한다고 했으나 자신이 떠난 뒤 모칭유학에서 환원된 자가 반드시 적리籍吏에게 뇌물을 주고 전과 같이 모칭할 것을 우려했다.

이렇듯 군역을 면제받기 위해 유학을 모칭한 부류에는 노비까지 포함될 정도였다. 그야말로 온 백성이 모두 유학이 될 정도였다. 결국 극도로 문란한 제도 때문에 야기된 호적상 유학의 급증 사례를 근거로 삼아 양반층이 급증했다고 결론짓는 견해는 오류가 아닐 수 없다.

여기서 합법적인 절차에 의한 신분상승 문제도 함께 짚어보자. 일반적으로 합법적인 절차라면, 대부분 납속에 의한 신분상승을 이야기한다. 하지만 근본적인 한계가 있기는 마

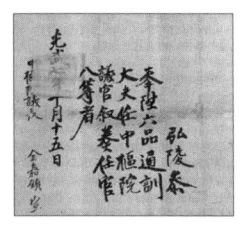

공명첩 수취자의 이름을 기재하지 않는 백지 임명장. 관직이나 관작의 임명장인 공명고신첩空名告身帖, 양역良役의 면제를 인정하는 공명면역첩空名免役帖, 천인에게 천역을 면제하고 양인이 되는 것을 인정하는 공명면천첩空名免賤帖, 향리에게 향리의 역을 면제해주는 공명면향첩空名免鄕帖 등이 있다. 위 사진은 1903년 중추원 의장이 내린 공명첩.

찬가지이다. 납속을 통한 관직 수여는 세습될 수 없었다. 때문에 그 아들 대에는 이전 신분으로 되돌아가야 한다. 물론 관직을 수여받기 위해 또다시 납속을 하면 되겠지만, 그 대가로 받은 공명첩 등은 가문의 신분적 지위를 높여주거나 자랑거리가 아니었다. 때문에 공명첩을 받고도 이름을 써넣지 않은 공명첩이 많이 발견되고 있다. 아무나 이름만 써넣으면 그 직을 갖게 되지만, 끝까지 이름을 써넣지 않은 것은 가문의 신분 혹은 사회적 지위를 높이거나 명예스러운 것이 아니라고 판단했기 때문일 것이다.

초기족보는 가계 기록일뿐

이번에는 족보를 조작하여 양반으로 신분 상승을 할 수 있는지에 대해 살펴보자. 주지하다시피, 족보란 특정 성씨의 시조부터 편찬 당대인에 이르기까지의 계보를 기록한 것이다. 흔히 세보世譜라고도 한다. 그러므로 족보는 어느 한 개인 또는 그의 가족을 중심으로 하는 계보가 아니라, 그 개인이 속한 씨족집단 전체 또는 그 씨족 내의 파派의 합동계보인 것이다.

이처럼 가계家系를 취합하여 합동으로 기록·보존하기 시작한 것은 언제부터였을까. 일반적으로 조선 초기인 15세기 중엽이라고 알고 있지만, 실제로는 17세기 후반이었다. 그 사이의 기간, 즉 15세기 중엽부터 17세기 중엽까지 나타나는 초기 족보들은 오늘날 우리가 알고 있는 족보와 그 성격이 판이하게 다르다.

당시의 족보는 개인이 자기의 가승家升을 주축으로 기록

한 것에 지나지 않았다. 물론 족보 편찬자의 직계 조상에 관해서는 자세하게 적혀 있지만, 그 밖의 사람들은 대부분 이름만 적을 뿐이었다.

이들 족보의 특징은 대체로 딸의 자손들, 즉 외손外孫도 본손本孫과 마찬가지로 세대의 제한 없이, 그리고 편찬 당시의 사람까지 수록하고 있다는 점이다. 예컨대, 1476년(성종 7)에 편찬된 『안동권씨성화보安東權氏成化譜』는 현존하는 족보 가운데 가장 오래된 것으로 등장인물이 8천여 명에 달한다. 하지만 그 중에서 안동권씨 남자는 3백80명에 불과하고 나머지는 대부분 여자 쪽의 자손들이다. 두 번째로 오래된 『문화유씨가정보文化柳氏嘉靖譜』도 마찬가지이다. 1565년(명종 20) 편찬된 이 족보에는 수록된 인물이 3천8백 명이고 그 중 문화유씨는 1천4백 명에 불과하다.

이처럼 초기족보는 단순한 가계 기록의 보존수단이었다. 물론 동일 씨족 구성원간의 유대관계를 강조하는 사회적 기

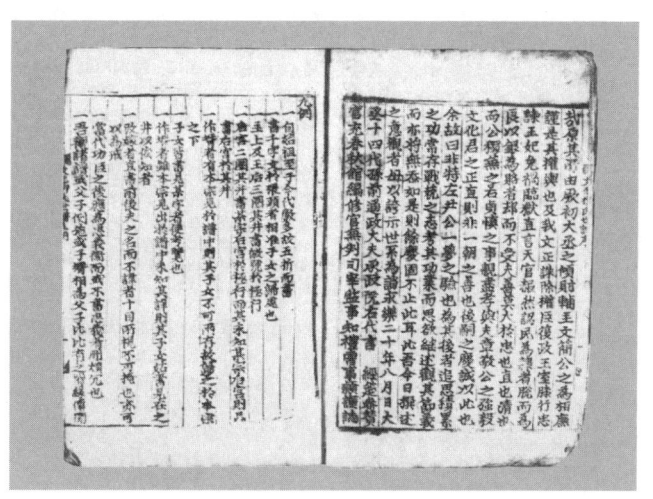

문화유씨가정보 딸·아들 구별 없이 출생한 순서대로 기재하고 있다. 양자를 기록할 때, 생부 밑에 아들의 이름을 기재하고 누구에게 양자를 간 사실을 기록했다. 여자를 기록할 때, 출가한 내용을 전부前夫 또는 후부後夫 등으로 기재하여 여자의 재가를 인정하고 있다. 서자는 전혀 기재하지 않아 당시 서얼庶孼을 천대하는 경향이 뚜렷했음을 보여준다.
사진은 문화유씨종친회가 소장하고 있는 가정보.

능도 담당했다. 그러다가 17세기 후반 이후 문벌門閥을 숭앙하는 사회풍조에 따라 점차 현실적인 성격을 띠기 시작했다. 당시 문벌숭상 풍조는 기본적으로 사람을 독립된 한 개인으로서가 아니라 어느 씨족의 어느 파에 속하는 누구의 자손 또는 외손인가를 파악하려는 사회관습의 소산이었다. 그리고 개인 능력과 인격보다는 가문이나 배경에 의해 사회적·정치적 활동이 좌우되는 시류의 반영이었다.

이러한 풍조가 우리 역사상 언제 나타났는지, 어느 시기부터 본격화되었는지에 대해서는 정확히 알려진 것이 없다. 다만 조선 후기의 학자들인 유형원, 이익, 정약용 등이 "근세 이후로 문벌사상이 발달하여 그 폐단이 매우 심하다"고 했으며, 그 '근세'가 16~17세기 이후를 가리키는 것으로 해석할 뿐이다.

사람들이 족보에 관심 갖는 까닭

이때 족보에 대한 관심이 높아진 배경은 무엇일까.

문벌을 중시하는 풍토에서, 자신 또는 후손을 위해서 가계의 배경을 널리 알리는 한편, 사회적으로 인정받기를 원했고 또 그렇게 해야 할 필요성이 있었을 것이다. 그리고 그 희망과 필요성을 충족시켜 줄 수 있는 가장 효율적인 수단이 족보였음은 당연하다. 특히 족보를 통해 가계를 확실하게 밝혀 놓지 않을 경우, 현재 누리고 있는 사회적 신분을 유지하기 어려울 뿐더러 언젠가는 밑으로 전락할 수 있는 사람들, 즉 양반계층의 최하단 언저리에 있는 사람들에게는 더욱 큰 관심거리였을 것이다.

군역수포제 지방 수령이 관할 지역의 장정으로부터 연간 군포 2필을 징수하여 중앙에 올리면 병조에서 이것을 다시 군사력이 필요한 지방에 보내어 군인을 고용하게 했다. 연간 군포 2필은 쌀 12말에 해당하며, 당시 전세田稅의 약 3배에 달하는 무거운 것이었다.

신분제도와 관련된 군역도 족보 편찬을 경쟁적으로 부추겼다. 조선 중종 때 확립된 군적수포제軍籍收布制는 군역 의무를 포布나 돈으로 대신할 수 있도록 만든 제도였는데, 이 때 양반은 징수 대상에서 면제해 주었다. 결국 군역 면제를 희망하는 수많은 양반들이 족보를 경쟁적으로 편찬했던 것이다. 그에 따라 일반의 관심 또한 한층 높아졌을 것이다.

1846년(헌종 12)에 간행된 『한산이씨 제3수보 韓山李氏第三修譜』의 발문을 보면, 편찬자는 한산에 사는 일가 노인의 간곡한 부탁 때문에 편찬을 맡게 되었다고 밝히고 있다. 처음에는 그 노인의 부탁을 거절했지만, 5년간 계속해서 찾아와 부탁했고, 심지어 눈물을 흘리면서까지 다음과 같이 말했다는 것이다.

"궁벽한 시골에 사는 우리 일가로서, 과거나 벼슬길이 끊어진 채 여러 세대가 지나 이제 그 자손들의 이름이 군안에 오를 형편에 처했으나 달리 손을 쓸 방도가 없게 되었습니다. 그러니 어찌 불쌍한 생각이 들지 않겠습니까."

그는 노인의 간청이 어찌 간절했는지 거절할 수 없어서 1740년(영조 16)에 만들어진 족보를 1백7년이 지난 이때 다시 중간重刊하게 되었다고 기록하고 있다. 여기서도 족보 편찬이 군역 문제와 얼마나 밀접하게 연관되어 있는지를 짐작할 수 있다.

실제로 조선 후기에는 이른바 '탈역소지頉役所志'라고 하는 탄원서를 관에 제출하고 군안에서 이름을 삭제하여 줄 것을 호소하는 사람들이 많았다. 이 때 탄원이 정당한가를 입증할 수 있는 자료로 족보를 반드시 제시해야만 했다. 그리고 탄원서를 접수한 관에서도 으레 족보에 나타난 가계를 근거로 삼아 결정을 내렸다.

예를 들어, 조선시대에 널리 사용된 일종의 서식대전書式大典인 『유서필지儒胥必知』를 보자. 여기에 수록된 '외읍인 유반맥자탈역단자外邑人有班脈者頉役單子'란 문서에는 탄원서를 접수한 수령이 내릴 수 있는 결재문의 본보기가 나타나 있다.

"족보를 검토하고 가승을 참조하니, 그의 가문이 양반임이 명명백백하다. 따라서 그에 대해 특별히 군역 면제의 조치를 취하도록 할 것이다."

결국 족보는 군역 면제를 받을 수 있는 결정적인 입증자료였고, 이 때문에 18세기부터 족보의 전성시대가 도래한 것이다.

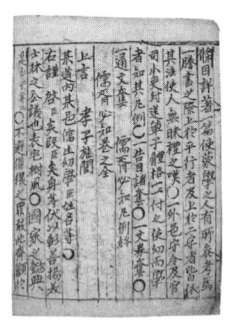

유서필지 이서체吏胥體 문장인 이두吏讀로 쓰여진 공문서식. 1권1책. 선비와 서리들이 꼭 알아야 할 상언上言, 소지所志, 의송議送, 문권文券 등 서식을 작성하는데 도움이 되도록 만들어 놓은 일종의 공문서 작성 편람이다.

족보 조작은 불가능하다

혹시 족보를 조작하는 경우는 없었을까. 많은 사람들이 이때 족보를 위조하여 오늘날 대부분의 족보는 믿을 만한 것이 못된다고 여기고 있다. 과연 족보가 위조되었을까.

먼저 그 시절에 족보를 조작할 필요가 있는 사람들은 어떤 부류일까부터 생각해 보자. 아마도 두 부류가 있을 것이다. 한 부류는 양반으로서 조상의 관직이나 과거에 관한 기록을 과장되게 표현하여 가문의 위신을 높이려는 부류이고, 다른 하나의 부류는 양반 신분이 아닌 사람으로서 특정한 목적, 예컨대 군역 면제를 위해 계파 자체를 전혀 엉뚱한 데에 연결시키고자 조상을 바꿔버리는 역부환조易父換祖의 부류일 것이다.

이밖에 이름, 출생연월일이나 사망연월일, 묘지의 소재지, 배우자의 소속 씨족과 그 부친의 이름 등을 몰라서 잘못 기술하는 부류도 있을 수 있다. 그러나 이 경우에는 고의적으로 조작하지 않았다고 생각된다. 왜냐하면 이런 사항들은 가문의 위신과 관련 없기 때문에 의도적으로 조작할 필요가 없었으리라.

사회적으로 문제가 된 경우는 바로 두 번째 부류였다. 물론 양반 신분을 지닌 사람들이 가문의 위상을 높이기 위해 족보를 조작했다면 이 역시 문제가 되었겠지만, 당시 문헌들은 이런 경우를 크게 다루지 않았다. 아마도 양반 신분을 조작한 것이 아니기 때문일 것이다. 문제는 군역을 면제받기 위해 양반 신분으로 족보를 위조하는 경우이다.

『조선왕조실록』을 보면, 족보위조 사건이 18세기 후반부터 등장한다. 그리고 1807년(순조 7) 관련 죄인이 16명이고 위조족보를 사들인 사람이 1백66명에 달하는 사상 최대의 족보위조 사건이 있었다. 그러나 이 사건을 빼놓고, 18세기 후반 이후 발생하는 크고 작은 사건은 모두 합쳐도 관련자가 5백 명 미만이다. 그만큼 이 시기에는 족보 위조가 광범위하게 이루어지지 않았다. 따라서 이 시기에 족보가 대거 위조되었다는 학계의 통설은 설득력이 없다.

족보의 위상이 낮아진 20세기

오늘날처럼 대부분의 사람들이 족보에 기재되기 시작한 것을 언제였을까. 족보사를 훑어보면 18세기 후반부터 중요한 변화가 있었음을 알 수 있다. 즉, 가계의 연결 관계가 불분명한 사람들을 별보別譜 또는 별파別派라는 별도의 족보에 기재하기 시작한 것이다.

예를 들어보자. 『규장각한국본도서해제』 사부 4에 따르면, 1760년(영조 36)에 편찬된 풍양조씨의 족보 30권 가운데 계보를 기록한 부분은 모두 28책이었다. 그 중 제28권에는 17개 파가 별보 형식으로 수록되어 있다. 이곳에 기재된 전체 인원의 4퍼센트는 풍양조씨와의 혈연관계가 명확하게 입증되지 못한 사람들이었다. 그런데도 이들이 풍양 조씨에 속한다고 주장하여 수록된 것이다.

1826년(순조 26)에 간행된 풍양조씨 족보는 모두 35권으로 되어 있고, 그 중 계보를 기록한 부분은 33책이다. 그 중 제32권과 제33권은 별보로서, 전체의 6퍼센트를 차지한다.

참고로 1900년에 간행된 풍양조씨 족보는 모두 80권이고 그 중 계보를 수록한 부분이 78책인데, 별보는 한 권뿐이었다. 19세기까지 별보에 수록된 인물들이 본래의 여러 파에 흡수·기록되었기 때문이다. 그 숫자는 얼마나 될까.

1900년의 족보는 1826년의 것에 비해 분량이 두 배 이상 늘어났고, 같은 기간의 인구증가율을 20퍼센트로 추정한다면, 풍양조씨는 세 배 이상 증가한 셈이 된다. 말하자면 족보에 수록된 인원의 최대 80~90퍼센트에 해당하는 3~4만 명이 별보에 기록되는 형식으로 새로이 풍양조씨 구성원이 된 것이다.

이러한 현상은 풍양조씨만의 특이한 현상이 아니었다. 다른 가문에서도 이와 비슷한 과정을 통해서 족보를 지닌 인구가 폭발적으로 증가했다. 더욱이 20세기에 이르러서는 그동안 족보에서 배제되었던 황해도의 재령 이북지방과 제주도를 비롯한 섬 지방의 거주자들에게도 족보의 문호가 개방되었다.

요컨대, 오늘날 우리 국민들 대부분이 족보의 구성원으로 수록된 시기는 조선 후기가 아니라 20세기 전반이었다. 그것도 족보 위조라는 불법적인 방법이 아니라 당사자들의 요구에 의한 합법적인 방법을 거쳤다. 이런 현상이 가능했던 것은 조선왕조의 멸망과 더불어 족보의 위상이 급격하게 낮아졌기 때문이다. 지난날 특권을 보장하는 공적인 성격을 상실하고 단순한 사적 문서로 취급되었기 때문이었다.

결론은 분명하다. 과거에는 양반이란 소수의 특권층이 배타적인 권익을 누리기 위해 족보를 만들었다면, 그런 법적 특권이 상실된 근대 이후에는 오히려 가문 구성원이 많은 점이 세력 확장에 유리했기 때문에 별다른 거부감 없이 족보의 문호를 개방한 것이다.

동학농민봉기는 반봉건 근대적 운동이 아니다

전북 정읍시 이평에 있는 전봉준 생가의 내부

우리 근현대사를 보면, 참으로 굴곡이 많았고 굵직한 사건들이 많았다. 또 대부분이 숫자로 상징되고 있다. '8·15'로부터 최근의 6·15 남북정상회담에 이르기까지 숫자마다 역사를 만들어 냈고 국민들에게 충격을 주었다.

때로는 역사적 사건의 명칭을 어떻게 부를 것인가를 놓고 학계에서 논쟁이 일기도 했다. 1894년(고종 31)에 일어난 농민봉기도 예외는 아니다. 현재 학계에서는 이를 '동학혁명'이나 '동학농민전쟁' 또는 '갑오 혹은 1894년 농민전쟁' 등 다양하게 부르고 있다.

나는 조선왕조의 충성스런 신하

'동학혁명'을 주장하는 학자들은 이 사건을 근대적인 운동으로 규정하는 전제가 깔려 있다. 그리고 '농민전쟁'이라고 규정한 학자들 역시 반봉건적 성격을 지닌 운동으로 평가하는 데서 비롯된 것이다. 특히 전쟁이란 단어는 내전 *Civil War*이라는 개념으로서, 봉건세력과 반봉건세력간의 계급전쟁을 뜻한다. 따라서 이들이 규정짓는 성격은 봉건체제를 유지하기 위한 봉건세력과 이를 타도하기 위한 세력간의 계급전쟁이 된다. 전체적으로 볼 때, 학계는 1894년의 농민봉기에 대해 봉건체제를 타도하기 위한 전쟁으로 규정하는 움직임이 대세를 이루고 있다. 과연 반봉건적인 성격에 근대적인 봉기였을까.

일반적으로 '반봉건 봉기'라고 할 때, 그 의미는 조선왕조 자체를 타도하고 새로운 근대체제를 수립하기 위한 운동이었다는 뜻이 된다. 문제는 동학농민군의 봉기 목적이 반봉건 투쟁이 아니며 조선왕조체제 내의 개혁이었다는 점이다.

전봉준全琫準의 주도하에 1894년 3월 20일경 열린 무장茂長집회에서 채택한 포고문을 보면, 현명하고 정직한 신하가 요순堯舜과 한나라 문제文帝·경제景帝에 비견될 만한 현군인 고종을 잘 보좌하면 태평성대를 구가할 수 있는데도 중앙의 고위 관리로부터 지방관에 이르기까지 부당하게 국가권력을 사유화하여 부정부패를 일삼음으로써 나라가 위기에 처하고 백성이 도탄에 빠졌다고 했다. 자신들은 이러한 폐단을 개혁하기 위하여 봉기했다고 적혀 있다.

여기서 봉건체제의 최고 책임자인 고종을 '현군'이라 칭한 것부터, 이들의 목적이 조선왕조체제의 타도에 있지 않음을 보여준다. 전봉준이 정부 책임자인 양호초토사 홍계훈洪啓薰과 양호순변사 이원회李元會에게 보낸 '원정서原情書'에서도 조선왕조의 전복이 아니라 폐정弊政을 개혁하여 조선왕조의 위기를 극복하기 위한 것임을 밝히고 있다.

전봉준이 직접 진술한 내용을 보자. 대판조일신문大阪朝日新聞 1894년 6월 3일자 기사에는 전봉준과 일본인(武田範之)의 대화 내용이 소개되어 있는데, 이때 일본인이 전봉준에게 조선이 살아날 수 있는 방안은 역성혁명易姓革命이라고 권고했다. 그러자 전봉준은 자신은 그런 말을 입에 담을 수조차 없는 조선왕조의 충실한 신하라고 하면서 일본인을 강하게 질책했다. 즉, 자신들의 목적이 결코 조선왕조의 전복이 아님을 분명히 한 것이다.

홍계훈 임오군란이 발발했을 때 민비를 궁궐에서 탈출시킨 공으로 중용되었다. 1895년 을미사변 때 훈련대장으로 광화문을 수비하다가 일본군 총탄에 맞아 전사했다(?~1895).

이원회 1881년 초 일본시찰단 일원으로 일본에 갔다 온 후 근대식 군대조직의 기초를 마련하는데 기여했다. 1887년 영국의 거문도 강점사건 당시에는 거문도경략사로 활약했다.

전북 정읍시 이평에 있는 동학혁명모의탑

전봉준 같은 지도부는 그렇다 치고, 지역 단위의 농민군 지도자들은 어떠했을까. 역시 마찬가지였다. 강진 지역의 농민군 지도자가 전라좌수사에게 보낸 글을 보자.

"일전에 병상兵相이 동학교도에게 포고문을 지어 보냈다. (그에 대한 동학교도의) 답장이 왔는데, 그 대의인즉, '우리들이 의기義氣를 발한 것은 탐관오리를 징려懲勵하기 위한 것이었다'고 했다."

여기서 '병상'은 전라좌수사를 가리키며, 의기를 발했다는 말은 봉기를 일으킨 것을 말한다.

이렇듯 대부분의 농민군들은 자신들을 조선왕조를 전복하려는 역적이 아니라 탐관오리를 제거하기 위해 봉기한 집단, 다시 말해서 조선왕조의 충성스런 지지자들로 여기고 있었다. 이러한 의식은 국왕의 명령을 받고 내려온 군대로 여긴 경군京軍과의 전투를 회피하려는 데서도 단적으로 드러난다.

"동학(교)도들이 (전주성) 남문에 걸어 놓은 투서投書를 보니 '경군에는 저항치 말고 향병鄕兵을 반드시 격파하여 탐관들을 모두 쫓아내고 간리들을 모두 초멸하겠습니다. 이것은 우리들의 보국안민輔國安民 본의本意이므로 비록 1백 년이 되더라도 결코 물러서지 않을 것입니다' 라고 했습니다."

요컨대, 그들은 국왕의 군대인 경군과는 싸우지 않겠다는 것이다. 다만 탐관오리의 군사적 기반인 지방군을 격파하여 탐관오리를 제거하겠다는 것뿐이다. 실제로 전봉준과 같은 동학 지도자들의 지휘를 받고 있던 농민군은 계속해서 홍계훈이 이끄는 경군과의 전투를 회피했다. 때문에 전봉준의 진술처럼 "전주에서 물러나온 것은 경군에 차마 항전할 수

북접 창도 초기에 교조 최제우가 활동하던 용담의 북쪽에 최시형이 살았기 때문에 붙어진 용어이다. 1894년 봉기시에는 전라도지역의 동학조직을 남접, 충청도지역의 교단조직을 북접이라 했다.

없었기 때문"이었다.

보다 온건했던 최시형崔時亨의 영향력 아래 있던 북접北接 지도자들 역시 1차 봉기를 전후하여 동조했지만, 탐관오리 제거를 주 목적으로 한 조선왕조 질서 내의 개혁을 주장했다. 최시형이 같은 해 8월경 발표한 통문을 보면, 무덤을 파헤치는 것과, 재산 강탈 및 납세 거부처럼 국법에 어긋나는 행위를 하지 말도록 지시하고 있다.

그럼 외국인의 평가는 어떠했을까. 당시 농민 봉기를 직접 목격했던 영국인 이사벨라 비숍은 자신의 저서 『한국과 그 이웃 나라들』에서 동학 지도자들을 가리켜 조선왕조를 개혁하려고 하는 국왕의 충성스런 '무장한 개혁자들'이라고 표현하고 있다.

"사람들은 동학군이 부패한 관료들과 배반한 밀고자에 대항해 우발적으로 봉기한 농민들이라고 말하고 있었다. 그렇지만 왕권에의 확고한 충성을 고백하는 그들의 선언으로 판단해 볼 때, 한국의 어딘가에 애국심의 맥박이 있다면 그것은 오로지 농민들의 가슴속뿐이라는 것은 확실해 보였다. … 동학군은 너무나 확고하고 이성적인 목적을 가지고 있어서 나는 그들의 지도자들을 '반란자들'이라기보다 차라리 '무장한 개혁자들'이라고 부르고 싶다."

사림정치의 이상 군신공치 꿈꿔

동학농민군 지도자들이 갖고 있던 구상은 구체적으로 무엇이었을까. 1894년 4월 18일경 나주공형羅州公兄에게 보낸 통문을 보자.

고부민란 당시 농민군들의 집결 광경

"우리의 오늘 의거는 위로 국가에 보답하고 아래로 백성을 도탄에서 구하기 위한 것이다. 우리가 지나는 모든 읍마다 탐관을 징계하고 청렴한 관리는 상을 주어, 아전의 폐단과 백성의 병통을 바로 잡고 고칠 것이다. … 전하께 아뢰어 국태공(흥선대원군)을 모셔 국정을 돌보게끔 하여 난신적자로 아첨이나 일삼는 자들을 모두 파면시켜 축출하고자 한다."

이 통문은 국정 파탄의 책임자를 국왕이 아니라 민씨척족으로 대변되는 집권세력으로 파악하고 있음을 보여준다. 따라서 이들 동학 지도자들은 민씨척족을 대신하여 한때 개혁정치를 수행했던 대원군을 추대함으로써 부패관리 제거 등 국정을 쇄신하고자 했던 것이다. 이 점은 그 해 4월 19일 함

한국사는 없다 | 251

동학 지도자들의 추대를 받은 흥선대원군

김학진 동학농민군이 봉기하고 파직된 김문현의 후임으로 임명되었다. 그러나 제2차 봉기를 막지 못한 책임을 스스로 시인하고 파직 허락을 받았다. 1910년 우리나라를 병탄한 일제로부터 남작의 작위를 받았다(1838~?).

평에서 '호남유생 등'의 이름으로 홍계훈에게 보낸 다음의 글에서도 확인된다.

"저희들의 오늘 거사는 부득이한 정경情境에서 나온 것으로서, 손에 무기를 잡고 오직 살아날 방법을 강구하는 것입니다. 일이 이 지경에 이르렀으니, 억조億兆가 마음을 같이 하고 온 나라가 상의하여, 위로 국태공을 모시어 부자의 윤리와 군신의 의리를 온전하게 하고, 아래로 백성을 편안하게 하여 종묘사직을 보전하는 것이 지극한 소원입니다."

이외에도 5월 4일 전주 철수조건을 협상하는 과정에서 홍계훈에게 보낸 소지訴志, 그리고 장성에서 전라감사 김학진金鶴鎭에게 보낸 14개조 개혁안 가운데 "국태공이 국정에 간여해야 한다는 것은 백성들이 모두 바라는 일이다"라는 조항에서도 확인된다.

그러나 이들의 궁극적인 목적이 대원군의 집권 자체였던 것은 아니었던 것 같다. 전봉준이 일본공사관에서 조사를 받을 때였다. 그는 "서울에 쳐들어온 후에 누구를 추대하려 했는가?"라는 물음에 이렇게 답했다.

"일본병을 몰아내고 악하고 간사한 관리를 쫓아버려 군왕의 곁을 깨끗이 한 후에는 몇 사람의 주석柱石의 사士를 옹립해서 정치를 하게 하고, 우리 자신들은 바로 시골로 돌아가 상직常職인 농업에 종사할 생각이었다. 그러나 국사를 들어 한 사람의 세력가(대원군)에게 맡기는 것은 커다란 폐해가 있음을 알고 있기 때문에 몇 사람의 명사名士가 협의

하여 합의하는 합의법에 의해 정치를 담당하게 할 생각이었다."

말하자면, 이들은 조선왕조를 개혁하기 위한 권력구조로서 '명망가'들의 합의정치를 구상했던 것이다. 원래 한 가문이 권력을 전횡하던 세도정치에 극히 비판적인 사람들이었으므로 자신들의 정치적 지주였던 대원군의 권력독점 내지 세도화에 대해서도 비판적이었던 것이다. 결국 이들 동학농민군 지도자들은 군주와, 공론公論을 담보하는 신하가 협력하는 조선시대 사림정치의 이상인 군신공치君臣共治의 정치 운영구조를 구상했던 셈이다.

과격 지도자의 목표도 왕조체제 일환

물론 동학 지도자들이 하나같이 똑같은 견해를 갖고 있었던 것은 아니다. 조선왕조를 전복하고 새 왕조를 건설해야 한다고 주장하는 부류도 있었다. 그리고 이들의 세력은 동학교단 내에서 상당한 정도로 결집되어 있었다.

"오래전부터 전국에 돌아다니는 소위 예언이라는 것들은 현 왕조가 5백 년이라는 숙명적인 날짜를 넘기지 못할 것이라고 예고했습니다. … 그들의 불만을 다시 일으키는 불평분자들과 새 왕조의 출현을 예측해서 미리 기대를 하는 관직 없는 양반들과, 끝으로 혼란을 틈타 쉽게 이득을 취하려는 할 일 없는 사람들(이런 사람의 수가 조선에는 너무나 많습니다)은 언제나 있는 것입니다. 그러니까 이런 사람들이 모두 요술에 걸린 것처럼 모였고, 또 여기서는 반란자가 되거나 그런 사람으로 간주되는 것이 위험하므로 자기들의 정체를 더 쉽게 감추기 위해 어떤 교의적敎義的 간판을 내걸었습니다."

『빠리 외방전교회연보外邦傳敎會年報』에 실린 이 글을 보면, 새 왕조를 건설하려는 사람들이 종교적 외피를 안전판으로 삼아 동학교단에 들어왔음을 알 수 있다.

이러한 사실은 김구金九가 회고록『백범일지』에서 접주 오응선 등에게 "동학의 종지宗旨는 새로운 나라를 세우는 것이다"라는 말을 듣고 동학에 입도했다고 회고한 대목에서도 확인된다. 실제로 동경조일신문東京朝日新聞 1894년 5월 23일자 기사에서는 이들의 숫자가 5~6만 명인 것으로 보도하고 있다.

조선왕조를 전복하려는 이들 집단의 대표적인 지도자는 김개남金開南이다. 강진 유생 박기현朴冀鉉은 일기인『일사日史』에서, 김개남이 남원에다가 나라를 세울 것임을 선언했다고 밝히고 있다. 실제로 김개남은 스스로 남조선을 개국한 왕이란 뜻으로 '개남국왕開南國王'이라 칭하기도 했다.

몇 개월간 김개남에 의해 억류된 적이 있었던 전주 유생 정석모는 잡혀 있을 때, 김개남 등 동학 지도자들의 계획을 자세히 파악하고는 "전봉준과 같은 자는 동학교도를 토대로 역성혁명을 도모했다"고 규정짓기도 했다. 동학 지도자들의 봉기 목적이 새 왕조 건설이었다고 나름대로 판단한 것이었다. 그리고 전봉준이란 이름을 거론한 것은 전봉준 역시 김개남과 같은 성향을 지닌 것으로 오해했기 때문이었다. 또한 이들 강경파 지도자들을 따르던 농민군들은 정씨 왕조鄭氏王朝를 상징하는 깃발을 사용한 적이 있었다.

아무튼 이들 강경파 지도자들의 생각은 조선왕조를 전복

빠리외방전교회 1658년 아시아 포교를 위해 프랑스에서 창립된 가톨릭 전도단체. 우리나라에는 1836년 모방Maubant 신부가 처음 들어 왔다.

하고 새 왕조를 건설하려는 수준이었다. 당시의 상황을 기록한 『피난록避亂錄』을 보면, "6조장관과 방백수령을 미리 계산하여 우두머리들에게 분정했다. (이들은) 스스로 모 대장, 모 판서라 칭했는데, 이는 난역亂逆이 아닌가?"라고 적혀 있는데, 이로 미루어 이들은 봉기가 성공하고 난 뒤에 세워질 새 왕조의 관직까지 미리 배정했던 것 같다.

여기서 주목할 점은 이들이 수립하려 했던 새 왕조 역시 근대적인 성격을 지닌 새로운 체제가 아니라는 점이다. 그 명칭이 '정씨 왕조'였든 '남조선 왕조'이든, 이들이 지향한 것은 조선왕조와 같은 왕조체제였다. 물론 그럴 경우, 봉기의 주체인 농민들의 이해를 보다 잘 대변했겠지만, 근대적인 국가체제는 결코 아니었다.

이처럼 동학농민군 내부에는 여러 갈래의 다양한 노선이 있었다. 당시 주한일본공사 정상형井上馨이 일본 외무대신에게 보낸 서신을 보자.

동학 내에서 강경파 지도자들의 대표적인 인물 김개남

"지난 가을 9~10월경부터 전라·충청 및 황해 각 도에서 봉기한 동학당은 겉모양은 농민봉기와 유사할지라도 그 종류는 각양각색이어서 원래 동학도라고 하는 가운데에는 일종의 종교와 유사한 유도儒道와 불법佛法을 혼합한 천도天道라고 하는 것이 있습니다. 또… 동학교도의 수령 이하 접주라고 칭하는 각처의 우두머리들은 … 자신들의 세력을 키웠으며 김개남 같은 자에 이르러서는 스스로 개남국왕이라 칭하는 등 곧 그 내부에 (역성)혁명, 척왜斥倭, 축관逐官 등 각양각색의 목적을 갖고 있는 집합체로서 그들의 당교黨敎는 능히 인심을 단결시켜 죽을 힘을 다하게 하는 데 충분할 것 같습니다."

당시 조선 내에서 각종 정보를 취합해온 일본공사의 결론은 동학교단 내에 각기 성향이 다른 여러 집단들이 혼재해 있다는 것이다.

폐정개혁에서 항일구국봉기로

이제 전봉준을 비롯한 농민군 지도자들이 조선왕조체제 내에서 개혁을 추진하기 위해 봉기했음을 단적으로 보여주는 사건을 살펴보자. 자신들의 봉기를 기회로 삼아 일본군이 경복궁을 침입했을 때, 어떻게 대처했는가를 보면 이들의 성격이 보다 명확하게 드러난다.

먼저 봉기의 전후 사정을 간략하게 정리해 보자. 전봉준은 1894년 1월에 1천여 명의 동학농민군을 이끌고 전라도

고부관아 터. 현재 고부초등학교가 있다. 왼쪽은 고부향교

이용태 동학농민군을 무마하기보다 탄압과 만행을 감행하여 봉기가 확대되자 파직당하고 유배되었다. 그 뒤 친일내각의 학부대신을 역임했고 1910년 우리나라가 일제에 병탄되자 일제로부터 자작 작위를 받았다.

고부에서 봉기했다. 이에 놀란 군수 조병갑이 전주로 도망갔고, 관아를 차지한 농민군은 무기고를 파괴하고 불법으로 징수한 세곡을 농민들에게 나누어주었다. 그러나 안핵사로 파견된 장흥부사 이용태李容泰의 진압에 의해 실패하고 말았다.

안핵사가 사태의 모든 책임을 농민들에게 전가하자, 이에 분개한 전봉준과 손화중孫化中, 김개남 등 동학 지도자들은 두 달 뒤인 3월 하순경 무장에서 재차 봉기했다. 그리고 인근의 동학 접주들에게 통문(창의문)을 돌려 궐기할 것을 호소하자 태인·금구·부안·고창·흥덕 등 각지의 교도들이 가세했다. 고부 백산白山에 집결한 숫자가 무려 1만여 명에 달했다. 이들이 보국안민의 슬로건을 내걸고 전면적인 봉기를 선언함으로써 민란은 전국적인 봉기로 전환되었다.

1894년 4월, 부안을 점령한 농민군은 전주를 향해서 진격하던 중 황토현黃土峴에서 전라감사 김문현金文鉉이 파견한 관군을 대파시켰다. 이어 정읍·흥덕·고창 등지를 석권하면서 파죽지세로 다시 무장에 진입했다. 마침내 조정에서 파견한 중앙군을 장성에서 격퇴하고 4월 27일 전주를 점령했는데, 이는 전라도와 충청도의 공권력이 거의 무력화되었음을 의미했다.

이에 놀란 홍계훈은 조정에다가 청나라 군대의 파병을 요청했고, 청국군이 인천에 상륙하자 일본군 또한 천진天津조약을 빙자하여 조선에 상륙함으로써 조선땅은 자칫 외세의 전쟁터로 변할 위기에 놓이게 되었다.

국가의 운명이 위태로워지자, 농민군은 조정의 선무宣撫에 응하기로 하고 폐정개혁안弊政改革案을 제시했는데, 홍

집강소 동학의 교단조직에서 각 고을마다 설치한 접의 수령인 접주를 집강이라 한데서 비롯되었다. 집강 밑에 서기, 성찰, 집사, 동몽 등을 두어 행정사무를 맡아보게 했다.

계훈이 이를 받아들임으로써 조정과 농민군 사이에 전주화약全州和約이 성립되었다. 그리고 농민군은 각기 소속 군현으로 돌아가 집강소執綱所를 설치하고 독자적으로 혹은 관과 협조하여 폐정을 개혁하고자 애썼다.

그러나 일본은 조정의 철수 요청을 무시한 채 계속 군대를 증파시켰다. 특히 일본은 조선 정부에 내정개혁을 요구하다가 6월 21일에는 궁궐에 침범하여 명성황후를 시해하고 고종을 볼모로 삼는 한편, 청일전쟁을 일으켰다.

이 소식을 들은 농민군은 폐정개혁을 논할 때가 아니라 구국투쟁을 벌일 때라고 판단하여 삼남지방을 중심으로 또다시 봉기하려 했다. 하지만 전봉준 등 지도자들은 신중한 자세를 취했다.

7월 6일 전라감사 김학진의 제의에 따라 경복궁 점령사건에 대한 대책을 상의한 양측은 전라감영에 명목상 전라도 전지역을 총괄하는 전라좌우도소全羅左右都所를 설치하기로 합의했다. 이때 전봉준이 전라좌우도소 책임자인 도집강 송희옥宋憙玉 명의로 각 군현의 집강소에 보낸 통문을 보자.

"방금 일본군이 궁궐을 침범하여 왕께서 욕을 당하였으니, 우리들은 마땅히 함께 죽음에 나아가야 하지만, 그 적은 바야흐로 청나라 군사와 전쟁 중이어서 그 기세가 매우 강력하다. 지금 갑자기 항쟁하면 그 화가 뜻밖에 종사宗社에 미칠지 모르니, 물러나 은둔하여 시세를 관망한 연후에 기세를 올려 계책을 취하는 것이 만전지책萬全之策이다."

전봉준를 위시한 농민군 지도자들은 일본군이 경복궁을 점령하고 국왕이 인질로 잡힌 상황에서 반일봉기를 일으켰

경복궁의 명성황후 조난지

다가는 왕실과 국왕의 운명이 어떻게 될지 모른다는 우려 속에서 봉기 자제를 결정한 것이다.

이런 사정은 전봉준이 앞서 언급한 일본인(武田範之)과의 만남에서 "일본과 대원군의 소위 所爲를 우리가 아직 상세하게 알지 못하여 안심할 수 없다. 그러므로 나는 되도록 동지의 분기紛起를 제어하는 동시에 우리 정부의 움직임을 알려고 원했던 것이다" 라고 진술한 대목에서도 확인된다.

전봉준은 일반에 알려진 것과 달리 상당히 신중한 인물이었다. 때문에 그는 먼저 일본과 대원군, 그리고 조정의 의사를 파악하는 것이 급선무라고 생각했다. 물론 이것은 일본군이 경복궁을 점령한 상황에서 나온 고육지책이었다.

당시 전봉준을 비롯한 동학 지도자들은 국왕을 오도하고 있는 주위의 권문세력가들에 대해 적대감을 갖고 있을 망정 국왕에 대해서는 그 권위를 절대적으로 인정하고 있었다. 전주화약이 성립되고 농민군들이 소속 군현으로 돌아갈 때, 각 지역에다가 "귀화하지 않고 봉기를 선동한 자는 국왕의

전북 정읍 이평에 있는 전봉준 생가

명령을 거역하는 난도亂徒로 규정하여 법에 따라 조치하겠다"는 포고문을 보낼 만큼 고종의 권위를 절대적으로 인정했던 것이다.

따라서 그들이 시국 변화에 대처할 때, 첫 번째로 고려해야 할 사항은 인질 상태인 국왕의 안위가 아닐 수 없었다. 『주한일본공사관기록』 제8권을 보면 전봉준이 "대궐로부터 밀교密敎가 있어서 소모사 이건영李健永에게 보내진 것이 이곳에 와 있는데, 이와 같은 일로 해서 밀지가 일본인에게 누설되면 그 화가 옥체(국왕)에 미칠 것이므로 신중히 비밀에 부치도록 할 것"이라 지시한 데서도 또다시 확인된다.

혁명가냐 개혁가냐

이렇듯 관망해오던 그들이 적극적으로 항일구국봉기에 나선 것은 대원군의 배후 공작 때문이었다. 대원군은 청나라의 군사지원을 받아 조선에서 일본군을 몰아내려는 계획을 수립하면서 농민군도 이용하려 했다. 말하자면 임진왜란 때 조·명朝明 연합군이 왜병을 몰아냈던 역사적 선례를 원용한 것이다. 즉, 북쪽의 청국군과 남쪽의 동학군이 동시에 일어나서 서울을 장악하고 있는 일본군을 축출하려 했던 것이다.

대원군은 고종의 비공식적인 승낙을 받은 뒤, 7월 7일 평양의 청군 진영에 밀사를 보내 자신의 계략을 전했다. 당시 청군 2만여 명은 일본군과의 결전을 앞두고 평양에 집결해 있었다. 동학농민군에게도 사람을 보내 북상할 것을 종용했다. 그러나 이 계획은 농민군의 북상이 지연된 데다가 8월

16일 평양 전투에서 청국군이 일본에 대패함으로써 실패로 끝나고 말았다.

협공계획이 실패로 돌아가자, 대원군은 일본군을 축출할 수 있는 마지막 수단은 남쪽의 농민군을 동원하는 것이라고 생각했다. 이에 항일봉기를 촉구하는 국왕의 밀지를 주요 동학지도자들에게 전달했는데, 그 내용은 다음과 같다.

"너희들은 선왕조로부터 교화하여 내려온 백성들로서 선왕의 은덕을 잊지 않고 지금까지 살고 있는 것이다. 조정에 있는 자는 모두 저들(일본)에 아부하고 있어 서로 은밀히 의논할 자가 한 사람도 없으니, 외롭고 의지할 곳이 없어 하늘을 향하여 통곡할 따름이다. 방금 왜구들이 대궐을 침범하여 국가에 화를 입힌 바, 운명이 조석朝夕에 달려 있다. 사태가 이에 이르렀으니 만약 너희들이 오지 않으면 박두하는 화와 근심을 어떻게 하랴."

고종의 밀지는 전봉준을 비롯한 동학지도자들에게 항일

경기도 남양주의 대원군묘

구국봉기를 결심하게 했다. 우선 전봉준은 전라도 삼례에 대도소大都所를 설치하고 동학의 지역 지도자들, 즉 최경선, 송희옥, 문계팔, 조준구 등과 상의하여 항일구국봉기를 준비하기 시작했다. 손화중과 최시형 등 동학 지도자들 역시 각지에 통문과 격문을 띄워 재봉기를 촉구했다. 특히 최시형의 통문은 충청도뿐만 아니라 북접의 통제 아래 있던 경상도와 황해도 동학농민군까지 참여하는 계기가 되었다.

그 해 10월, 전봉준은 호서순상湖西巡相에게 보낸 고시문에서 "오늘날의 조정대신은 망령되게도 생명의 안전만을 도모하여 위로는 군부君父를 협박하고 아래로는 백성을 속여 동쪽 오랑캐(일본)와 한편이 되어…"라고 하여 조정대신들을 비판했다. 국왕 자체를 거부한 것이 아니라 오히려 충성의 대상으로 삼았던 것이다.

또 같은 해 11월, 경군과 영병營兵 및 백성에게 고시한 글에서도 "충군우국지심忠君憂國之心이 있으면 곧 의리로 돌아와 서로 상의하여 척왜斥倭, 척화斥化하여 조선으로 왜국이 되지 않게 하고 동심합력하여 대사를 이루자"라고 하여 군주에 대한 충성을 강조했다.

1894년 10월, 재봉기한 동학군은 일단 논산에 집결하고 세 방향으로 나누어 공주로 향했다. 당시 농민군의 숫자는 대략 3만여 명이었다. 이들은 전봉준과 손병희의 지휘 하에 공주성을 공격하기 시작했다. 그러나 이미 막강한 근대적 무기와 화력으로 만반의 태세를 갖추고 있던 일본군에게는 중과부적이었다. 결국 동학농민군은 천안과 공주 사이의 전략

전봉준은 1894년 12월 전남 순창에서 체포되었고 서울로 압송되어 이듬 해 4월 처형, 효수되었다.

적 요지에서 패하고, 전봉준은 금구에서 군대를 해산하고 서울로 오던 중 순창에서 체포되고 말았다.

그는 일본인으로부터 문초를 받을 때, 다시 봉기한 이유를 다음과 같이 밝혔다.

"귀국이 개화라 칭하고 처음부터 일언반구의 말도 민간에게 공포함이 없고, 알리는 글도 없이 군대를 거느리고 서울에 들어와 밤중에 왕궁을 공격하여 임금을 놀라게 했다 하기에 초야의 사민士民들이 충군애국지심으로 분개함을 이기지 못하여 의병을 규합해 일본인과 접전하여 이 사실을 일차로 묻고자 함이었다."

조선왕조 자체를 뒤엎으려고 농민봉기를 일으킨 것이 아니라 국왕을 위협하는 일본을 제거할 목적으로 항일구국봉기를 일으켰다는 입장을 확실하게 밝힌 것이다. 그리고 이것은 그가 갖고 있던 개혁사상의 핵심이기도 했다.

그는 혁명가가 아니라 개혁가였다. 국왕 주위의 부패한 민씨척족을 비롯한 관리들을 제거하고 외세인 일본을 축출한 뒤, 국왕을 보필하여 백성들을 위한 정치를 펴보려 했던 개혁가였던 것이다. 따라서 그가 '조정에 있는 자는 모두 저들에 아부하고 있어 서로 은밀히 의논할 자가 한 사람도 없으니, 외롭고 의지할 곳이 없어 하늘을 향하여 통곡할 따름'이라는 고종의 밀지를 받고 봉기를 결심한 것은 당연한 일일 것이다.

결론적으로 동학농민군은 민씨 척족세력을 축출하고 대원군을 추대하는 것을 핵심 내용으로 하는 정치적 구상을 추진하려 했다. 물론 대원군 추대가 최종 목표는 아니었다. 그들은 집권한 뒤, 조선왕조를 개혁하기 위한 이상적인 권력구조로서 몇 사람의 명망가에 의한 합의정치를 지향했던 것이다. 이러한 구상은 조선시대 사림파가 추구하려는 사림정치 이상을 실현하기 위한 정치운영 구조인 군신공치와 같은 성격의 것이었다.

물론 김개남 등 일부 지도자들은 조선왕조를 전복하고 새 왕조를 건설하려는 구상을 지니고 있었다. 그러나 그들이 주류는 아니었고, 더욱이 세우려던 왕조 역시 근대적인 국가가 아니라 조선왕조와 같은 성격의 전통적인 왕조체제 국가였다.

결국 동학농민군의 봉기 목적은 체제 내의 개혁 또는 왕조교체 그 이상도 이하도 아니었던 것이다. 그런데도 학계에서 반봉건적·근대적 성격의 운동으로 인식해 왔던 것은 실학에서 근대성을 찾기 위한 노력이 그랬던 것처럼 우리 역사에서 근대성을 찾기 위해 두었던 무리수 중의 하나일 것이다. 그리고 우리 역사의 발전법칙을 서구 사회의 발전법칙에 도식적으로 꿰맞추려는 오리엔탈리즘의 한 표출이기도 하다.

참고문헌

참고문헌
고조선의 역사상은 허구

후한서, 삼국지, 삼국사기, 삼국유사, 제왕운기, 응제시주, 고려도경, 고려사, 삼국사절요, 동국통감, 조선경국전, 조선왕조실록
신채호, 조선상고사, 형성출판사, 1983
리지린, 고조선연구, 과학원출판사, 1963
사회과학원고고학연구소, 고조선문제연구, 사회과학출판사, 1973
정신문화연구원 편, 단군·단군신화·단군신앙, 고려원, 1992
이종욱, 고조선사연구, 일조각, 1993
윤내현, 고조선연구, 1994
윤이흠 편, 단군 - 그 이해와 자료, 서울대 출판부, 1994
서영대 편, 북한학계의 단군신화 연구, 백산자료원, 1995
노태돈 편저, 단군과 고조선사, 사계절, 2000

참고문헌
기자동래설은 중화주의자들이 조작했다

상서대전, 사기, 한서, 후한서, 삼국지, 구당서, 신당서, 삼국사기, 삼국유사, 제왕운기, 고려도경, 고려사, 삼국사절요, 동국통감, 조선경국전, 조선왕조실록
정인보, 조선사연구, 서울신문사, 1947
이병도, 한국고대사연구, 박영사, 1976
김정배, 한국민족문화의 기원, 고려대 출판부, 1973
윤무병, 한국청동기문화연구, 예경문화사, 1987
안재홍, 기자조고, 한국상고사감, 민우사, 1947
최남선, 조선사의 기자는 지나의 기자가 아니다, 육당 최남선전집 2, 현암사, 1973
정중환, 기자조고, 동아논총 2, 1964
천관우, 기자고, 동방학지 15, 1974
박광용, 기자조선에 대한 인식의 변천, 한국사론 6, 1980
한영우, 고려 - 조선초기의 기자인식, 한국문화 3, 1982

윤내현, 기자신고, 한국사연구 41, 1983
이형구, 대릉하유역의 은말주초 청동기문화와 기자 및 기자조선, 한국상고사학보 5, 1991
Jae-hoon Shin "A New Understanding of Kija Choson As A Historical Anachronism," presented at the East Asian Archaeology Seminar, Harvard University, March 2000.

참고문헌

임나일본부는 가야의 왜 통제기관

일본서기, 삼국사기, 삼국유사
말송보화, 임나흥망사, 대양주서적, 1949
김석형, 초기 조일관계사, 사회과학출판사, 1965
이진희 저, 이기동 역, 광개토왕릉비의 탐구, 일조각, 1982
천관우, 가야사연구, 일조각, 1991
정상수웅, 임나일본부와 왜, 영락사, 1978
귀두청명, '임나일본부'의 검토, 고대국가의 형성과 동아시아상, 교창서방, 1976
산미신구, 임나지배의 재검토, 일본국가의 형성, 암파서점, 1977
대산성일, 소위 '임나일본부'의 성립에 대하여, 고대문화, 1980
영목영부, 가야백제와 왜-'임나일본부'론, 조선사연구논문집 24, 1987

참고문헌

광개토왕비문의 왜는 한반도 남부 세력

후한서, 삼국지, 송서, 당서, 삼국사기, 삼국유사, 동사강목
국립광주박물관 편, 나주반남고분군, 1988
국립문화재연구소 편, 나주 복암리 3호분, 2001
말송보화, 임나흥망사, 대팔주출판, 1949
정인보, 광개토경평안호태왕릉비문석략, 담원국학산고, 문교사, 1955
김석형, 초기 조일관계사, 사회과학원출판사, 1965
박시형, 광개토왕릉비, 사회과학원출판사, 1966
중총명, 근대일본사학사에 있어서 조선문제 - 특히 '광개토왕릉비'를 중심으로, 사상 561, 1971
이진희, 광개토왕릉비의 탐구, 일조각, 1982
왕건군 저, 임동석 역, 광개토왕릉비연구, 역민사, 1984

무전행남, 광개토왕비 원석탁본집성, 동경대학 출판회, 1988
고구려연구회 편, 광개토호태왕비 연구 100년, 학연문화사, 1996

참고문헌
한일 기마민족설은 역사적 상상력의 산물

삼국지
강상파부, 기마민족국가, 1967
천관우, 한국사에서 본 기마민족설, 독서생활, 1976년 11-12월호
노태돈, 기마민족일본열도정복설에 대하여, 한국학보 5, 1976
김정배, 한국에 있어서의 기마민족 문제, 역사학보 75·76, 1977
김기웅, 고고학상으로 본 기마민족동래설과 가야문제, 가야문화 11, 1988
신경철, 낙동강 하류에 꽃핀 가야문화 – 김해 대성동 고분군에 보이는 북방문화 요소, 역사산책 1991년 7월호
최병현, 신라고분연구, 일지사, 1992

참고문헌
신라는 삼국을 통일할 뜻도 능력도 없었다

삼국사기, 삼국유사, 구당서, 신당서, 고려사, 자치통감
이호영, 신라의 삼국통합연구, 서경문화사, 1997
이호영, 신라삼국통일에 관한 재검토, 사학지 15, 1981
변태섭, 삼국통일의 민족사적 의미, 신라문화 2, 1985
김상현, 신라 삼국통일의 역사적 의의, 통일기의 신라사회연구, 동국대 신라문화연구소, 1987
김영하, 신라의 삼국통일을 보는 시각, 한국고대사론, 한길사, 1988
신형식, 삼국통일의 역사적 성격, 한국사연구 61~62, 1988
송기호, 발·일 국서를 중심으로 본 9세기의 발해사회, 산운사학 7, 1993

참고문헌
훈요십조는 조작되지 않았다

고려사, 고려사절요, 신증동국여지승람, 성호사설
이병도, 고려시대의 연구, 아세아문화사, 1980

김성준, 한국중세정치법제사연구, 일조각, 1985
문경현, 고려태조의 후삼국통일연구, 형설출판사, 1987
금서룡, 고려태조 훈요십조에 대하여, 동양학보 8-3, 동양학술협회, 1918
이재범, 고려 태조의 훈요십조에 대한 재검토, 성대사림 12-13, 1997
설성경, 국학의 새로운 지평을 열기 위한 모색, 동방학지 100, 1998
김석근, 훈요십조와 시무28조, 아세아연구 101, 1999

참고문헌

전근대시대엔 지역차별이 없었다

고려사, 일성록, 조선왕조실록, 경국대전, 속대전, 신증동국여지승람
이병도, 고려시대의 연구, 을유문화사, 1948
홍희유 외, 봉건지배계급에 반대한 농민들의 투쟁(이조편), 과학원 력사연구소, 1963
송준호, 이조생원진사시의 연구, 국회도서관, 1970
김성준, 십훈요와 고려태조의 정치사상, 한국중세법제사연구, 일조각, 1985
남지대, 중앙정치세력의 형성구조, 조선정치사 상, 청년사, 1990
정석종, 조선후기의 정치와 사상, 한길사, 1994
신정일, 지워진 이름 정여립, 가람기획, 2000
금서룡, 동양학보 2-2, 1912; 동양학보 8-3, 1918
송준호, 조선후기의 과거제도, 국사관논총 63, 1995
이재범, 고려 태조의 훈요십조에 대한 재검토, 성대사림 12-3, 1997
설성경, 국학의 새로운 지평을 열기 위한 모색-지역·국가 갈등의 원천 해체를 향한 두 가지 주제, 동방학지 100, 1998

참고문헌

미륵신앙은 체제변혁사상이 아니다

삼국사기, 삼국유사, 조선금석총람, 고려사, 숙종실록, 국안급추안
김영태, 미륵사 창건연기설화고, 마한백제문화 창간호, 1975
정석종, 조선후기 숙종년간의 미륵신앙과 사회운동, 한우근박사 정년기념 사학논총, 지식산업사, 1981
김삼룡, 한국미륵신앙의 연구, 동화출판공사, 1983
우윤, 19세기 민중운동과 민중사상, 역사비평2, 역사문제연구소, 1988
김혜원, 신라 하대의 미륵신앙, 성대사림 8, 1992

양경숙, 궁예와 그의 미륵불 사상, 북악사론 3, 1993
목정배, 한국미륵신앙의 역사성, 한국사상사학 6, 1994
송화섭, 조선후기 마을미륵의 형성배경과 그 성격, 한국사상사학 6, 1994
홍윤식, 한국사상에 있어 미륵신앙과 그 사상적 구조, 한국사상사학 6, 1994
장지훈, 삼국시대 미륵신앙유행의 사회적 배경, 진단학보 79, 1995
김두진, 궁예의 미륵세계, 한국사시민강좌 10, 일조각, 1992
홍승기, 궁예정권의 전제적 왕권의 추구, 택설 허선도 정년기념 한국사학논총, 1992
조인성, 태봉의 궁예정권연구, 서강대 박사학위논문, 1991
정청주, 신라말·고려초 호족연구, 전북대 박사학위논문, 1991

참고문헌
실학은 조선왕조체제 유지 위한 보수개혁사상

조선왕조실록, 역옹패설, 반계수록, 성호사설, 여유당전서, 만기요람
조선총독부편, 이조시대의 재정, 1933
마생무귀, 사창미제도, 조선총독부 중추원, 1933
역사학회, 실학연구입문, 일조각, 1973
고려대 아세아문제연구소, 실학사상의 탐구, 1974
송준호, 조선사회사연구, 일조각, 1987
정성철, 실학파의 철학사상과 사회정치적 견해, 한마당, 1989
제임스 팔레 저, 이훈상 역, 전통한국의 정치와 정책, 신원, 1991
도날드 베이커 저, 김세윤 역, 조선후기 유교와 천주교의 대립, 일조각, 1997
천관우, 반계 유형원 연구 상·하, 역사학보 2·3, 1952
한우근, 성호 이익연구, 진단학보 20, 1957
김현영, 다산 정약용의 사족보호론, 공사논문집 17, 1984
유봉학, 서유거의 학문과 농업정책론, 규장각 9, 1985
박찬승, 정약용의 정전제론 고찰, 역사학보 110, 1986
지두환, 조선후기 실학연구의 문제점과 방향, 태동고전연구 3, 1987

참고문헌
조선 후기에 신분제는 해체되지 않았다

조선왕조실록, 경국대전, 목민심서, 석동유고, 정조병오소회등록, 유서필지
사방박, 조선사회경제사연구, 1976

송준호, 조선사회사연구, 일조각, 1987
백승종, 한국사회사연구, 일조각, 1996
송찬식, 조선후기 사회경제사 연구, 일조각, 1997
이훈상, 조선후기 읍치 사회의 구조와 제의, 역사학보 147, 1995
이해준, 조선후기 진주지방 유호의 실태, 진단학보 60, 1985
이준구, 조선후기의 업유·업무와 그 지위, 진단학보 60, 1985
최승희, 조선후기 신분변동의 사례연구, 변태섭박사화갑기념사학논총, 삼영사, 1985
신용하, 1894년의 사회신분제의 폐지, 규장각 9, 1985

참고문헌
동학농민봉기는 반봉건 근대적 운동이 아니다

동학농민전쟁사료대계, 동학농민전쟁사료총서, 주한일본공사관기록, 백범일지
이상백, 동학당과 대원군, 역사학보 17·18, 1962
유영익, 전봉준 의거론, 이기백선생고희기념논총 한국사학논총 하, 일조각, 1994
정창렬, 갑오농민전쟁연구, 연세대 박사학위논문, 1991
박맹수, 최시형연구, 한국정신문화연구원 박사학위논문, 1996
배항섭, 동학농민전쟁연구, 고려대 박사학위논문, 1996
박찬승, 1894년 농민전쟁의 주체와 농민군의 지향, 1894년 농민전쟁연구 5, 역사비평사, 1996
김양식, 근대한국의 사회변동과 농민전쟁, 신서원, 1996
비숍 지음, 이인화 옮김, 한국과 그 이웃나라들, 살림, 1994

사진 도움을 받은 책
국립광주박물관 편, 나주반남고분군 종합조사보고서, 1988
국립김해박물관 편, 국립김해박물관, 1999
국립문화재연구소 편, 나주복암리3호분, 2001

한국사는 없다

이희근 지음

제1쇄 발행 | 2001년 8월 30일
제2쇄 발행 | 2001년 10월 1일

펴낸곳 | 도서출판 사람과 사람
펴낸이 | 김성호

등록번호 | 제1-1224호
등록일자 | 1991년 5월 29일
주소 | 서울 마포구 대흥동 801-4 2F (우 121-080)
대표전화 | (02)702-1874~5 팩스 | (02)702-1876

값은 표지 뒷면에 있습니다

ⓒ Lee Hee-geun, 2001, Printed In Korea
판권 본사소유/잘못된 책은 바꿔 드립니다.
ISBN 89-85541-65-X   03910